国家社会科学基金项目成果（项目名称：环境污染与农民抗争维权行为的社会学研究，批准号：13BSH025）

我国农民环境利益表达的
社会学研究

张金俊 著

中国社会科学出版社

图书在版编目（CIP）数据

我国农民环境利益表达的社会学研究 / 张金俊著 . —北京：中国社会科学出版社，2021.2

ISBN 978 - 7 - 5203 - 7731 - 7

Ⅰ.①我… Ⅱ.①张… Ⅲ.①农民—环境权—农村社会学—研究—中国 Ⅳ.①C912.82

中国版本图书馆 CIP 数据核字（2021）第 016413 号

出 版 人	赵剑英
责任编辑	王莎莎　刘亚楠
责任校对	张爱华
责任印制	张雪娇

出　　版	中国社会科学出版社
社　　址	北京鼓楼西大街甲 158 号
邮　　编	100720
网　　址	http://www.csspw.cn
发 行 部	010 - 84083685
门 市 部	010 - 84029450
经　　销	新华书店及其他书店
印　　刷	北京君升印刷有限公司
装　　订	廊坊市广阳区广增装订厂
版　　次	2021 年 2 月第 1 版
印　　次	2021 年 2 月第 1 次印刷
开　　本	710×1000　1/16
印　　张	14.25
插　　页	2
字　　数	260 千字
定　　价	88.00 元

凡购买中国社会科学出版社图书，如有质量问题请与本社营销中心联系调换
电话：010 - 84083683
版权所有　侵权必究

目　录

前言 …………………………………………………………………… (1)

第一章　导论 …………………………………………………………… (1)
第一节　研究背景与研究意义 …………………………………… (1)
　　一　研究背景 ………………………………………………… (1)
　　二　研究意义 ………………………………………………… (3)
第二节　核心概念与研究方法 …………………………………… (5)
　　一　核心概念 ………………………………………………… (5)
　　二　研究方法 ………………………………………………… (7)
第三节　主要研究资料 …………………………………………… (8)
　　一　广东省农民环境利益表达资料 ………………………… (9)
　　二　安徽省农民环境利益表达资料 ………………………… (10)
　　三　陕西省农民环境利益表达资料 ………………………… (10)
第四节　结构框架 ………………………………………………… (11)

第二章　文献述评 ……………………………………………………… (13)
第一节　国内农民环境利益表达的社会学分析视角 …………… (13)
　　一　社会差别的视角 ………………………………………… (14)
　　二　结构—制度的视角 ……………………………………… (14)
　　三　结构化的视角 …………………………………………… (15)
　　四　社会过程的视角 ………………………………………… (15)
　　五　社会治理的视角 ………………………………………… (16)

第二节　国内农民环境利益表达的社会学研究状况 ………………（17）
　　一　研究论著数量 ……………………………………………（17）
　　二　研究范式 …………………………………………………（19）
　　三　研究议题 …………………………………………………（23）
　　四　几个共性的问题 …………………………………………（26）
第三节　国内农民环境利益表达的社会学研究议程 ……………（27）
　　一　科学性 ……………………………………………………（27）
　　二　方法论 ……………………………………………………（28）
　　三　理论自觉 …………………………………………………（28）
　　四　研究方法 …………………………………………………（29）
　　五　议题拓展 …………………………………………………（29）
第四节　拓展国内农民环境利益表达研究的跨学科空间 ………（30）

第三章　农民环境利益表达的原因与方式 ……………………（32）
第一节　农民环境利益表达的原因 ………………………………（32）
　　一　农村环境污染问题 ………………………………………（32）
　　二　农民环境利益表达的原因 ………………………………（33）
　　三　农民环境利益表达的原因比较 …………………………（36）
第二节　农民环境利益表达的方式 ………………………………（39）
　　一　自力救济 …………………………………………………（39）
　　二　求助媒体 …………………………………………………（55）
　　三　环境信访 …………………………………………………（61）
　　四　为什么没有司法诉讼 ……………………………………（73）

第四章　农民环境利益表达的历程与特点 ……………………（75）
第一节　新中国成立后到改革开放前的农民环境利益表达 ……（75）
　　一　农民环境利益表达的数量 ………………………………（75）
　　二　农民环境利益表达的特点 ………………………………（76）
第二节　改革开放初期到20世纪90年代中后期的农民环境
　　　　利益表达 ……………………………………………………（77）
　　一　农民环境利益表达的数量 ………………………………（77）

二　农民环境利益表达的特点……………………………………(78)
　第三节　2000年以来的农民环境利益表达…………………………(80)
　　一　农民环境利益表达的数量…………………………………(80)
　　二　农民环境利益表达的特点…………………………………(80)
　　三　农民环境利益表达的趋势…………………………………(82)

第五章　农村社会变迁与农民环境利益表达………………………(83)
　第一节　生存经济与农民环境利益表达……………………………(83)
　　一　农民的生存经济……………………………………………(83)
　　二　生存经济与农民环境利益表达……………………………(84)
　第二节　人口空心化与农民环境利益表达…………………………(85)
　　一　农村人口空心化……………………………………………(85)
　　二　人口空心化与农民环境利益表达…………………………(86)
　第三节　半熟人社会与农民环境利益表达…………………………(87)
　　一　半熟人社会…………………………………………………(87)
　　二　半熟人社会与农民环境利益表达…………………………(88)

第六章　地方性文化与农民环境利益表达…………………………(90)
　第一节　社区规范与农民环境利益表达……………………………(90)
　　一　社区规范弱化………………………………………………(90)
　　二　社区规范弱化与农民环境利益表达………………………(91)
　第二节　集体记忆与农民环境利益表达……………………………(93)
　　一　文献回顾与问题的提出……………………………………(93)
　　二　集体记忆与农民环境利益表达行动的发生机制…………(96)
　　三　集体记忆与农民的环境利益表达…………………………(99)
　　四　由集体记忆引发的农民环境利益表达的特点……………(104)
　　五　结语与讨论…………………………………………………(106)

第七章　地方政府与农民环境利益表达……………………………(109)
　第一节　地方政府的行为逻辑及其比较……………………………(109)
　　一　改革开放前地方政府的行为逻辑…………………………(109)

二　改革开放后地方政府的行为逻辑 …………………………（111）
　　三　地方政府的行为逻辑比较 ……………………………………（121）
　第二节　环境利益表达积极分子的污名化 …………………………（122）
　　一　文献回顾与研究范式转换 ……………………………………（123）
　　二　环境利益表达积极分子污名化的生成机制 ………………（127）
　　三　环境利益表达积极分子污名化的放大效应 ………………（133）
　　四　研究结论与进一步的讨论 ……………………………………（135）

第八章　农民在环境利益表达中的失败与沉默 ……………………（138）
　第一节　农民在环境利益表达中的失败与沉默 ……………………（138）
　　一　文献回顾 ……………………………………………………（138）
　　二　农民在环境利益表达中的失败与沉默 ……………………（140）
　第二节　农民从环境利益表达失败到走向沉默的社会—
　　　　　心理机制 ……………………………………………………（145）
　　一　暴力性惩罚 …………………………………………………（146）
　　二　劝服性规训 …………………………………………………（148）
　　三　模仿性屈从 …………………………………………………（149）
　第三节　农民单向度人格的生成与效应 ……………………………（151）
　　一　农民单向度人格的生成过程 ………………………………（152）
　　二　农民单向度人格的波纹效应 ………………………………（157）
　　三　结语与讨论 …………………………………………………（159）

第九章　农民在环境利益表达中的成功与意蕴 ……………………（161）
　第一节　农民环境利益表达的历程与特点 …………………………（162）
　　一　环境污染及其影响 …………………………………………（162）
　　二　农民环境利益表达的历程与特点 …………………………（164）
　第二节　农民环境利益表达的成功及其影响因素 …………………（172）
　　一　农民环境利益表达的成功 …………………………………（172）
　　二　农民环境利益表达成功的影响因素 ………………………（174）
　第三节　农民环境利益表达成功的意蕴 ……………………………（177）
　　一　农民环境利益表达成功的社会影响 ………………………（177）

二　农民环境利益表达成功的学术研究价值 …………… (179)

**第十章　乡村振兴背景下农民环境利益表达与生态宜居
　　　　乡村建设** ……………………………………………… (181)
　第一节　农民眼中的生态宜居乡村建设 …………………… (181)
　　一　生态宜居乡村建设的提出 …………………………… (181)
　　二　农民眼中的生态宜居乡村建设 ……………………… (182)
　第二节　农民环境利益表达与生态宜居乡村建设 ………… (184)
　　一　农民环境利益表达的新诉求 ………………………… (184)
　　二　农民环境利益表达与生态宜居乡村建设 …………… (185)
　第三节　推动农民环境利益表达与生态宜居乡村建设的
　　　　　社会学研究 ………………………………………… (188)
　　一　社会学分析视角 ……………………………………… (188)
　　二　社会学研究议程 ……………………………………… (191)

第十一章　研究发现、创新与不足、对策建议及研究展望 ……… (195)
　第一节　研究发现及创新与不足 …………………………… (195)
　　一　研究发现 ……………………………………………… (195)
　　二　创新与不足 …………………………………………… (198)
　第二节　对策建议 …………………………………………… (200)
　　一　地方政府应有所作为 ………………………………… (200)
　　二　污染企业应去除暴力 ………………………………… (201)
　　三　农民应理性地进行环境利益表达 …………………… (202)
　第三节　研究展望 …………………………………………… (204)
　　一　研究范式的反思与拓展 ……………………………… (204)
　　二　研究议题的持续与延伸 ……………………………… (205)

参考文献 ……………………………………………………… (209)

前　言

　　2009年，我有幸师从著名社会学家洪大用教授攻读博士学位。自此，我的研究领域从历史社会学转向环境社会学，尤其对当代中国农民环境利益表达问题产生了浓厚的研究兴趣。从2010年开始，我一边收集梳理相关研究文献，一边尝试深入到安徽省的一些农村进行实地调研。2012年完成博士学位论文《农民的抗争与沉默：转型时期安徽两村农民环境维权研究》并顺利通过答辩。是年，我成功申请了教育部人文社会科学研究项目"转型时期的农村社会变迁与农民环境维权：以安徽两村为例"（项目批准号：12YJC840057）。2013年，我又成功申请了国家社会科学基金一般项目"环境污染与农民抗争维权行为的社会学研究"（项目批准号：13BSH025）。在博士学位论文、教育部人文社会科学研究项目、国家社会科学基金一般项目以及对广东省、安徽省和陕西省若干农村进行实地调研的基础上，我陆续发表了一些学术研究论文，撰写国家社会科学基金项目成果，对我国农民环境利益表达问题有了多方面的认识、理解和研究。本书即是在2013年国家社会科学基金一般项目的成果基础上修改而成的。

　　本书主要基于广东省、安徽省和陕西省65个村庄的农民环境利益表达调研资料，在学界相关研究成果的基础上，从社会学视角出发研究了新中国成立以来农民在环境污染中的利益表达现象，涉及农民环境利益表达的原因与方式、历程与特点、社会、文化与政治背景，农民在环境利益表达中的失败与沉默、成功与意蕴，以及乡村振兴背景下农民环境利益表达与生态宜居乡村建设等诸多研究议题，并主要从研究范式的反思与拓展以及研究议题的持续与延伸两个方面展望了未来的若干研究，力求在社会学层面对我国农民环境利益表达问题进行多方位的分析和解读。当然，由于本人认识和水平所限，书中难免会有一些疏漏，甚或有研究资料堆积之嫌。因在撰写书稿时，一方面觉得调研资料获得之不易，所以想珍惜、丰赡此书之研究资料，而非堆积研究资料；另一方面，力图在经验研究的基础上加强理论思考和理论研究，集体记忆范式的推出与社会转型范式的运用均是朝此目标的尝试与努力。至于效果如何，尚需读者评判。我的导师洪大用教授说过，学术研究一直在路上。

第一章

导　　论

第一节　研究背景与研究意义

一　研究背景

首先，关注新中国成立以来，尤其是改革开放以来农村环境污染与农民环境利益表达现象，是本书对农村现实社会的一种学术关照。社会学界众多的研究文献和农村的现实状况表明，改革开放以来，在工业化、城市化以及区域分化的过程中，我国农村地区的生态环境遭到了严重污染。环境污染问题已经成为威胁广大农民身心健康、农村生态环境质量、农村公共安全与社会稳定以及村庄能否存续与发展的重要因素之一。[①] 自2010年开始，尤其是2013年以来，笔者在自己培训合格的当地一些具有一定文化程度的农民调查员的协助下，主要通过深度访谈和实地观察的方式，对广东省、安徽省和陕西省122个村庄的环境污染和农民利益表达现象进行了实地调研，发现其中发生过农民环境利益表达行动的村庄有65个（在后文"主要研究资料"部分将予以详述）。之所以调研没有发生过农民环境利益表达行动的57个村庄，是想在本书或后续的研究中也关注农民在环境污染中的利益不表达现象及其原因与影响，并与农民的利益表达现象进行比较。调研资料除了供研究以外，笔者也希望通过本书，助益于农民环境利益表达行动的合理生态和农村的环境治理与保护。

[①] 张金俊：《"诉苦型上访"：农民环境信访的一种分析框架》，《南京工业大学学报》（社会科学版）2014年第1期。

其次,新中国成立以来,尤其是改革开放以来,农村社会在经济结构、社会结构以及人口结构上都发生了巨大变迁。在农村社会变迁的"社会"层面上,农民的生存经济状况是否有所改观?农村的人口空心化现象是否严重和普遍?农村的熟人社会与半熟人社会是怎样的一种景象?这些现实状况对农民的环境利益表达影响程度如何?这些都是笔者一直在思考、探索和研究的问题。按照相关学者的说法,新中国成立以后,生存经济对农民的影响和制约并没有发生根本性的转变,生存问题对于大多数农民来说仍然是他们最需要面对的,也是最迫切需要解决的问题。① 20世纪90年代以后,农村青壮年劳动力大量外出务工,导致农村人口逐渐减少以及这一人口比例日趋下降,农村中的人口大多是老年人、妇女和儿童。② 新中国成立后,作为规划的社会变迁的一个重要结果,行政村逐渐取代了自然村的一系列功能,同一行政村的村民虽说拥有共同的行政空间,但却可能缺乏共享的生活空间,这类行政村不能再冠之以所谓的熟人社会,但却可以称之为半熟人社会。③ 笔者所调研的65个村庄与以上学者所描述的这些农村现象是否基本一致?如果基本一致的话,这些现象是如何影响农民的环境利益表达的?如果不一致,其他的现象又是如何影响农民的环境利益表达的?这是笔者在本书中需要交代、解释和研究的问题。

第三,新中国成立以来,尤其是改革开放以来,在农村社会变迁的"文化"层面上,农村的地方性文化遭受外部文化的冲击和影响程度是否严重?无论是国外的相关研究,还是国内的相关研究,从文化层面上探讨地方性文化与农民环境利益表达关系的文献非常少见。本书通过65个村庄的调研,是否会发现若干地方性文化影响农民环境利益表达的案例并加以分析和研究,展开与学界相关研究成果的积极对话?事实上,在这65个村庄中,笔者已经发现了集体记忆影响农民环境利益表达的2个案例,并主要依据其中1个个案做了详细研究和学术对话。还有,在农

---

① 王晓毅:《转型时期的农村社会冲突》,广东教育出版社2009年版,第19—22页。
② 周祝平:《中国农村人口空心化及其挑战》,《人口研究》2008年第2期。
③ 贺雪峰:《论半熟人社会:理解村委会选举的一个视角》,《政治学研究》2000年第3期。

村社会变迁的"文化"层面上，农村社区规范的变化程度如何？有学者认为，在我国农村社会转型时期，具有一定认同感的传统农村社区正在被不断分化、分层与流动的现代农民社会所代替，现代农村社区正趋于瓦解之中，农村的社区规范和权威对农民的约束作用已经大大减弱。[①] 笔者调研的65个村庄，农村社区规范的弱化是否是一种非常普遍的现象？如果是一种非常普遍的现象，这对农民的环境利益表达又起到怎样的影响和制约作用？这也是笔者在本书中需要交代、解释和研究的问题。

最后，本书还与笔者的博士学位论文紧密相关。自2009年开始从事环境社会学研究以来，笔者关注和研究较多的是农民的环境利益表达问题。在相关研究成果和安徽两村调研资料的基础上，笔者于2012年完成了博士学位论文。后来，又以博士学位论文为基础，成功申请了2013年国家社会科学基金一般项目。在博士学位论文中，笔者主要探讨了转型时期安徽两村农民环境利益表达的原因、方式、结果、地方政府的行为逻辑、农民自身的行为逻辑、农民从环境利益表达失败到走向沉默的社会—心理机制，以及他们在环境污染中单向度人格的形成等问题。[②] 本书基于广东省、安徽省和陕西省65个村庄农民环境利益表达的调研资料和相关研究成果，还将关注更多与农民环境利益表达相关的重要议题。因此，本书是对博士学位论文的进一步补充、深化和拓展。

二 研究意义

在理论意义上，首先，通过研究农民环境利益表达的原因、方式、历程、特点、农村社会变迁、地方性文化与农民环境利益表达、地方政府在农民环境利益表达上的行为逻辑及其比较、环境利益表达积极分子的污名化与放大效应、农民从环境利益表达失败到走向沉默的社会—心理机制、农民单向度人格的生成过程与波纹效应、农民在环境利益表达中的成功与意蕴，以及乡村振兴背景下农民环境利益表达与生态宜居乡村建设等问题，将探索出农民环境利益表达现象的一些带有共性的、规

[①] 王晓毅：《转型时期的农村社会冲突》，广东教育出版社2009年版，第13—15页。
[②] 张金俊：《农民的抗争与沉默：转型时期安徽两村农民环境维权研究》，博士学位论文，中国人民大学，2012年。

律性的知识和特征，为这一问题的社会学研究做出一些力所能及的学理性努力和贡献。

其次，通过梳理现有的一些研究范式，宏观的研究范式如社会转型、结构—制度分析、政治机会结构、环境公正、国家与社会关系、社会过程以及权力—利益的结构之网等，微观的研究范式如生态文化自觉、草根动员、集体认同、依情理抗争、底层研究、诉苦型上访以及混合型抗争等，经过比较积极的理论反思，结合具体研究案例，又为农民环境利益表达的社会学研究发展出集体记忆这一研究范式。此外，在环境利益表达积极分子污名化及其放大效应的研究中，非常有益地尝试了社会转型范式的运用。在后续研究中，笔者也许还会尝试或发展出新的研究范式。

最后，本书始终坚持中国社会学研究的理论自觉意识，在博士学位论文提出的单向度人格的农民这一理论概念的基础上，又结合若干案例进一步丰富和发展了这一理论概念，这是在实际的社会学研究中对中国社会学理论自觉的一种积极的、有益的尝试。

在现实意义上，首先，本书主要基于广东省、安徽省和陕西省65个村庄的农民环境利益表达调研资料，研究我国东部、中部、西部地区的农民在环境污染中是如何进行利益表达的，他们的利益表达又是如何受到农民社会内部与外部因素影响和制约的，成功的利益表达对于地方政府的决策安排以及农村环境治理结构的优化等有何重要意义，失败的利益表达对于农民的生存问题、农村生态环境的持续恶化等有何负面影响。

另外，在调研的65个村庄中，有些村庄的农民在环境利益表达失败后开始沉默，有些村庄的农民在沉默的社会过程中逐渐演变成单向度人格的农民。如何才能让这些农民从沉默中走出来？又如何对一些农民单向度的人格进行解构？环境利益表达失败后，继续进行利益表达的农民如何才能成功？本书主要从地方政府、污染企业、农民三个最主要的层面提出对策建议，探讨农民走出沉默、单向度人格的解构以及部分村庄农民环境利益表达成功的重要现实意义。

第二节 核心概念与研究方法

一 核心概念

(一) 环境污染

根据《环境保护辞典》的解释，环境污染（environmental pollution）是指由人类活动主要是工业、农业生产以及生活消费等引起的、向生态环境排放的、超过其消纳能力的有害物质或因子，导致生态环境结构与功能发生变化而引起的环境问题，如大气污染、水土污染、噪声污染、固体废物污染等。[①] 在这里需要区别一下环境污染与生态破坏（ecological destruction）这两个概念。

生态破坏是指由自然因素或人为因素使生态系统发生变化而失去原有的平衡状态，从而形成破坏性的波动或产生恶性循环，其中人为因素导致的生态破坏，是指人类活动直接作用于生态系统，导致生态系统的生产能力显著减少和结构显著变化而引起的环境问题，如植被破坏引起水土流失，过度放牧引起草原退化，滥采滥捕使得珍稀物种灭绝等。[②] 虽然环境污染与生态破坏都主要是由人类活动引起的次生环境问题，但两者是有所区别的。首先，两者的诱因不同。一般认为，环境污染主要是由于城市化和工农业高速发展而引起的，而生态破坏则主要是由于不合理开发利用自然资源所引起的。另外，两者的等级不同。环境污染的等级低于生态破坏的等级。一般来说，在环境消纳能力之内的环境污染不容易造成生态破坏，只有环境污染严重到超过环境自净能力时，才会造成一定程度的生态破坏。

我国农村地区的环境污染问题主要是资源生态污染问题。新中国成立以后到改革开放以前，农村地区的环境污染就一直存在（后文会予以详述）。改革开放以来，星罗棋布的乡镇企业、持续不断的城市污染转移

[①] 朱洪法主编：《环境保护辞典》，金盾出版社2009年版，第179页。
[②] 同上书，第88页。

以及化肥农药的大量使用等，正在快速地污染着广大农村的生态环境。[①]需要说明的是，本书中农民环境利益表达所针对的环境污染问题，主要是布点在农村地区的一些工业企业所导致的工业化污染，不包括农民在化肥农药的大量使用上导致的环境污染。

（二）农民环境利益表达

有学者从社会学意义上曾界定了环境抗争概念，认为环境抗争是个人或家庭为了维护他们的环境权益而做出的呼吁、警告、抗议、申诉、投诉、游行、示威等对抗性行为。[②] 可以看出，这个定义重点强调的是个人或家庭在环境问题影响上的抗争行为。事实上，在我国居民的环境利益表达实践中，不论是城市地区还是农村地区，集体性的环境利益表达行动也是经常发生的。因而，在本书中，笔者认为，农民环境利益表达（peasants' expression of environmental interest）是指农民针对环境污染危害所采取的，以维护其享有在适宜生态环境中的生产与生活权益为目的的，具有很大自发性的集体或个体抗争行动。利益表达的方式包括申诉、投诉、控诉、呼吁、抗议、静坐、堵路、"集体散步"、集体下跪、示威以及游行等。[③] 在上述相关研究和概念界定的基础上，本书把农民环境利益表达的方式分为自力救济（包括说理、协商、谈判、暴力等手段的使用）、求助媒体（向当地的、省级的或全国性的媒体机构求助）、环境信访、司法诉讼四种。

本书中的"农民环境利益表达"这一概念具有三个方面的明显特征。

第一，农民环境利益表达主要是农民为了维护自身生态环境权益而采取的一些集体性或个体性的抗争行动。与环境抗争的提法相比，环境利益表达的提法更好地突出了农民在环境污染中利益表达的合理性。在调研的122个遭受环境污染的村庄中，尽管有57个村庄没有发生过农民环境利益表达行动，但是，有65个村庄的农民为了维护生态环境权益，

[①] 李小云、左停、靳乐山、[英]约翰·泰勒主编：《环境与贫困：中国实践与国际经验》，社会科学文献出版社2005年版，第5—6页。

[②] 冯仕政：《沉默的大多数：差序格局与环境抗争》，《中国人民大学学报》2007年第1期。

[③] 陈涛：《中国的环境抗争：一项文献研究》，《河海大学学报》（哲学社会科学版）2014年第1期。

采取了集体性或个体性的利益表达行动。

第二，农民的环境利益表达具有很大的自发性，主要是针对他们村庄或村庄附近的污染企业所产生的环境污染问题，利益表达所产生的影响多是狭小的和局部性的，一般很难波及更多的农民或更大范围的一些村庄。当然，附近的一些村庄和农民，有时也会受到一定的波及和影响，如后文研究中一些农民的沉默、单向度人格以及利益表达的成功，会在某种程度上波及和影响到附近一些村庄的农民。还有，也有极少数的农民环境利益表达会对地方政府在经济发展与农村环境保护上的决策安排有积极影响，本书中也有这样的案例和结果呈现，在后文关于农民环境利益表达的成功与意蕴部分会予以展示。农民的环境利益表达一般不具有组织性、连续性以及价值取向性等特征。

第三，农民环境利益表达这一概念可能更加突出了我国处在不同社会位置上的城乡居民之间，在生态环境权利与义务上的不对等性以及不平等性问题，更为强调从社会结构与社会过程的视角来研究农村环境污染问题产生的社会原因、社会影响，以及社会应对等一些学术议题的重要性。

二 研究方法

（一）个案研究法

个案研究法是将研究的关注点集中在社会现象的一个或者几个案例上进行深度检验。[1] 个案研究法的优势是研究焦点特别集中，对社会现象的了解特别深入和细致。[2] 本书将从 65 个村庄中选取若干农民环境利益表达个案或全部个案进行研究，内容涉及利益表达的原因与方式、历程与特点、农村社会变迁与农民环境利益表达、地方性文化与农民环境利益表达、地方政府在农民环境利益表达上的行为逻辑及其比较、环境利益表达积极分子的污名化与放大效应、农民的环境利益表达失败与沉默、农民单向度人格的生成过程与波纹效应、农民在环境利益表达中的成功与意蕴以及乡村振兴背景下农民环境利益表达与生态宜居乡村建设等问

---

[1] ［美］艾尔·巴比：《社会研究方法》，邱泽奇译，华夏出版社2005年版，第286页。
[2] 风笑天：《社会学研究方法》，中国人民大学出版社2001年版，第239—240页。

题。尽管个案研究的结果一般难以进行推广，但是笔者还是想试图在某种程度上走出个案，适当延伸一下研究结论的适用范围。

(二) 比较研究法

比较研究法是指研究者通过对一些社会现象的比较分析，来分析和解释这些社会现象之间的一致性或差异性的一种研究方法。研究者在运用这种研究方法时，并不是一定要寻求那种具有普遍意义的法则，而仅仅是要找到那种在某种社会状况下所表现出来的规律性。[1] 本书运用比较研究法，主要比较广东省、安徽省和陕西省65个村庄农民环境利益表达的原因、方式、历程、特点、结果等有何一致性和差异性，地方政府在对待农民环境利益表达上的行为逻辑等有何一致性和差异性等问题。

(三) 文献研究法

文献研究法主要是指研究者通过查找、甄别、整理与研究课题有关的一些文献资料，形成对一些事物或现象科学认识的方法。[2] 本书运用文献研究法，主要是查找、甄别、整理国内外有关农民环境利益表达的相关理论解释和经验研究文献，基本勾勒出与本书有关的知识线索，为研究的开展做好前期的知识积累和铺垫。同时，指出以往研究中有所遗漏或尚未解决的重要问题，以便对以往的研究有所补充和发展。

需要说明的是，本书主要采用的这三种研究方法，并不是孤立地在相关研究中运用，而常常是两种或三种研究方法的有机结合。此外，本书还非常注重个案研究与总体研究以及理论研究与对策研究的结合运用。

第三节 主要研究资料

从几年来实地调研的经历和经验来看，农民环境利益表达问题一直被地方政府的一些官员、污染企业主，还有一些农民看作是非常敏感的问题，这给本书的实地调研工作带来了不少麻烦和难题，笔者有时不得不延迟、搁置或者放弃一些实地调研计划和机会。尽管实地调研非常不易，但是笔者还是在当地一些农民调查员的协助下，在广东省、安徽省

---

[1] 风笑天：《社会学研究方法》，中国人民大学出版社2001年版，第312页。

[2] 同上书，第235页。

和陕西省完成了对122个村庄环境污染和农民利益表达与利益不表达现象的实地调研。一般而言，某个行政村的环境污染往往只涉及几个自然村或村民小组（当然也有整个行政村都遭受环境污染危害的），我们会在记录中说明该行政村辖有多少自然村或村民小组、行政村的经济发展状况、地理位置、人口数量、农民维持生计的类型等。具体而言，65个发生过农民环境利益表达行动的村庄，广东省18个，安徽省27个，陕西省20个；57个没有发生过农民环境利益表达行动的村庄，广东省11个，安徽省32个，陕西省14个。收集资料的方式主要有两种。一是实地观察，主要考察村庄遭受环境污染的情况；二是深度访谈，即与被访者围绕某一个主题或范围进行比较自由的交谈。① 考虑到访谈被认为的敏感性以及可能的风险性，笔者和农民调查员主要采用了对被访者进行个别访谈的方式，虽然耗时，但也颇富成效。

一 广东省农民环境利益表达资料

对广东省18个村庄农民环境利益表达资料的收集工作从2014年1月开始，于2018年12月基本完成。针对发生过农民集体性环境利益表达行动的12个村庄，在访谈对象的选择上主要兼顾到环境利益表达积极分子与参与行动的其他一些农民，每个村庄访谈的人数基本上在15—20人左右，个别村庄人数较多的会在30人以上。针对只发生过农民个体性环境利益表达行动的6个村庄，尽量找到当事人进行访谈。在访谈内容上，主要围绕研究范围进行比较自由的交谈，包括环境污染的发生时间、污染的程度（来自访谈对象的主观感受或评价）、污染的影响、利益表达的原因、方式以及结果等。有时，还会围绕研究主题和偶遇的一些农民进行一般意义上的闲谈。我们非常注重保留和记录访谈对象的"原话"。对另外11个没有发生过农民环境利益表达行动的村庄，主要围绕环境污染的发生时间、污染的程度（同样来自访谈对象的主观感受或评价）、污染的影响、没有进行环境利益表达的原因与影响等对一些农民进行深度访谈，每个村庄访谈的人数基本上也在15—20人左右。新近的调研增加了农民环境利益表达与生态宜居乡村建设的内容。

---

① 风笑天：《社会学研究方法》，中国人民大学出版社2001年版，第254页。

二 安徽省农民环境利益表达资料

对安徽省 27 个村庄农民环境利益表达资料的收集工作实际上从 2010 年就开始了，基本完成于 2018 年 8 月。同样的做法是，针对发生过农民集体性环境利益表达行动的 18 个村庄，访谈对象的选择主要兼顾环境利益表达积极分子与参与行动的其他一些农民，每个村庄访谈的人数基本上在 15—20 人左右，个别村庄人数较多的也会在 30 人以上。针对只发生过农民个体性环境利益表达行动的 9 个村庄，也是尽量找到当事人进行访谈。访谈的范围同上。对另外 32 个没有发生过农民环境利益表达行动的村庄，每个村庄访谈的人数基本上也在 15—20 人左右。访谈的范围也同上。考虑到每次去广东省和陕西省的一些村庄进行实地调研更为不易，直到现在，笔者还利用闲暇时间到安徽省的一些村庄进行实地调研。新近的调研也增加了农民环境利益表达与生态宜居乡村建设的内容。

三 陕西省农民环境利益表达资料

对陕西省 20 个村庄农民环境利益表达资料的收集工作从 2014 年 3 月开始，基本完成于 2018 年 10 月。相同的做法是，针对发生过农民集体性环境利益表达行动的 12 个村庄，访谈对象的选择也主要兼顾到环境利益表达积极分子与参与行动的其他一些农民，每个村庄访谈的人数也基本上控制在 15—20 人左右，个别村庄人数较多的同样也会在 30 人以上。针对只发生过农民个体性环境利益表达行动的 8 个村庄，也是尽可能找到当事人进行访谈。访谈的范围也同上。对另外 14 个没有发生过农民环境利益表达行动的村庄，每个村庄访谈的人数基本上也控制在 15—20 人左右。访谈的范围同样同上。新近的调研同样增加了农民环境利益表达与生态宜居乡村建设的内容。

除了上述实地观察和访谈资料以外，笔者还访问了调研当地乡镇政府或县政府的一些经历过或接触过相关村庄农民环境利益表达事件的干部，以及几乎所有调研村庄的村干部，以便于更好地了解地方政府在农民环境利益表达上的行为逻辑及其比较等问题。

需要说明的是，为了研究的方便，笔者在本书的相应部分对访谈资料均进行了重新编号。

第四节 结构框架

本书共分为十一章，结构框架如下：

第一章　导论。主要介绍研究背景、理论意义与现实意义，核心概念"环境污染"的界定及其与"生态破坏"概念的区别，"农民环境利益表达"的界定及其三个方面的明显特征，阐释个案研究法、比较研究法、文献研究法这三种研究方法及其在本书中的具体运用，说明主要的研究资料来源。

第二章　文献述评。主要从社会学分析视角、研究状况、研究议程等方面，评介国内社会学界关于农民环境利益表达研究的相关文献，并简要讨论了如何拓展国内农民环境利益表达研究的跨学科合作问题。

第三章　农民环境利益表达的原因与方式。基于广东省、安徽省和陕西省65个村庄的农民环境利益表达调研资料，着重探讨农民环境利益表达的一般性原因，包括环境维权意识、健康权益、经济利益、不满情绪、村庄脉络以及地方性文化的影响等，并结合具体案例分析比较了三省农民环境利益表达的一般性原因、集体性与个体性的环境利益表达原因。结合三省农民环境利益表达的具体个案，分析和比较了自力救济、求助媒体与环境信访这三种类型的农民环境利益表达方式，并解释了农民为什么没有采取司法诉讼的原因。

第四章　农民环境利益表达的历程与特点。把农民环境利益表达的历程分为新中国成立后到改革开放前、改革开放初到20世纪90年代中后期、2000年以来三个阶段，分析了各阶段的特点，研判了今后农民环境利益表达的演化趋势。

第五章　农村社会变迁与农民环境利益表达。着重研究生存经济、人口空心化、半熟人社会等农村社会变迁及其与农民环境利益表达的关系。

第六章　地方性文化与农民环境利益表达。主要研究社区规范、集体记忆及其与农民环境利益表达的关系。

第七章　地方政府与农民环境利益表达。指出改革开放前地方政府在对待农民环境利益表达问题上的"政治合理"逻辑，以及改革开放后地方政府的"机会主义""污染合理""不作为""不出事""有所作为"等行为逻辑并加以比较，分析环境利益表达积极分子如何被地方政府和农民污名化及其产生的放大效应。

第八章　农民在环境利益表达中的失败与沉默。分析农民环境利益表达失败的内部和外部因素，探讨农民在利益表达失败后走向沉默的社会—心理机制，研究了部分村庄的农民在沉默中逐渐生成的单向度人格及其产生的波纹效应。

第九章　农民在环境利益表达中的成功与意蕴。以3个在环境利益表达上"总体上比较成功"的村庄为研究个案，分析农民环境利益表达成功的表现、影响因素、社会影响和学术研究价值。

第十章　乡村振兴背景下农民环境利益表达与生态宜居乡村建设。分析了农民心目中的生态宜居乡村建设，研究了十九大以后农民在环境利益表达上为了生态宜居乡村建设这一主要目的的新诉求，从社会学的基本视角与研究议程两个主要方面探讨了对农民环境利益表达与生态宜居乡村建设问题的社会学研究关照。

第十一章　研究发现、创新与不足、对策建议及研究展望。总结本书的主要发现、研究创新与不足，提出相关对策建议，展望未来的相关研究。

第二章

文献述评

在环境社会学研究领域，农民环境利益表达现象是一个非常重要的学术研究议题。在国外，结构路径的社会学相关研究形成了受害结构论与受益圈·受苦圈论、环境公正理论、国家与社会关系理论三种研究取向，文化路径的社会学相关研究则形成了文本决定论与认同建构论两种研究取向。[①] 整体而言，国外关于农民环境利益表达的社会学研究成果相当匮乏和零散，不像环境运动的社会学研究成果那么丰硕和集中。因而，笔者在这一章主要聚焦于国内（本研究仅限定在我国大陆地区）关于农民环境利益表达现象的社会学研究。从 20 世纪 80 年代开始，尤其是 20 世纪 90 年代以来，在国内农民环境利益表达现象成为社会学的一个学术研究议题，再到学术热点议题的同时，又因其自身的敏感性，使得一些研究者开始逐渐回避这一学术研究议题。笔者近年来主要从事农民环境利益表达的社会学研究，发表了一些研究成果，也希望与国内的相关研究者一起把这一学术议题继续深入地向前推进，而不是逐渐回避或放弃。

第一节　国内农民环境利益表达的社会学分析视角[②]

从社会学出发研究农民环境利益表达现象，有几个基本的分析视角，

---

① 张金俊：《农民的抗争与沉默：转型时期安徽两村农民环境维权研究》，博士学位论文，中国人民大学，2012 年。

② 这一部分的主体内容发表在《中国矿业大学学报》（社会科学版）2017 年第 2 期。

分别是社会差别、结构—制度、结构化、社会过程以及社会治理的视角。

一 社会差别的视角

人们之间是有着一定的社会差别的,社会学看到的人不是孤立的、抽象的、毫无社会关系网络的人,而是嵌入到一定的社会关系网络当中承担着具体社会角色的现实当中的人。[①] 从社会差别的视角来看,农民是我国政治地位、经济地位、社会地位以及社会关系网络上的底层弱势群体,他们在农村环境污染和利益表达行动中,与污染企业、地方政府以及城市居民相比是有着很大的社会差别的。比之污染企业来说,他们在与污染企业的协商、谈判和暴力维权中处于弱势地位[②],尤其是在一些农村地区污染暴力越来越明显的情况下。与力量强大的地方政府相比,他们也是处在比较明显的弱势地位。相对于城市居民来说,农民在环境保护资源的分配、环境污染的转移、环境污染的下乡等方面也处在弱势地位[③],尤其是在当今城市非常强大的民意压力下,城市污染严重型企业纷纷转移到广大的农村地区,农村的"弱势民意"不得不为城市的"强势民意"买单。[④]

二 结构—制度的视角

一般而言,在社会学意义上,"结构"指的是整个社会关系的构成状况,比如阶级结构、阶层结构、政治结构、城乡结构、社会关系网络等。"制度"指的是经由人为设计的能够塑造人们互动关系的一些约束,包括正式的约束和非正式的约束。[⑤] 正式的约束即正式制度是与国家权力或某个组织相关联的,它包括了各种成文的法律、法规、政策、规章以及契约等。非正式的约束即非正式制度,是指对人们行为的不成文的一些限

---

① 洪大用:《环境社会学的研究与反思》,《思想战线》2014 年第 4 期。
② 李挚萍:《社会转型中农民环境权益的保护:以广东农村为例》,《中山大学学报》(社会科学版) 2007 年第 4 期。
③ 同上。
④ 阿计:《环保维权如何从"邻避主义"走向社会公平?》,《人民之声》2011 年第 9 期。
⑤ [美]道格拉斯·C. 诺斯:《制度、制度变迁与经济绩效》,杭行译,格致出版社、上海三联书店、上海人民出版社 2008 年版,第 3—4 页。

制,一般包括伦理规范、道德观念、价值信念、风俗习惯以及意识形态等。① 从结构—制度的视角出发,在研究农民环境利益表达现象时,我们既要看到"结构"意义上的地方政府与农民之间的关系,又要看到农民环境利益表达是如何被各种正式的制度和非正式的制度所限定和约束的。

三 结构化的视角

结构化的视角揭示了社会结构与人的主体能动性之间的互动关系。② 结构化中的"结构"是指潜在于社会系统不断再生产过程中的一些"规则"和"资源"。"规则"属于社会行动者的认知部分,即社会行动者所拥有的知识和相关理解判断。"资源"是社会行动者选择行动的一些外部条件。一般来说,社会行动者总会掌握和拥有一些资源,并具有运用资源的相应能力,能够一定程度地介入或干预现实世界,并且在一定程度上影响事件的过程和结果。在研究农民环境利益表达现象时,我们既要看到"规则"和"资源",也要看到在"规则"和"资源"的组合中,农民的环境利益表达实践扮演了比较重要的角色。作为社会行动者的农民,他们的环境利益表达实践受到社会结构的一些制约,但同时,农民会通过自己的认知,认识和理解原有的社会结构,调整自己的利益表达行动,并且,他们还会根据自己在利益表达行动中不断产生的新要求,调整自己的行为方式与行为规则,进而使原有的社会结构发生某种变化。

四 社会过程的视角

从社会过程的视角出发分析农民环境利益表达问题,我们首先应该看到,无论是农村环境污染问题的解决,还是农民环境利益表达问题的消解,都有着一个具体的社会过程。具体来说,农村环境污染问题是在城市化与工业化发展的社会过程中产生并逐渐变得严重起来的,解决农村环境污染问题也需要在这个社会过程中渐进地实现,有时,这个社会

---

① 崔万田、周晔馨:《正式制度与非正式制度的关系探析》,《教学与研究》2006年第8期。

② [英]安东尼·吉登斯:《社会的构成:结构化理论大纲》,李康、李猛译,生活·读书·新知三联书店1998年版,第60—100页。

过程可能还会有点漫长，但是，我们必须要尊重客观规律。农民环境利益表达直面的就是农村环境污染问题，当农村环境污染程度逐渐减轻或对农民、农业和农村的影响非常轻微后，农民环境利益表达现象也会逐渐消失成为历史。其次，运用社会过程的视角，我们还需要注意到不同的人群之间在农民环境利益表达上的冲突和对立问题。在我们的调研中，这65个村庄的大多数农民认为他们肯定是环境利益表达行动中最直接的受益者，然而，那些污染企业主及其雇佣的"保安人员"以及在污染企业常年打工的一些农民却可能因此在经济收入等方面受损，他们之间有可能会发生冲突和对立。最后，从社会过程的角度看，由于我国的东部、中部、西部农村地理区域广阔且经济社会发展类型多样，所以农民环境利益表达的原因、方式、结果、影响等存在区域分布和经济发展程度等方面的差异。需要说明的是，由于本书调研的65个村庄绝大多数在经济发展程度上基本相同（总体上说都比较落后），所以农民环境利益表达的原因、方式、结果、影响等方面相似性较强。当然，这也是社会过程视角看待农民环境利益表达的一种方式。

五 社会治理的视角

社会治理是政府部门、企事业单位、社会组织、社区以及个人等通过平等的合作型的伙伴关系，依法对公共事务、社会组织和社会生活进行管理和规范，最终实现公共利益最大化的一种社会过程。[①] 从社会治理的视角出发，在上述多元化的行动者系统当中，各个行动者在农民环境利益表达和农村环境治理中所扮演的角色显得非常重要。就地方政府来说，它们需要转变重经济轻环保的理念、去除污染保护主义、畅通农民进行环境信访的渠道并积极鼓励和培育农村的环保自组织，民间环保组织需要协助农民以协商方式解决农村环境污染问题，媒体机构需要发挥积极的舆论宣传、教育引导和监督作用，污染企业需要强化环保意识和非暴力意识，农民需要行动起来积极参与农村的环境保护和治理。只有发挥上述多元化行动者系统的合力作用，才能在不需要农民进行利益表达的情况下解决农村的环境污染问题。

---

① 陈家刚：《从社会管理走向社会治理》，《学习时报》2012年10月22日，第6版。

第二节 国内农民环境利益表达的社会学研究状况

笔者主要从国内社会学界研究论著的数量（同时兼与法学和政治学的相关研究比照）、研究范式、研究议题等方面回顾国内有关农民环境利益表达的社会学研究状况，并指出现有的相关研究所存在的几个共性问题。

一 研究论著数量

笔者于2020年7月在《超星发现系统》中分别以"环境利益表达""环境抗争""环境维权""环境抗议""环境纠纷""环境集体行动""环境群体性事件""农民集体行动""农村集体行动""农民抗争""农民抗议""污染抗争""污染抗议""抗争政治"等作为检索词进行"全部字段"检索，发现蔡守秋在1983年率先发表的《用仲裁方式解决环境纠纷的探讨》一文是新中国成立后最早开始研究农民环境利益表达现象的。该文主要探讨了通过仲裁的方式来解决因为环境污染与破坏（包括一些农村地区）而产生的环境纠纷问题。[1] 在整个20世纪80年代，有关农民环境利益表达研究的期刊论文不到10篇，学位论文仅有1篇，而且主要是法学研究者在关于环境纠纷的研究中附带性地提到了一些农村地区的环境纠纷问题。不过，这一时段《环境纠纷案例》[2] 和《环境纠纷案件实例》[3] 两本书的出版很值得一提。这两本书中关于一些农村地区环境纠纷的记述为后来的学者研究农民环境利益表达问题提供了非常好的资料素材。20世纪90年代，农民环境利益表达的相关研究仍主要是在法学领域，但是期刊论文还是不到20篇，学位论文也只有1篇。

非常值得注意的是，在我国学界20世纪80年代零零星星地介绍和评介国外环境社会学及其研究之后，中国环境社会学于20世纪90年代开始

---

[1] 蔡守秋：《用仲裁方式解决环境纠纷的探讨》，《环境管理》1983年第1期。
[2] 赵永康编：《环境纠纷案例》，中国环境科学出版社1989年版。
[3] 曾昭度主编、孙向明编：《环境纠纷案件实例》，武汉大学出版社1989年版。

诞生，标志性的体现主要表现在三个方面：一是洪大用发表的《西方环境社会学研究》[①]一文和他的博士学位论文《中国社会转型中的环境问题及其对策研究：环境社会学的一种视角》[②]。作者除了详细研究和评介西方的环境社会学研究以外，还运用社会学的一些理论和方法很好地研究了中国转型时期的环境问题，并在社会转型理论的基础上把自己的解释范式归结为"社会转型范式"。二是包智明翻译的日本学者饭岛伸子的《环境社会学》[③]一书以及王子彦发表的《日本的环境社会学研究》[④]一文，把日本学界的环境社会学研究比较系统地介绍到中国学界，并且提出了构建中国环境社会学的学科建设和本土化问题。三是马戎发表的《必须重视环境社会学：谈社会学在环境科学中的应用》[⑤]一文，提出了中国在建立和发展环境社会学学科时首先需要调查研究的一些主要专题及领域。此后，环境社会学这门学科在我国异军突起，发展迅猛，并逐渐形成了中国人民大学、河海大学、中央民族大学、中国海洋大学、吉林大学、上海大学、南京大学、安徽师范大学等研究阵地，出现了洪大用、包智明、陈阿江、张玉林等领军人物。我国环境社会学学科的发展非常有力地推动了社会学关于农民环境利益表达问题的研究。

2000年以来，关于农民环境利益表达的研究主要有社会学、法学和政治学三种路径。一是社会学取向的农民环境利益表达研究，简单地说，就是运用社会学的一些理论和研究方法阐释农民环境利益表达问题。根据《超星发现系统》的检索（同上，检索的时间范围限定在2000—2019年，除去重复显示的论著，经过仔细筛选和甄别，同时对笔者比较熟悉的从事农民环境利益表达研究的学者进行再次检索，但可能还是会有些许遗漏），期刊论文386篇（其中，CSSCI来源期刊论文132篇），学位论文47篇，著作9部。二是法学取向的农民环境利益表达研究，其重点关

---

① 洪大用：《西方环境社会学研究》，《社会学研究》1999年第2期。
② 洪大用：《中国社会转型中的环境问题及其对策研究：环境社会学的一种视角》，博士学位论文，中国人民大学，1999年。
③ ［日］饭岛伸子：《环境社会学》，包智明译，社会科学文献出版社1999年版。
④ 王子彦：《日本的环境社会学研究》，《北京科技大学学报》（社会科学版）1999年第4期。
⑤ 马戎：《必须重视环境社会学：谈社会学在环境科学中的应用》，《北京大学学报》（哲学社会科学版）1998年第4期。

注的是农民的环境权以及农民与污染企业的各种环境纠纷及其解决机制问题。根据检索（同上），期刊论文 64 篇（其中，CSSCI 来源期刊论文 18 篇），学位论文 21 篇，著作 7 部。三是政治学取向的农民环境利益表达研究，其比较注重研究农民环境利益表达的底层政治性及其与基层民主政治演进之间的关系问题。根据检索（同上），期刊论文 38 篇（其中，CSSCI 来源期刊论文 13 篇），学位论文 8 篇，著作 2 部（参见表 2—1）。

表 2—1　国内农民环境利益表达研究论著数量（2000 年—2019 年）

论著数量 研究取向	期刊论文 （篇）	CSSCI 来源期刊论文 （篇）	学位论文 （篇）	著作 （部）
社会学取向	386	132	47	9
法学取向	64	18	21	7
政治学取向	38	13	8	2

2000 年以来，随着中国环境社会学的迅猛发展，环境社会学的研究队伍不断发展壮大，国内涌现了比较丰富的社会学研究成果，环境社会学在中国社会学学术社区中的地位日益彰显，发挥了重要的作用。[①] 从农民环境利益表达现象这一环境社会学的学术研究侧面来看，较之法学取向和政治学取向的相关研究，社会学取向的相关研究已经占据了非常明显的优势地位，而且，社会学的相关研究还推出了一些具有一定影响力的研究范式，形成了若干重要的学术研究议题。

二　研究范式

从宏观层面来看，农民环境利益表达的社会学研究主要有社会转型、结构—制度分析、政治机会结构、国家与社会关系、权力—利益的结构之网等研究范式。在微观层面上，主要有生态文化自觉、草根动员、集体认同、依情理抗争、底层研究、诉苦型上访、混合型抗争等研究范式。

（一）宏观层面

一是社会转型范式。这一范式是洪大用在运用社会转型理论阐释我

[①] 洪大用：《环境社会学的研究与反思》，《思想战线》2014 年第 4 期。

国环境问题的基础上发展起来的。该范式认为,当代中国社会转型凸显和加剧了环境问题,增加了环境管理的难度,同时,也为改进和加强我国的环境保护提供了新的可能。[1] 社会转型是我国环境问题(包括环境污染及由其引发的居民环境利益表达行动)发生的重要时代背景,快速转型造成的"政治机会结构"等促使了农民集体性环境利益表达行动的大量发生。[2] 二是结构—制度分析范式。这是张静提出和倡导的一种社会研究模式[3],大体含义是从宏观的结构与制度两个方面来分析和解释社会现象的一种社会研究路径。从词义上看,结构—制度分析似乎是想把社会学者以往较为熟悉的侧重于从社会结构角度来观察与解释社会现象,同"新制度主义"侧重于从制度方面来观察与解释社会现象这两种宏观的社会分析方法结合在一起。[4] 笔者曾运用这一范式研究了安徽两个村庄农民的环境利益表达是如何被国家与农民关系、"政府俘获"、农村社会结构、各种正式的制度和非正式的制度所制约和限定的。[5] 三是政治机会结构范式。朱海忠认为,政治机会结构是指某个社会利益表达行动得以产生的外部环境或者是政治背景。他运用"结构性机会"(包括村民选举与"乡政村治"、环境司法诉讼、寻求专家学者和民间环保团体的帮助以及上访等)与"象征性机会"(包括党中央重视"三农"问题和强调环境保护问题、中央政府与基层政府之间的张力、农民利益表达行动被镇压的危险性明显减少等)的政治机会结构框架,分析了苏北一个村庄的农民环境利益表达行动。[6] 童志锋研究了农民巧妙利用环境法律法规和环境公平话语的"依法抗争",以及他们灵活利用走向开放的媒体和分化的行政体

---

[1] 洪大用:《社会变迁与环境问题:当代中国环境问题的社会学阐释》,首都师范大学出版社2001年版,第85页。
[2] 童志锋:《农民集体行动的困境与逻辑:以90年代中期以来的环境抗争为例》,博士学位论文,中国人民大学,2008年。
[3] 张静:《基层政权:乡村制度诸问题》,浙江人民出版社2000年版,第9—16页。
[4] 谢立中:《结构—制度分析,还是过程—事件分析?——从多元话语分析的视角看》,《中国农业大学学报》(社会科学版)2007年第4期。
[5] 张金俊:《农民的抗争与沉默:转型时期安徽两村农民环境维权研究》,博士学位论文,中国人民大学,2012年。
[6] 朱海忠:《政治机会结构与农民环境抗争:苏北N村铅中毒事件的个案研究》,《中国农业大学学报》(社会科学版)2013年第1期。

系的环境利益表达行动。[1] 四是国家与社会关系范式。国家与社会关系既是一种研究理论,也是一种研究范式,其主要是考察一个国家中国家的性质、社会的性质以及国家力量与社会力量的对比均衡问题。就农民环境利益表达而言,该范式主要强调在我国现行的社会结构和体制中,代表着"国家"的地方政府权力强大而农村社会力量失落。[2] 农民屡次到镇政府进行集体上访,但并没有能够阻止污染企业的排污行为继续发生。[3] 地方政府往往会敷衍或压制农民的环境利益诉求,司法不作为现象也比较普遍,运用法律手段惩罚带头闹事的农民也是常常可见。[4] 在我国的"政经一体化"经济增长机制下,农民很难获得污染补偿的权利。[5] 五是权力—利益的结构之网范式。这一范式强调,以官权力为核心来配置社会资源与编织关系网络是在我国乡村社会中所呈现出来的一个非常明显的特征。"权力—利益的结构之网"在我国乡村社会中无所不在,农民在与地方政府博弈和进行利益表达时,他们一般采取的不是诉愿而是忍让的态度,即使诉愿,也尽可能留下一些回旋的余地,以便为自己诉愿后能够适当地修复官民关系留下一条后路。[6]

(二) 微观层面

一是生态文化自觉范式。这一范式认为,在农民环境利益表达行动中,宗族的身份认同、生育文化、民间信仰、风水观念等地方性文化因素在动员农民进行利益表达的过程中起到了核心作用,并使他们的利益表达行动取得了成功。[7] 农村精英从"生态自发"到"生态利益自觉",

---

[1] 童志锋:《政治机会结构变迁与农村集体行动的生成:基于环境抗争的研究》,《理论月刊》2013年第3期。

[2] 张金俊:《国内农民环境维权研究的结构与文化路径》,《河海大学学报》(哲学社会科学版) 2013年第3期。

[3] 陈阿江:《水域污染的社会学解释:东村个案研究》,《南京师大学报》(社会科学版) 2000年第1期。

[4] 张玉林:《中国的环境运动》,《绿叶》2009年第11期。

[5] 张玉林:《政经一体化开发机制与中国农村的环境冲突》,《探索与争鸣》2006年第5期。

[6] 吴毅:《权力—利益的结构之网与农民群体性利益的表达困境:对一起石场纠纷案例的分析》,《社会学研究》2007年第5期。

[7] 景军:《认知与自觉:一个西北乡村的环境抗争》,《中国农业大学学报》(社会科学版) 2009年第4期。

他们通过反思粗放型的养殖模式和比较不同的养殖模式，最初先是具有了生态自发意识，而后逐渐形成了生态利益自觉的理念。① 二是草根动员范式。在研究农民群体利益表达机制时，应星认为这种范式比之东方的底层研究范式以及西方的社会运动研究范式，是一种中国社会学意义上的理论超越。草根动员指的是在底层民众中，那些对某些问题高度投入的积极分子自发地把周围具有同样利益，但是不如他们投入的人动员起来，加入群体利益表达行动的一种过程。② 谢岳、党东升基于一个农村环境利益表达案例的研究，认为只要草根动员具备了一定的政治与社会条件，就有可能以理性的、和平的方式推进基层社会的治理，使之成为国家治理体系的一个重要组成部分。③ 三是集体认同范式。非常值得一提的是，童志锋借鉴了集体认同研究中的"边界""意识""对话"④ 三个要素，很好地解释了集体认同建构与农民集体性的环境利益表达行动。⑤ 四是依情理抗争范式。"情理"既包括重感情和人情，也包括在人们的共同社会生活实践中所形成的一些道理和事理，以及人们认可的、正式制度和非正式制度的相关规定，中国人的行动模式可以说是"情理取向"的。⑥ 罗亚娟在研究中发现，依情理抗争是苏北农民在环境利益表达行动中存在的一般性模式。从环境纠纷发生、抗争初始阶段以及矛盾纠纷激化阶段，农民环境利益表达的理据、策略的选择以及目标的制定等都在合情合理的框架之内。⑦ 五是底层研究范式。底层研究是一种"底层史观"史学研究路径，开创者包括印度的一批学者如古哈、查克拉巴提、

---

① 陈涛：《从"生态自发"到"生态利益自觉"：农村精英的生态实践及其社会效应》，《社会科学辑刊》2012年第2期。
② 应星：《草根动员与农民群体利益的表达机制：四个个案的比较研究》，《社会学研究》2007年第2期。
③ 谢岳、党东升：《草根动员：国家治理模式的新探索》，《社会学研究》2015年第3期。
④ [美]艾尔东·莫里斯、卡洛尔·麦克拉吉·缪勒主编：《社会运动理论的前沿领域》，刘能译，北京大学出版社2002年版，第130页。
⑤ 童志锋：《认同建构与农民集体行动：以环境抗争事件为例》，《中共杭州市委党校学报》2011年第1期。
⑥ 王思斌：《多元嵌套结构下的情理行动：中国人社会行动模式研究》，《学海》2009年第1期。
⑦ 罗亚娟：《依情理抗争：农民抗争行为的乡土性——基于苏北若干村庄农民环境抗争的经验研究》，《南京农业大学学报》（社会科学版）2013年第2期。

查特吉等。他们的旨趣是想研究农民的底层政治生态相对于精英政治生态的自主性问题,以及底层意识的独特结构是如何塑造底层政治问题的。① 童志锋运用这一范式解释了农民是如何创造性地运用国家的环境政策、熟人关系网络等开展环境利益表达行动的。② 笔者也曾运用这一范式研究了安徽两个村庄的农民环境利益表达行动。③ 孙文中从底层视角出发,发现在环境污染中,农民以日常性的利益表达为主,采取的通常是非制度化的一些渠道。④ 六是诉苦型上访范式。这是笔者研究安徽两个村庄农民环境信访时运用的一种分析框架。农民在环境信访中的"诉苦"是他们通过"示弱"的方式寻求国家权力支持的一种重要策略,已经不再是过去意义上国家权力引导下的挖苦根、忆苦思甜的农民阶级意识形成与国家观念重塑的重要机制。⑤ 七是混合型抗争范式,主要包括环境利益表达、谋利、正名、泄愤以及凑热闹等多种目标指向。⑥

三 研究议题

2000年以来,国内关于农民环境利益表达的社会学研究形成了若干重要的学术议题,主要包括农民环境利益表达的原因、过程/历程、方式、关系网络、行动策略、行为逻辑以及约制因素等。

一是农民环境利益表达原因的研究。童志锋认为,利益驱动和不满情绪是农民集体性环境利益表达的主要因素。⑦ 应星认为,由没有组织化

---

① 应星:《草根动员与农民群体利益的表达机制:四个个案的比较研究》,《社会学研究》2007年第2期。
② 童志锋:《农民集体行动的困境与逻辑:以90年代中期以来的环境抗争为例》,博士学位论文,中国人民大学,2008年。
③ 张金俊:《农民的抗争与沉默:转型时期安徽两村农民环境维权研究》,博士学位论文,中国人民大学,2012年。
④ 孙文中:《底层视角下的农民环境维权》,《华南农业大学学报》(社会科学版)2014年第4期。
⑤ 张金俊:《"诉苦型上访":农民环境信访的一种分析框架》,《南京工业大学学报》(社会科学版)2014年第1期。
⑥ 陈涛、谢家彪:《混合型抗争:当前农民环境抗争的一个解释框架》,《社会学研究》2016年第3期。
⑦ 童志锋:《农民集体行动的困境与逻辑:以90年代中期以来的环境抗争为例》,博士学位论文,中国人民大学,2008年。

的群众为了发泄自身的不满,相互激荡而形成的一种特定情感氛围的"气场"是集体行动的发生机制。[1] 笔者曾以安徽两村为例,较为系统地探讨了农民环境利益表达的一些原因,包括环境维权意识的影响,减低健康风险的诉求,基于经济利益的需求,内心不满情绪的释放以及村庄脉络延续的追求等。[2] 二是农民环境利益表达过程/历程的研究。陈占江、包智明从历时性角度考察了湖南一个地区农民环境利益表达的发展阶段,即计划经济时期的集体沉默、经济转轨时期的自力救济以及市场经济时期的依法抗争。[3] 我国居民的环境利益表达行动一般经历了"理性表达"和体制内的"利益诉求"→"诉求得不到回应"→"抗争升级"与"暴力冲突"→"政府介入"→"回应诉求"→"抗争平息"等阶段。[4] 三是农民环境利益表达方式的研究,一般包括自力救济(包括协商、谈判、暴力、寻求调解等)、求助媒体、环境信访以及司法诉讼等。[5] 多篇文献均有关于农民环境利益表达的一种或几种方式的研究,笔者在这里不再一一赘述。四是农民环境利益表达关系网络的研究。农民集体性环境利益表达的成功源于他们共同利益和社会关系网络的有效结合。[6] 五是农民环境利益表达行动策略的研究,主要有"借势"(上访、求助媒体)与"造势"("闹事")[7]、"造势"(推进事件问题化、促进问题进入政策议程、借助时势)与"控势"(弱组织化、理性化、踩线而不越线)[8]、"以

---

[1] 应星:《"气场"与群体性事件的发生机制:两个个案的比较》,《社会学研究》2009年第6期。

[2] 张金俊:《转型期农民环境维权原因探析:以安徽两村为例》,《南京工业大学学报》(社会科学版) 2012年第3期。

[3] 陈占江、包智明:《制度变迁、利益分化与农民环境抗争:以湖南省 X 市 Z 地区为个案》,《中央民族大学学报》(哲学社会科学版) 2013年第4期。

[4] 陈涛:《中国的环境抗争:一项文献研究》,《河海大学学报》(哲学社会科学版) 2014年第1期。

[5] 张金俊:《农民的抗争与沉默:转型时期安徽两村农民环境维权研究》,博士学位论文,中国人民大学,2012年。

[6] 高恩新:《社会关系网络与集体维权行动:以 Z 省 H 镇的环境维权行动为例》,《中共浙江省委党校学报》2010年第1期。

[7] 陈燕:《有限的环境抗争:以 X 镇周边居民的环境抗争为例》,硕士学位论文,南京农业大学,2011年。

[8] 陈涛、李素霞:《"造势"与"控势":环境抗争中农村精英的辩证法》,《西北农林科技大学学报》(社会科学版) 2015年第4期。

势博弈"（包括知势、造势、借势与用势四个方面）①、"作为武器的弱者身份"②、"诉苦"（向地方政府部门"示弱"，寻求环境污染问题的解决）③、"草根动员"④，等。农民环境利益表达的策略在不同时期也是在转换的，如从计划经济时期的"集体沉默与柔性反抗"，到经济转轨时期的"以理抗争与以气抗争"，再到市场经济时期的"依法抗争与依势抗争"⑤，等。六是农民环境利益表达行动逻辑的研究，主要有"信法不信访"⑥、"生存主义"与"风险最小"逻辑⑦，以及"情理主义""互惠主义""面子主义"等逻辑。七是制约农民环境利益表达行动的因素的研究，主要包括"政经一体化"经济增长机制与地方政府的污染保护主义⑧、地方政府的"污染合理"与"不出事"逻辑⑨、"政府俘获"⑩以及"审判性真理"（知识与权力的严重缺失限制了农民对环境污染，以及环境污染受害的证明）⑪、农民的生存经济、农村人口空心化、半熟人社

---

① 董海军：《以势博弈：基层社会维权行为的新解释框架》，《社会》2010年第5期。

② 董海军：《"作为武器的弱者身份"：农民维权抗争的底层政治》，《社会》2008年第4期。

③ 张金俊：《"诉苦型上访"：农民环境信访的一种分析框架》，《南京工业大学学报》（社会科学版）2014年第1期。

④ 应星：《草根动员与农民群体利益的表达机制：四个个案的比较研究》，《社会学研究》2007年第2期；谢岳、党东升：《草根动员：国家治理模式的新探索》，《社会学研究》2015年第3期。

⑤ 陈占江、包智明：《农民环境抗争的历史演变与策略转换：基于宏观结构与微观行动的关联性考察》，《中央民族大学学报》（哲学社会科学版）2014年第3期。

⑥ 陈涛：《信法不信访：路易岛渔民环境抗争的行为逻辑》，《广西民族大学学报》（哲学社会科学版）2015年第4期。

⑦ 张金俊：《转型期国家与农民关系的一项社会学考察：以安徽两村"环境维权事件"为例》，《西南民族大学学报》（人文社会科学版）2012年第9期。

⑧ 张玉林：《政经一体化开发机制与中国农村的环境冲突》，《探索与争鸣》2006年第5期。

⑨ 张金俊：《转型期国家与农民关系的一项社会学考察：以安徽两村"环境维权事件"为例》，《西南民族大学学报》（人文社会科学版）2012年第9期。

⑩ 张金俊：《农民的抗争与沉默：转型时期安徽两村农民环境维权研究》，博士学位论文，中国人民大学，2012年。

⑪ 司开玲：《农民环境抗争中的"审判性真理"与证据展示：基于东村农民环境诉讼的人类学研究》，《开放时代》2011年第8期。

会以及农村社区规范的弱化①，等等。

四　几个共性的问题

令人非常欣喜的是，自 2000 年以来，国内关于农民环境利益表达的社会学研究已经涌现出了一批重要的学术研究成果。但是，笔者也发现，现有的研究成果还存在以下几个共性的问题。

一是理论建构不足的问题。我国社会学自 20 世纪二三十年代对美国实证主义社会学研究方法的简单移植以来，导致了我国的社会学研究出现了轻视理论概括和理论创新的经验化倾向，一些研究者以为只要开展经验观察和事实描述就是在做社会学研究，一些研究有意无意地排斥了理论思考或者忽视了理论概括。② 在现有的农民环境利益表达研究成果中，虽然有社会学研究范式的不断推出以及研究议题的不断深化、更新与拓展，但是，一个不能忽略的事实是，现有的研究成果比较偏重研究案例的分析，在理论构建上明显不足，这在一个侧面或在一定程度上不利于这一议题的深入研究和中国环境社会学的良性发展。

二是研究方法单一的问题。尽管现有的研究成果有一些比较性的研究，如应星基于两个个案比较的"气场"与群体性事件发生机制③以及基于四个个案比较的草根动员与农民群体利益表达机制的研究④，童志锋关于社会转型时期城乡居民环境抗争历程与特点的研究⑤，以及笔者关于农民环境利益表达的原因⑥、农民环境信访⑦、农民从环境利益表达失败到

---

① 张金俊：《农民的抗争与沉默：转型时期安徽两村农民环境维权研究》，博士学位论文，中国人民大学，2012 年。
② 郑杭生：《关于加强社会学理论研究的几点思考》，《河北学刊》2006 年第 5 期。
③ 应星：《"气场"与群体性事件的发生机制：两个个案的比较》，《社会学研究》2009 年第 6 期。
④ 应星：《草根动员与农民群体利益的表达机制：四个个案的比较研究》，《社会学研究》2007 年第 2 期。
⑤ 童志锋：《历程与特点：社会转型期下的环境抗争研究》，《甘肃理论学刊》2008 年第 6 期。
⑥ 张金俊：《转型期农民环境维权原因探析：以安徽两村为例》，《南京工业大学学报》（社会科学版）2012 年第 3 期。
⑦ 张金俊：《"诉苦型上访"：农民环境信访的一种分析框架》，《南京工业大学学报》（社会科学版）2014 年第 1 期。

集体沉默的"社会—心理"机制①的研究等。但是，就整体而言，现有的研究成果很多都是以个案研究为主的定性研究，缺乏我国不同区域的农村之间、农村与城市之间、中国和外国之间的居民环境利益表达比较研究，也缺乏定量研究。

三是调研资料的甄别问题。研究农民环境利益表达问题，需要大量一手的、真实的实地调研资料，然而，问题来了，如何才能获得一手的、真实的实地调研资料呢？在调研中录了音、摄了像或者是记了大量的笔记，这些固然都是一手的实地调研资料，可是，这些就一定是我们想要的那种真实的调研资料吗？毕竟，在调研的时候，在很多情况下我们都不是亲历现场，我们了解到的环境利益表达事件已经是"过去时"，有的当事人可能是记得不太清楚了或者是出于其他一些方面的考虑，会有意无意地回避"还原"事实的真相，这就要求我们对通过调研得来的资料进行一定的、细致的甄别，避免一些研究进入到"伪研究"的误区。

第三节 国内农民环境利益表达的社会学研究议程

在现有研究成果的基础上，笔者针对国内社会学界现有研究中一些共性的问题，或者还没有引起相关研究者足够重视的问题，主要想从科学性、方法论、理论自觉、研究方法、议题拓展等方面，探讨一下今后如何开展有关农民环境利益表达问题的社会学研究。

一 科学性

陈阿江认为，环境社会学这门学科的科学性主要体现在科学的态度与精神、科学的知识以及科学的方法、手段或设备上。② 在农民环境利益表达的研究中，我们所使用的调研资料一定要是真实的，而要保证调研

---

① 张金俊：《农民从环境抗争到集体沉默的"社会—心理"机制研究》，《南京工业大学学报》（社会科学版）2016 年第 3 期。

② 陈阿江：《环境社会学研究中的科学精神与中国传统》，《江苏社会科学》2014 年第 5 期。

资料的真实性，就不能一两次调研结束后依据调研资料就匆匆下笔行文，而是需要多次、反复、耐心地去访谈一些当事人，或者采取几个当事人或若干个当事人互相"印证"的办法来"还原"农民环境利益表达事件的本来面目。笔者在对广东省、安徽省和陕西省若干农村的环境污染和农民环境利益表达的调研中感受颇深。有的当事人起初并没有"还原"事实真相，后来笔者采取了上述办法来"还原"事实真相。此外，我们还需要更多地了解一些环境污染与保护方面的知识、环境污染与健康损害之间的关系的知识等，尽量保障我们研究的科学性问题。

二 方法论

在方法论上，笔者借鉴洪大用关于中国环境社会学研究的一些方法论，即整体的、历史的、辩证的以及实践的视角。[①] 整体的视角要求我们把农民环境利益表达现象放到某个地区的整个区域甚至国家的范围内，以发现其背后的复杂因素。历史的视角要求我们一方面要研究新中国成立以来农民环境利益表达的历史变迁轨迹，陈占江、包智明的研究[②]就是一个比较好的尝试，本书有专门一章研究新中国成立以来农民环境利益表达的历史变迁。另一方面，我们也需要借鉴环境史学的一些重要研究成果，考察一下1949年以前的农民环境利益表达历史。辩证的视角则要求我们不仅要发现农村环境污染的社会过程和社会机制，也要看到政府部门、污染企业、社会组织、农村社区以及农民应对农村环境污染的社会过程和社会机制。实践的视角要求我们要理论联系实际地开展研究，积极参与到农村环境保护与治理的实践中去。

三 理论自觉

如果没有坚实的理论支撑，任何一门人文社会学科都是很难可持续发展下去的，更不用谈什么博大精深了。就环境社会学这门学科的建设而言，如果缺乏有效的理论支撑，就不能展现出这门学科的独特性及其

---

① 洪大用：《环境社会学的研究与反思》，《思想战线》2014年第4期。
② 陈占江、包智明：《农民环境抗争的历史演变与策略转换：基于宏观结构与微观行动的关联性考察》，《中央民族大学学报》（哲学社会科学版）2014年第3期。

存在的理由。① 农民环境利益表达问题作为环境社会学研究的一个重要议题，在我们开展研究时一定要有理论自觉意识，因为单纯的经验观察和事实描述不是纯粹的社会学研究。在今后的研究中，一方面，我们要能从一些经验材料中概括出环境社会学理论概念或者理论模型；另一方面，我们要同国外环境社会学的一些理论，如风险社会理论、建构主义理论、政治生态学理论、行动者—网络理论、受益圈·受苦圈论、生活环境主义理论等展开积极的学术对话，不要让我们的研究总是停留在经验研究或者盲目的借鉴层面。②

四 研究方法

在研究方法上，个案研究虽然有其局限性，但是我们还必须要坚守。人文社会科学中的个案研究，无论研究者多么谨小慎微，也无论研究者多么努力而刻意地限定研究结论的适用范围，他们事实上都有这么一种学术抱负，即想要"走出个案"的学术抱负。③ 而要想"走出个案"，就必须保证所研究的个案具有较大的"可外推性"，其中一个重要的解决办法就是研究者一定要选择具有典型性的个案。④ 同时，我们要开展更多的比较研究，比较一下我国不同区域的农村之间、农村与城市之间、中外之间居民环境利益表达现象的异同，从中发现一些带有规律性的知识和特征。此外，我们还需要尝试一下定性与定量相结合的混合研究方法，丰富农民环境利益表达这一议题的社会学研究方法。

五 议题拓展

在现有研究的基础上，笔者认为，今后需要拓展以下几个比较重要的研究议题。一是农民的性别、年龄与环境利益表达研究。这方面的研

---

① 洪大用：《理论自觉与中国环境社会学的发展》，《吉林大学社会科学学报》2010年第3期。
② 张金俊：《国内农民环境维权研究的结构与文化路径》，《河海大学学报》（哲学社会科学版）2013年第3期。
③ 卢晖临、李雪：《如何走出个案：从个案研究到扩展个案研究》，《中国社会科学》2007年第1期。
④ 王宁：《代表性还是典型性？——个案的属性与个案研究方法的逻辑基础》，《社会学研究》2002年第5期。

究非常重要，也非常有意义，但是目前在国内还非常欠缺，毕竟研究的难度很大。二是农村环境信息传播过程、机制、影响与农民环境利益表达研究。农村的环境信息传播是如何推动农民的环境利益表达行动的？这方面的研究也非常欠缺。三是农民环境利益表达与农村环境治理与保护研究。农民是农村环境保护与治理多元化行动者系统中的重要一员，他们的环境利益表达是如何推动农村的环境保护与治理的？这需要我们深入地研究和探讨。四是农民环境利益表达与农村环境政策演进的研究。在我国，有些地方的农民环境利益表达推动了环境政策的变革，其具体的社会过程和社会机制是怎样的？这需要系统深入地研究。五是开展农民环境利益表达问题的历史变迁研究，丰富这一议题的历时性研究内容。

第四节　拓展国内农民环境利益表达研究的跨学科空间

本章从农民环境利益表达的社会差别、结构—制度、结构化、社会过程、社会治理等社会学研究视角出发，从研究论著数量、宏观和微观研究范式、研究议题等方面回顾了国内农民环境利益表达的社会学研究状况，指出了当前研究中存在的几个共性问题，如理论建构不足、研究方法单一以及调研资料的甄别问题等，并从科学性、方法论、理论自觉、研究方法以及议题拓展等方面探讨了今后关于农民环境利益表达问题的社会学研究议程。本章内容既是对国内以往的社会学相关研究的一种回顾和总结，更是一种推进和展望。单就研究议题的推进和展望而言，本书将会在后面的章节中展开农民环境利益表达问题的历时性研究等内容，即农民环境利益表达的历程与特点研究以及其他方面的相关研究。

然而，农民环境利益表达现象毕竟非常复杂，涉及很多深层次的问题[①]，也涉及很多学科（也包括环境科学），因此，需要推动农民环境利

[①] 陈涛：《中国的环境抗争：一项文献研究》，《河海大学学报》（哲学社会科学版）2014年第1期。

益表达现象由"多学科"向"跨学科"的演进与转型①。我们需要推动环境社会学、环境政治学、环境法学、环境经济学、环境史学、环境传播学、环境心理学、环境伦理学、环境哲学以及环境科学甚至公共卫生学等的跨学科研究。这种跨学科的研究当然需要一些基本的保障条件，如相关部门的高度重视、跨学科的优良研究团队、研究的经费保障、合作的方式选择、研究的场地以及设施保障等。如果没有这些基本的保障条件，农民环境利益表达的跨学科研究可能就只是我们经常呼吁的一句"学术口号"而已。

---

① 陈涛：《中国的环境抗争：一项文献研究》，《河海大学学报》（哲学社会科学版）2014年第1期。

第三章

农民环境利益表达的原因与方式

第一节 农民环境利益表达的原因

一 农村环境污染问题

我国农村的环境污染问题从新中国成立后就开始出现了。1949年到1957年，由于一些工业企业，特别是火电厂沿着江河布局和建设，它们基本上没有处理"三废"的技术措施，把江河直接当作排污的下水道，对农村的生态环境造成了一定程度的污染。[①] 1958年到1965年，在"大炼钢铁"和"大搞群众运动"指引下，"小钢铁""小土群"等所谓的农村工业遍地开花，许多农村地区出现了烟雾弥漫、污水横流、渣滓遍地等环境污染现象。[②] 1966年到1976年，很多地方政府由于片面地强调在农业生产中"以粮为纲"，通过牺牲林业、牧业以及渔业生产为代价来增加粮食产量，很多农村地区毁林、毁牧、围湖造田、搞人造梯田等现象恶性发展，导致农业生产生态系统遭到破坏，农村地区的污染公害事故经常发生。[③] 改革开放以来，经济开发区、工业园区尤其是化工园区在农村地区不断兴起，日益增多，发展势头越来越迅猛，其中污染型企业的

[①] 曲格平：《中国环境保护事业发展历程提要》，《环境保护》1988年第3期。
[②] 同上。
[③] 周学志、汤文奎等编著：《中国农村环境保护》，中国环境科学出版社1996年版，第128页。

"三废"超标排放已经成为影响农村生态环境质量的主要因素。① 一项百村调查结果显示，57 个被调查的村庄及其附近有工业污染企业存在。在这些村庄中，地表水被污染的占 45%，浅层地下水被污染的占 20%，空气质量受影响的占 39%，土壤被污染的占 13%。②

在我们调研的 65 个发生过农民环境利益表达行动的村庄中，环境污染问题总体上是比较严重的，其中有 21 个村庄的环境污染问题可以说是非常严重。布点在这 65 个村庄及其附近的污染企业包括化工厂、砂石厂、小型采石厂及石油厂等，造成的环境污染主要有水土污染、空气污染与噪声污染三种类型，细分起来包括废水污染、铅污染、石油污染、空气污染、粉尘污染、噪声污染等多种样态。其中，36 个村庄同时存在两种类型的环境污染，比如小型采石厂生产作业造成的粉尘污染和噪声污染，化工厂造成的铅污染和空气污染，小型石油厂造成的石油污染和废水污染等；9 个村庄同时存在三种类型的环境污染。环境污染对农民的影响是多个方面的，包括日常生活、身心健康、农副业生产、是否出去务工，以及是否按照地方政府安排被迫搬迁等，有些农民惊呼，严重的环境污染会让他们寿命严重缩短，甚至面临其他一些生存、传宗接代等方面的巨大风险。

二 农民环境利益表达的原因

笔者在博士学位论文中以安徽两村为例，探讨了农民环境利益表达的一些原因，包括环境维权意识、健康权益、经济利益、不满情绪、村庄脉络以及地方性文化（主要研究的是社区规范）的影响。③ 后续的调查和研究发现，集体记忆这种地方性文化也可能是农民进行环境利益表达的一个重要原因。④ 还有，一些村庄的农民认为他们的环境利益表达除了

---

① 万本太：《落实"行动计划"着力解决农村 5 大环境问题》，《环境保护》2007 年第 1 期。

② 刘海林、王志琴：《从百村调查看农村环境问题》，《中国改革》2007 年第 4 期。

③ 张金俊：《农民的抗争与沉默：转型时期安徽两村农民环境维权研究》，博士学位论文，中国人民大学，2012 年。

④ 张金俊：《集体记忆与农民的环境抗争：以安徽汪村为例》，《安徽师范大学学报》（人文社会科学版）2018 年第 1 期。

这些一般性的原因以外，主要目的是想推动他们村的生态宜居建设，后文将予以详述。

一是环境维权意识的影响。笔者通过对65个村庄的调研，发现农民对环境污染是否严重的判断在很大程度上依赖于他们的主观感受或评价。改革开放以前，农民的环境维权意识总体上比较淡薄。改革开放以后，在42个发生过集体性环境利益表达行动的村庄，其中有33个村庄的农民环境维权意识一开始是比较强烈的，这在一定程度上促进了他们后来的利益表达行动。另外9个村庄的农民，他们的环境维权意识一开始不怎么强烈，甚至有些淡薄，但是随着集体性环境利益表达行动的展开，他们的环境维权意识有所增强。在环境利益表达成功的几个村庄，农民的环境保护意识水平还有所提高。在23个发生过个体性环境利益表达行动的村庄，有16个村庄的个体农民环境维权意识稍微强一些，其他7个村庄的个体农民环境维权意识总体上是比较淡薄的。随着个体性环境利益表达行动的展开，这些农民的环境维权意识水平有所提高。在环境利益表达成功的村庄，个体农民的环境保护意识水平也有所提高。由此可见，农民环境维权意识的强弱与利益表达行动的发生有着一定的关联度，不过，这种关联度需要研究者仔细研判。

二是健康权益的诉求。在这65个村庄中，有不少的农民会将自身的健康状况与村庄的环境污染联系起来，如把头疼脑涨、眼酸流泪与粉尘污染和噪声污染联系起来，把肺部病变与粉尘污染联系起来，把恶心呕吐、头发脱落与铅污染和空气污染联系起来，把皮肤病与废水污染联系起来，把膝盖酸软、四肢无力、畸形死胎与铅污染联系起来，把慢性胃病与石油污染联系起来，等等。从农民的就医情况来看（农民自己的讲述或出示他们的身体检查报告），事实情况也基本上与农民的这些朴素判断相吻合，环境污染确实损害了这些村庄农民的健康权益，这是他们行动起来进行环境利益表达的一个非常重要的原因。

三是经济利益的追求。在社会学界多项研究成果中，经济利益的追求是农民进行环境利益表达的一个不容忽视的原因。经济利益的追求包括适当的或一定程度的经济补偿、农作物种植和收成影响赔偿、因环境污染引起的健康问题而带来的各项就医费用以及停止排污侵害等。在对这些村庄的调研中，经济利益的追求是非常普遍的。如果污染企业的适当妥协符合农民要求补偿或赔偿的最底线，有的农民就不愿起来进行利益表达，甚至愿意一直忍受环境污染。如果污染企业给予的补偿或赔偿过低或基本上没有任何补偿或赔偿，农民就会采取自力救济、求助媒体、环境信访等一种或多种方式进行利益表达。但是，笔者在调研中也发现，有2个村庄的农民不认可他们的环境利益表达与经济利益有关。实际上，农民环境利益表达的原因比较复杂和多样，这需要研究者仔细研判。笔者对这2个村庄的研判结果是，尽管经济利益追求这个原因在利益表达的原因序列上比较靠后，但是这2个村庄农民的环境利益表达还是与经济利益有一些关联的。

四是不满情绪的累积爆发。在对这些村庄的调研中，笔者发现农民不满情绪的源头在改革开放以前是国有企业或集体企业。改革开放以后，农民不满情绪的源头主要是污染企业和地方政府。污染企业造成的环境污染、给予的补偿或赔偿过低或基本上没有任何补偿或赔偿等，都会引发农民的不满情绪。农民通过与污染企业进行协商、谈判、说理等方式进行利益表达而基本上没有任何结果或成效时，他们的不满情绪就会进一步累积。农民在求助地方政府时，如果发现地方政府强调污染合理、不作为，他们就会有不满情绪；而如果发现地方政府有不当作为，如干预他们的利益表达、下大力气保护污染企业时，他们的不满情绪也会进一步累积；当不满情绪的累积达到一定程度，就可能会有比较激烈的释放，如通过暴力的方式，针对污染企业或地方政府机关开展利益表达行动。

五是村庄延续的考量。近年来，一些农村地区的村庄因为严重的环境污染而不得不部分搬迁甚至是整体迁移。面对环境污染，农民的眼光到底是短视的还是长远一些的？通过对这65个村庄的调研，笔者发现，不论是集体性的环境利益表达行动，还是个体性的环境利益表达行动，基本上都与村庄的发展脉络延续有关。这些村庄的有些农民已经有了一些长远眼光，通过环境利益表达行动，又影响了其他的一些农民。当然，他们的环境利益表达还会夹杂健康与经济利益诉求、被污名之后的正名等多重目的。在环境利益表达成功的村庄，农民的这种村庄脉络意识又进一步强化。但是，在环境利益表达失败的一些村庄，有些农民的这种村庄脉络意识有所淡化，他们不相信自己有能力来延续村庄脉络，也不愿相信地方政府会在农村环境污染中有所作为。

六是地方性文化的影响。农民一直受到地方性文化的深刻影响和作用。农民环境利益表达有时会受到地方文化传统、社区规范、集体认同感、价值观念、民间信仰、集体记忆等地方性文化因素的影响。在对65个村庄的调研中，笔者发现已经有2个地方性文化影响农民环境利益表达的研究案例，与农民的集体记忆有关，"苦""韧""怨""恨"等农民集体记忆的核心元素引发了他们的环境利益表达行动。结合已经发表的研究成果，在后文"集体记忆与农民环境利益表达"中将会详述。① 笔者相信，随着后续调查、研究的扩大和深入，会发现更多一些的诸如此类的研究个案，在地方性文化取向上丰富农民环境利益表达的社会学研究范式和研究内容。

三 农民环境利益表达的原因比较

以上从总体上分析了65个村庄农民环境利益表达的一般性原因。作为本书研究的起点，为了更好地分析和比较这些村庄农民环境利益表达的原因，我们展示几个具体的研究案例。

一是集体性的农民环境利益表达。在广东省Z县M村，改革开放以后在乡镇企业发展的大潮中，有一个村民在村庄附近办起了一家小型塑料厂，虽然有污染，但还算比较轻微。村民虽然有怨言，但碍于情面，都保持了沉默。2001年，这家塑料厂因效益不好，转手给几个外乡人承包了。此后塑料厂机器设备不断增加，生产规模不断扩大，2004年以后对M村造成了非常严重的废水污染和废气污染。村里几个环境利益表达积极分子经常和其他村民一起商议找塑料厂"讨个说法"。讨个什么说法呢？要求对损坏的农作物进行经济赔偿、影响了身体健康、村庄以后还能不能住人等，这些都是很好的说法。后来，M村农民在这几个环境利益表达积极分子的动员和劝说下，采取了一系列环境利益表达行动。可以看出，M村农民进行环境利益表达的原因至少包括了经济利益、身体健康、村庄脉络等考虑。此外，在访谈中，M村农民对塑料厂的不满情绪经常表现出来，所以，他们利益表达的原因还来源于不满情绪。此外，

---

① 详见张金俊《集体记忆与农民的环境抗争：以安徽汪村为例》，《安徽师范大学学报》（人文社会科学版）2018年第1期。

环境维权意识对他们的影响也有一些，但是相对弱一些。M 村社区规范的弱化在一定程度上影响了他们集体性环境利益表达行动的动员。

安徽省 W 县 L 村虽然贫穷落后，但是该村的生态环境在 2000 年以前保持得很好，村民都比较注意维护村庄的生态环境。2000 年以后，附近的一家钢铁厂（该县招商引资的一家重点企业）开始生产运营，黑烟白烟日夜飘，钢铁屑到处落，废水肆意排放，产生的空气污染和废水污染严重影响了村民的日常生活与农作物种植和收成，也影响了村民的身体健康。村民多有不满，在几个环境利益表达积极分子的劝说和动员下，村民准备一起到钢铁厂"评评理"。"评评理"需要找一些由头，钢铁厂污染对日常生活的影响、农作物的收成减少、钢铁厂赔偿、身体不舒服、村庄以后还能不能住下去等都是比较好的由头。后来，他们就集体到钢铁厂、镇政府，采取了协商、暴力、上访等方式进行利益表达。可以发现，L 村农民环境利益表达的原因至少包括不满情绪、经济利益、身体健康、村庄脉络等考虑，环境维权意识对他们开展利益表达行动的影响强一些。L 村社区规范的弱化同样也影响着他们集体性环境利益表达行动的动员。

陕西省 X 县 H 村在石油厂没有建成以前，虽说生态环境质量一般，但好在没有什么环境污染。自 2003 年附近村庄的几个农民联合开办的石油厂建成投入运营后，石油泄漏现象时有发生，有时一年最多达十几次，严重污染了耕地农田、村里的小河，部分农民感觉自己的身体健康也受到了影响。一开始虽然多有怨言和不满，但碍于情面，且每次漏油之后都有一点补偿，H 村农民也都保持了沉默状态。2008 年以后，H 村农民在几个环境利益表达积极分子的劝说和动员下，准备进行利益表达。同样，他们也需要在一起商量行动的理由。石油厂污染影响收入、日常生活、身体健康、村庄以后的存续等都可以是行动的理由。后来，他们采取了与石油厂协商、到镇政府上访等方式进行利益表达。同样可以看出，H 村农民环境利益表达的原因也至少包括不满情绪、经济利益、身体健康、村庄脉络等考虑，环境维权意识对他们开展利益表达行动的影响相对弱一些。H 村社区规范的弱化同样也影响着他们集体性环境利益表达行动的动员。

二是个体性的农民环境利益表达。广东省 G 市（县级市）Z 村的生态环境在 1998 年以前保持得很好。1998 年以后，附近村庄的几个农民联合在 Z 村附近（1 公里左右）的山脚下开办了一家采石厂，此后，Z 村开始遭受噪声污染和粉尘污染，而且环境污染日益严重，对 Z 村农民造成了很大的困扰和影响。但是，由于采石厂的负责人在当地的家族势力比较强大，Z 村农民尽管怨言漫天，但是基本上都保持在沉默而不行动的状态。2001 年到 2002 年，Z 村有几个农民以个体性的方式去找污染企业主讲理，但是都没有什么结果。归结一下这几个农民个体性的利益表达原因，主要包括经济利益、身体健康、不满情绪、村庄脉络等考虑，环境维权意识的影响相对要弱一些。Z 村社区规范的弱化严重影响着村民集体性环境利益表达行动的动员，该村就没有出现过集体性的环境利益表达行动。

在安徽省 L 县 P 村，自 20 世纪 90 年代末以来，皮革业污染非常严重，可以说是"触目惊心"。P 村农民的身体健康、农业收入、村庄农田小河等均受到严重影响和污染，他们颇有不满，担心村庄以后的出路问题。但是，由于污染企业主在当地都有一些家族势力，P 村一直没有出现过集体性的环境利益表达行动，只是有一些农民在忍受了十余年的时间后，选择以个体性的方式到镇政府去上访，希望镇政府出面解决皮革业的污染问题，但是，基本上都没有什么效果。可以看出，这些农民个体性的环境利益表达原因包括身体健康、经济利益、不满情绪、村庄脉络等考虑，环境维权意识对他们的影响相对要弱一些。P 村社区规范的弱化同样严重影响着村民集体性环境利益表达行动的动员，该村也没有出现过集体性的环境利益表达行动。

在陕西省 D 县 Y 村，村里几个农民自 20 世纪 90 年代后期联合开办了一家小型硫黄厂。硫黄厂自投入生产运营后，产生了非常严重的空气污染，还有直接把废水排入地下导致的水污染。Y 村农民受到非常大的影响，老年人白天胸闷、呕吐、恶心，晚上刺鼻的气味让他们难以睡觉；儿童们因为难闻的气味经常哭闹不止。田里农作物的收成受到不同程度的影响。村庄内外多处受到严重污染，村民也在担心村庄的出路问题。Y 村农民非常气愤，很快有几个老年人开始私下行动起来，找污染企业主讲理，协商解决硫黄厂的污染问题。之后，硫黄厂负责人似乎有所收敛，但还是经常选择在晚上进行生产作业，污染程度仍如以前。可以发现，Y 村这些老年人个体性的环境利益表达原因包括身体健康、经济利益、不满情绪、村庄脉络等考虑，环境维权意识对他们的影响相对要强一些。Y村社区规范的弱化也同样严重影响着村民集体性环境利益表达行动的动员，该村同样也没有出现过集体性的环境利益表达行动。

关于这65个村庄农民环境利益表达的原因比较，首先，从区域比较来看，由于可能与本书选择的个案类型有关，农民环境利益表达的原因在地域上差异很小，即广东省、安徽省和陕西省这些村庄的农民，他们在环境利益表达的原因上相似性很强，差异性很小；另外，从集体行动与个体行动的比较来看，农民集体性的环境利益表达追求的目标较为多元。虽然农民个体性的环境利益表达追求的目标看起来较为多元，但实际上更为纯粹，在他们真正向污染企业或地方政府提出诉求时，往往都是涉及添加或改进环保设备减轻环境污染程度，以及经济补偿/赔偿两个主要的方面。

第二节　农民环境利益表达的方式

总体而言，农民环境利益表达的方式主要包括自力救济、求助媒体、环境信访和司法诉讼四种。就调研的65个村庄来看，农民均没有采取司法诉讼的方式，在本节的最后，笔者将会进行解释和说明，不过，这是在后续的调查和研究中需要进一步关注和重视的。

一　自力救济[①]

新中国成立以来，尤其是改革开放以来，在农民的环境利益表达行动中，自力救济这种乡土社会特征明显的利益表达行动构成了其中重要的一环。这种现象在调研的65个村庄中，绝大部分村庄都曾经发生过或正在发生着。在这65个村庄中，笔者从广东省、安徽省和陕西省各选择1个发生过集体性和个体性自力救济行动的村庄，研究农民的自力救济方式及其背后的行动逻辑。

（一）概念界定与文献回顾

自力救济既是传统社会的一种普遍现象，又广泛存在于现代社会。

[①] 这一部分的主体内容发表于《学习与实践》2017年第2期。

自力救济指的是各纠纷主体依靠自己的力量解决纠纷，没有第三方协助或主持解决纠纷。① 郑少华在研究中国台湾民众的环保运动时，提出了环保自力救济的概念，认为环保自力救济是民众通过自身的行为（如街头抗议、围堵工厂等）参与环境保护，以期实现环境保护目的和获得污染赔偿的一种社会现象。② 钱水苗从法学的角度诠释了这一概念，认为环保自力救济指的是居民在遭遇环境污染的紧急情况下，没有办法请求到公力救济或者是不能得到公力救济，为了维护自身的环境权益，对污染企业主或者污染设施等采取强制力，以迫使其停止污染的个体或群体行为。③ 实际上，民间的环保自力救济并非一定要使用强制力。受到环境污染损害的居民也可以采取怒骂、协商或者寻求调解等。环保自力救济在我国有着一定的文化、制度和心理基础。我国社会中特有的"厌讼""无讼"的文化氛围可以看作是环保自力救济产生的文化根源④，环境法制的不健全、不完善可以看作是环保自力救济发生的制度根源⑤，公民法律观念和环境意识的增强可以看作是环保自力救济兴起的大众心理基础。⑥

国内学界对农民环保自力救济现象的研究主要是从20世纪90年代才逐渐开始的。不过，专门冠以"农民环保自力救济"称呼的文献几乎没有，相关的研究主要分散在以"农民环境维权""农民环境抗争""农村环境纠纷""农村环境群体性事件"或"农民集体行动"等作为主题的文献当中，然而，即使像这样的文献，专门关注农民环保自力救济现象的仍很少见。陈绍军、白新珍在研究中发现，农民从个体到集体的"讲理"式环境利益表达无效以后，开始采取围堵工厂大门、堵路、拉断电线等暴力方式进行利益表达，肢体冲突也逐渐增多。⑦ 在农民的

---

① 邵明：《民事纠纷及其解决机制论略》，《法学家》2002年第5期。
② 郑少华：《环保自力救济：台湾民众参与环保运动的途径》，《宁夏社会科学》1994年第4期。
③ 钱水苗：《论环保自力救济》，《浙江大学学报》（人文社会科学版）2001年第5期。
④ 郑少华：《环保自力救济：台湾民众参与环保运动的途径》，《宁夏社会科学》1994年第4期；钱水苗：《论环保自力救济》，《浙江大学学报》（人文社会科学版）2001年第5期。
⑤ 同上。
⑥ 钱水苗：《论环保自力救济》，《浙江大学学报》（人文社会科学版）2001年第5期。
⑦ 陈绍军、白新珍：《从抗争到共建：环境抗争的演变逻辑》，《河海大学学报》（哲学社会科学版）2015年第3期。

环境利益表达实践中有两种方式的自力救济,一是农民与污染企业主通过讲理来争取环境污染赔偿,二是阻止污染企业的生产行为或通过暴力抗争方式来解决环境污染问题。[①] 笔者在研究农民环境利益表达行动时,发现相对于地方政府"污染合理"与"不出事"的行动逻辑,农民采取的则是"生存主义"与"风险最小"的行动逻辑。[②] 根据笔者的调查和研究,在农村环境利益表达实践中,农民环保自力救济现象是最普遍、最常见的,然而,学界专门的关注度和研究状况却是相对比较薄弱的。农民环保自力救济这种现象应该成为中国环境社会学今后持续关注的一个重要研究议题,并在研究中不断深化和拓展。在相关研究的基础上,笔者通过个案比较研究,进一步探讨农民采取环保自力救济的基本方式、背后的行动逻辑,以及为什么农民在环保自力救济中的不同利益表达方式会有着近乎相同的利益表达逻辑,以期把农民环保自力救济研究向前推进一步。

(二)农民集体性自力救济的基本方式

笔者采取个案比较方法,首先从65个个案中选择了广东省G市(县级市)R村、安徽省N县L村、陕西省W县C村3个农民环保自力救济个案进行研究。这3个个案分别代表了农民集体性环保自力救济的三种基本方式,即"从协商到协商""从协商到暴力"和"从沉默到协商"(表3—1)。

表3—1　　　　农民集体性环保自力救济的基本方式

个案地点	企业类别	污染类型	农民行动类型	抗争形式	抗争时段（年）
广东省G市R村	采石厂	粉尘污染,噪声污染	集体行动	协商→协商	2002—2010
安徽省N县L村	化工厂	废水污染	集体行动	协商→暴力	2003—2009
陕西省W县C村	石油厂	石油污染,废水污染	集体行动	沉默→协商	1999—2011

---

① 陈占江、包智明:《制度变迁、利益分化与农民环境抗争:以湖南省X市Z地区为个案》,《中央民族大学学报》(哲学社会科学版)2013年第4期。

② 张金俊:《转型期国家与农民关系的一项社会学考察:以安徽两村"环境维权事件"为例》,《西南民族大学学报》(人文社会科学版)2012年第9期。

1. 广东省 G 市 R 村的农民自力救济:"协商→协商"

在广东省 G 市的农村当中,R 村算是经济比较落后的。2001 年,R 村附近村庄的一个农民联合两个外乡人,在离 R 村不远的地方开办了一家采石厂。采石厂在放炮采石与加工石子的过程中产生了大量的粉尘,R 村开始遭到严重的空气污染,尤其是起风的时候,石粉满天飞,天空灰蒙蒙,R 村有些农民在田间劳动时不得不戴上口罩,有的农民甚至在家里也要戴口罩。一些农民家中的墙体因为爆破采石的影响,出现了程度大小不一的裂纹。村里两个七十多岁的老年人还曾因为爆破声的惊吓住进了医院。R 村农民的环保自力救济可以分为两个阶段。

第一个阶段:2002 年到 2005 年。从 2002 年 3 月起,R 村一些农民开始商量要找污染企业主"讨个说法",领头的是几个六十多岁的男性老年人(环境利益表达积极分子),他们决定几十个人一起去采石厂找污染企业主"讲理"。去了好几次,都没有见到污染企业主。这时,有人提议到附近村庄的那个农民(即其中的一个污染企业主)家里去,肯定能找到人。领头的老年人立即表示反对,其他一些人也不同意这种做法,他们说如果到人家家里去,那就有点"威胁"人家的意思了,还是到采石厂去比较合适一些。2002 年 4 月的一天,他们见到了污染企业主。污染企业主发现来的人都是老年人和妇女以后,先是"摆事实""讲道理",说这个地方太落后了,办采石厂主要是为了大家都能够多赚钱,大家都富起来,这个地方不能再穷下去了。R 村农民提出了三点要求:第一个要求是给一定的经济补偿;第二个是采石厂不要在晚上爆破采石影响晚间休息;第三,采石厂尽快添加环保设备,减轻粉尘污染和噪声污染。污染企业主听完后非常生气,大动肝火,说:"任何采石厂都是这样作业的,你们不懂""还瞎胡闹""先回去吧"。僵持了一会以后,R 村几十个农民回去了。后来,他们的这种"讲理"时断时续地进行着,一直到 2005 年,但是始终没有什么结果。在这期间,农民还曾经向媒体求助过,但是也没有什么结果。

第二个阶段:2006 年到 2010 年。2006 年春节刚过完,R 村领头的几个老年人想把大家喊到一起再商量商量下一步的利益表达行动,没想到很多人都不愿意来,因为他们"都很泄气",感觉再去进行利益表达也应该没有什么结果。好不容易打电话叫来了十几个人,这几个老年人就说,

"事情办成了，大家都会有好处的"，然后让他们再去做其他人的工作。有些农民碍于面子，感觉虽然没有什么把握，但还是答应再"一起试试看"。2006年3月的一天，R村几十个农民又一起来到了采石厂，还是提出了之前的要求。污染企业主"稍微松了一点口"，答应给每户农民补偿200元，领头的补偿500元，同时"上环保设备"，但还是坚持晚上继续爆破作业，并要求R村这些农民不要再来"找麻烦了""这样对大家都不好"。此后，采石厂晚上的爆破作业仍在持续，也没有添加环保设备，严重的污染还是在继续着。2007—2010年，R村农民虽又多次去"讲理"，但再也没有任何实际效果。在其间，他们也采取过环境信访的方式进行利益表达，但也还是没有什么结果。

2. 安徽省N县L村的农民自力救济："协商→暴力"

L村是安徽省N县一个经济比较落后的村庄。2003年，L村附近的一家造纸厂和村里所有的一个金矿分别被外乡人承包。这两家企业的生产规模开始急剧扩大，造纸工业废水和含氰废水大量排放到L村的河里。L村的饮用水水源和很多农田都遭到了严重的污染。L村农民的环保自力救济也可以分为两个阶段。

第一个阶段：2003年到2006年。2003年，L村有几个农民曾经零星地去找过污染企业主"理论"，但是每次见企业主一面都很困难，即使见了面也没有什么结果。从2004年开始，L村十余个中年人（环境利益表达积极分子）动员农民（分布在L村所辖的两个自然村）采取集体性利益表达的方式与污染企业主协商。协商的方式是以"法"作为依据，如《中华人民共和国环境保护法》《W市城市饮用水水源保护区污染防治管理办法》，以及他们通过自己了解和咨询所获得的一些环保法律法规知识。他们当时是这么认为的，他们虽然是没有什么本事的农民，但现在"懂法"了，也"讲法"了，"按理说"，污染企业主也应该"懂法""讲法"。2004年6月到8月，L村农民到造纸厂多次协商的结果虽然基本上都是污染企业主承诺"以后达标排放"，但是，污染企业的排污行为仍在晚间和下雨天偷偷地进行着。2004年8月到9月，到金矿去协商的另一批农民也是协商无果。在这期间，他们曾经向媒体求助过，但是没有什么结果；他们也有过环境信访行为。

第二个阶段：2007年到2009年。2007年，L村农民决定通过暴力抗争的方式"讨个说法",他们认为"这样对大家都有好处""谁不(敢)去的话以后在村里就不好混了"。他们认为先"通过人多势众""威胁一下",如果没有效果就"以暴制暴""拼一把"。他们让妇女冲在前面,认为这样的做法应该不会有激烈的冲突发生,而且妇女应该不会被打。到造纸厂"暴力威胁"之后,造纸厂给了每户农民300元补偿,但给了领头的600元,还建了一个很大的池子说是"用来装造纸过程中所产生的废水"的,可是造纸过程中产生的废水太多了,哪里装得下呢?排污行为仍在偷偷地继续着。2008年4月的一天,L村几十个农民以暴力的方式冲击了造纸厂。到金矿去进行"暴力威胁"的农民在几个中年人的带领下,聚集了一百多人到金矿进行利益表达行动。在这期间,他们也有过环境信访行为。

3. 陕西省W县C村的农民自力救济:"沉默→协商"

在陕西省W县的农村中,C村是一个经济非常落后的村庄。1998年,一家石油厂在C村附近落户运营。此后,因为石油泄漏,C村的耕地、小河遭到了严重污染。据C村农民说,有的年份石油泄漏会多达十几次。由于是附近村庄的几个农民联合开办的企业,且每次石油泄漏之后,C村农民都会得到一点补偿费用,所以从1999年到2007年,他们始终是一种沉默状态,"大家都不好意思去(找污染企业主协商)"。2008年春节期间,C村的几个老年人(环境利益表达积极分子)在一块聊天,当聊到这个话题的时候,说"以后不能再这样了""咱们拿的钱比别的地方少多了",况且村里的耕地、小河都被严重污染了,"这会影响到咱们以后的(生产与生活)"。他们决定联合村里的其他农民,大家一起去石油厂"讨个说法""这样对大家伙也算是一种交代"。有的农民本来不愿意"掺和这事",但"又怕别人说""后来就硬着头皮去了"。

从2008年到2011年,C村几十个农民先后十几次去找污染企业主"讨要说法"。第一次是想"拿补偿款说事",要求"多给一点补偿"。没想到的是,他们没有见到污染企业主,工人说他们出差去了,不在厂里。第二次、第三次去,还是没有见到污染企业主。这几个老年人就要来了污染企业主的手机号码,可是打电话过去的时候,要么没人接听,要么对方说"在忙",他们决定再去石油厂"看看"。第四次去的时候,终于见到了污染企业主。C村农民提出了两点要求,第一个要求是补偿款要和

W县其他比较高的地方一样,第二个是石油厂把设备搞好,减少或最好避免石油泄漏。污染企业主当时"答应得很爽快",说"好好好,没问题",但是后来没有任何实际行动。过了一段时间,漏油事故又一次发生,而且还比较严重,C村农民又去了石油厂,还是提出了之前的两点要求。这次,污染企业主很生气,"发了很大的火",他们说:"办这个厂自己又不挣钱,还不是想让咱这个地方富起来?!""每次(漏油后)都给你们钱,还嫌少!""大家都是乡里乡亲的,你们到底要干什么!""还讲不讲理!"C村这些农民只好"摇摇头、叹叹气",无奈地走了。此后,直到2011年,C村农民又有几次去石油厂,"还是想讨个说法",但是都没有任何结果,"大家都很泄气,不想再去了"。在这期间,农民曾经向县里的一家媒体机构求助,但是也没有什么结果。后文将予以详述。

(三) 农民集体性自力救济的行动逻辑

上述3个个案为我们清晰地展现了农民集体性环保自力救济的三种基本方式。笔者发现,在这三种不同利益表达方式的背后,农民有着近乎相同的行动逻辑,即"生存主义""情理主义""互惠主义""安全主义"以及"面子主义"逻辑。下面就具体阐述这几个行动逻辑以及农民为什么会有这些行动逻辑。

1. "生存主义"逻辑

所谓"生存主义"逻辑,简单而言,就是农民要生存下去,要维持家庭和个人最基本的生存问题。在我国传统社会中,很多农民家庭最主要的威胁就是贫困。在近代中国社会,由于帝国主义、封建主义和官僚资本主义的压迫,以及战争、灾荒、流动与瘟疫的影响,广大农民更是忍受着生存经济对他们的折磨。1949年以后,生存经济对农民的影响和制约并没有发生根本性的转变,生存问题对于大多数的农民来说仍然是他们最需要面对的、也是最迫切需要解决的问题。[1] 农民的收入算术式增长而消费支出几何式增长,这使得他们面临的经济压力前所未有,生存的风险大大增加了。[2] 在这3个个案中,农民的家庭收入普遍都很低,有

---

[1] 王晓毅:《转型时期的农村社会冲突》,广东教育出版社2009年版,第19—22页。
[2] 贺青梅:《生活社会化:小农的经济压力与行为逻辑》,《华中师范大学学报》(人文社会科学版)2009年第1期。

些农民家中有五到六口人，而当时的家庭年收入还不到 2 万元，除去一些日常的、基本的、必要的开支，通常所剩无几，仅仅能够维持他们最基本的生存。如果遇到家里有人生大病、自家建新房或者孩子上大学这样的重大事情，他们很快就会陷入经济上的困境和烦恼。因此，基于"生存主义"逻辑的农民在遭遇农村环境污染时，不得不去寻求减少、减缓或解决环境污染、增加家庭收入的途径和办法。广东省 G 市 R 村和安徽省 N 县 L 村农民在环保自力救济中提出了污染企业给予一定的经济补偿的诉求，陕西省 W 县 C 村农民则向污染企业提出了提高经济补偿的要求，这些都是他们基于"生存主义"这种逻辑的考虑。

2. "情理主义"逻辑

我国是一个讲情理的社会。王思斌认为，"情理"既包括了看重感情和人情，也包括在人们的共同社会生活实践中所形成的一些道理和事理，以及被人们所认可的、正式制度和非正式制度的有关规定。整体而言，中国人的行动模式是倾向于"情理主义"的。[1] 所谓"情理主义"逻辑，简单地说，就是农民在开展环保自力救济行动时遵循着"既合乎感情和人情，又合乎道理和事理"的原则。罗亚娟认为，从环境纠纷开始发生、环境利益表达初始阶段，以及矛盾激化阶段，苏北农民利益表达行动的一般性特征就是"依情理抗争"。[2] 广东省 G 市 R 村农民在环保自力救济中去找污染企业主"讲理"，没有见到污染企业主时不愿意到人家家里去，担心会被理解为"威胁"；而提出一定的经济补偿、不在晚上爆破采石以及污染企业添加环保设备等要求，在他们看来都是合乎情理的。安徽省 N 县 L 村农民以"法"作为依据与污染企业主进行协商，实际上背后暗含着一定的"情理"，即他们作为普通农民，现在"懂法"也"讲法""按理说"，污染企业主是"见过世面"的，也应该"懂法"和"讲法"。他们采取暴力性利益表达方式维护自身权益，也是基于"情理"而开展的一些行动，"既然讲理讲不通，那我们采取暴力方式，这也算是说

---

[1] 王思斌：《多元嵌套结构下的情理行动：中国人社会行动模式研究》，《学海》2009 年第 1 期。

[2] 罗亚娟：《依情理抗争：农民抗争行为的乡土性——基于苏北若干村庄农民环境抗争的经验研究》，《南京农业大学学报》（社会科学版）2013 年第 2 期。

得过去的"。陕西省 W 县 C 村农民在 1999 年到 2007 年的八年沉默也是基于"情理",即石油厂是"乡里乡亲办的",而且每次石油泄漏之后都给一点补偿款,不好意思去找污染企业主"讲理"。他们提出提高补偿款、石油厂增加相应设备,减少或最好避免石油泄漏的要求,同样是基于"情理",即附近其他地方的补偿款比他们这里高,他们这里也应该提高补偿标准;耕地、小河都被严重污染了,应该要减少或最好避免石油泄漏。

3. "互惠主义"逻辑

所谓"互惠主义"逻辑,即农民在开展环保自力救济行动时遵循着"互惠互利"的原则(当然限于集体性的环境利益表达行动)。这种逻辑大致包含三个方面的含义:第一,参与环保自力救济行动对大家应该都会有好处;第二,不参与环保自力救济行动对大家应该基本上没有什么好处;第三,在行动的过程中或行动结束后,如果有什么收益需要分配,按参与行动的人的贡献大小合理进行分配,不参与行动的人,一般不能参与收益分配。广东省 G 市 R 村农民在环保自力救济行动中,遇到大家都很泄气、不想再参与协商行动时,几个领头的老年人说"事情办成了,大家都会有好处的",其实就是"互惠主义"逻辑的体现。安徽省 N 县 L 村农民通过协商和暴力性利益表达方式维护自身权益,因为"这样对大家都有好处",也是"互惠主义"逻辑的体现。陕西省 W 县 C 村的几个老年人联合其他农民一起行动,"这样对大家伙也算是一种交代",体现的也是"互惠主义"的逻辑。对污染企业和地方政府来说,它们则想极力地瓦解和破坏这种农民之间"互惠主义"的合作逻辑。在安徽省 N 县 L 村农民的暴力性利益表达行动中,当地镇政府干部的"在场"、每户农民得到污染企业 300 元补偿款而领头的得到 600 元,污染企业主给了广东省 G 市 R 村每户农民 200 元补偿款而给了领头闹事的 500 元等,这些做法一方面是想分化领头的农民和其他农民之间的所谓互惠关系;另外一方面是给了那些不参与利益表达行动的农民以后也不参与此类行动以某种"鼓励"和"暗示",即如果你们不参与利益表达行动,同样有好处,不要和他们掺和在一起。

4. "安全主义"逻辑

"安全主义"逻辑,在某种意义上也可以称为是"风险最小"逻辑,即农民把可能会危及自身和家人人身安全的风险以及政治风险、经济风险等尽可能减到最低[①]，最小的风险对他们来说则意味着是最大的安全。从我国农民一直以来的社会心理来说，绝大多数的农民自古以来就比较"胆小怕事""怕担风险""怕惹麻烦""瞻前顾后""凡事能忍则忍""不爱出头露面"，因此他们往往不怎么愿意也很害怕承担来自外部世界的风险，因而，他们在包括环境污染危害在内的很多事情上都表现出了尽量规避风险的态度，一般不到万不得已，他们是不愿意发出自己的声音的。[②] 在我国转型时期的农村社会中，有大量的农民选择了以"集体沉默"的方式面对农村的环境污染[③]。在调研的 122 个村庄中，有 65 个村庄发生过农民环境利益表达事件，这让笔者深切地感受到某种观点或研究结论的获得，可能还需要进行更多的实地调研和具体研判。广东省 G 市 R 村农民在环保自力救济行动中一开始采取的是协商的方式，后来采取的还是协商的方式，就是基于这种"安全主义"逻辑的考虑。安徽省 N 县 L 村农民一开始的协商、后来的暴力威胁以及采取暴力性利益表达行动时让妇女冲在前面，固然是一种策略和无奈，但同时也是出于"安全主义"逻辑的考虑。陕西省 W 县 C 村农民在从沉默走向协商的过程中，他们选择的是以协商的方式争取利益和处理环境污染问题，这同样是基于"安全主义"这种逻辑的考虑。

5. "面子主义"逻辑

"面子"是我国本土的一个概念，它代表着中国人的某种文化心理与行为特质。翟学伟认为，面子在根本上是一种由于个人表现出来的形象类型而导致的能不能被他人所看得起的心理和行为。[④] 中国社会整体上是一个讲人情讲面子的社会。[⑤] 所谓"面子主义"逻辑，简单地说，农民参与环保自力救济行动是因为在村里要有一点"面子"，或者碍于"面子"

[①] 张金俊：《转型期国家与农民关系的一项社会学考察：以安徽两村"环境维权事件"为例》，《西南民族大学学报》（人文社会科学版）2012 年第 9 期。

[②] 同上。

[③] 吕忠梅：《理想与现实：中国环境侵权纠纷现状及救济机制建构》，法律出版社 2011 年版，第 144 页。

[④] 翟学伟：《个人地位：一个概念及其分析框架》，《中国社会科学》1999 年第 4 期。

[⑤] 翟学伟：《人情、面子与权力的再生产：情理社会中的社会交换方式》，《社会学研究》2004 年第 5 期。

不得不参加利益表达行动。农民在农村社会生活中，通常非常渴望获得属于自己的"面子"，也非常害怕自己会在别人面前丢脸，怕被别人看不起，于是他们会想很多的办法保全自己的所谓"面子"。广东省 G 市 R 村有些农民在多次的协商没有结果之后非常泄气，本来不想再参与利益表达行动了，但是碍于"面子"，就答应再"一起试试看"，其依据的就是"面子主义"逻辑。安徽省 N 县 L 村农民在决定采取暴力威胁和暴力性利益表达行动时，"谁不（敢）去的话以后在村里就不好混了"，实际上是从"面子"这个层面给一些农民提出的基本要求，即不参加利益表达行动，以后在村里可能没有"面子"了，"在村里就不好混了"。陕西省 W 县 C 村有的农民本来不想"掺和（协商）这事"，但是"又怕别人说""后来就硬着头皮去了"，也是基于"面子主义"逻辑的考虑。在我们的访谈中，一些农民说，如果在村里没有了"面子"，以后很多事情都不好做、不好办，很多人都会看不起自己。而要想在村里有点面子，"最好在（环境利益表达）这种事情上和其他人一起"。

（四）农民个体性自力救济及其行动逻辑

以上基于广东省 G 市 R 村、安徽省 N 县 L 村、陕西省 W 县 C 村 3 个个案，研究了农民集体性环保自力救济的三种基本方式，即"从协商到协商""从协商到暴力"以及"从沉默到协商"，分析了这三种不同抗争方式背后所蕴含的近乎相同的"生存主义""情理主义""互惠主义""安全主义"以及"面子主义"逻辑，同时也分别分析和解释了农民在开展环保自力救济行动时为什么会受到这些逻辑的支配。

在调研中，笔者发现还有 23 个遭受环境污染的村庄只发生过农民个体性的环境利益表达现象。具体到农民的环保自力救济行动，农民个体性的环保自力救济行动样态又是怎样的？其与农民集体性的环保自力救济行动有何不同？背后蕴含的逻辑又是怎样的？本部分将基于广东省 G 市 Z 村、安徽省 L 县 P 村、陕西省 D 县 Y 村 3 个农民环保自力救济个案（即前面分析农民个体性利益表达原因时展示的 3 个个案，参见表 3—2），研究农民个体性的环保自力救济行动及其背后所蕴含的逻辑。

表 3—2　　　　　农民个体性环保自力救济的基本方式

个案地点	企业类别	污染类型	农民行动类型	抗争形式	抗争时段（年）
广东省 G 市 Z 村	采石厂	粉尘污染，噪声污染	个体行动	沉默→协商	2001—2002
安徽省 L 县 P 村	皮革厂	废水污染，空气污染	个体行动	沉默→协商	2008—2009
陕西省 D 县 Y 村	硫黄厂	废水污染，空气污染	个体行动	协商→协商	2000—2003

1. 广东省 G 市 Z 村和安徽省 L 县 P 村农民的自力救济："沉默→协商"

在广东省 G 市 Z 村，1998 年以后，附近村庄的几个农民联合在 Z 村附近（1 公里左右）的山脚下开办了一家采石厂，此后，噪声污染和粉尘污染开始影响 Z 村农民且影响日益严重，Z 村农民受到很大的困扰和影响。但是，由于采石厂负责人在当地的家族势力比较强大，Z 村农民尽管怨言漫天，但是基本上都保持着沉默。Z016（访谈对象编号，下同）说，他家离采石厂就 200 多米，采石厂放炮采石、加工石子对他家影响很大，对他所在的村民小组影响也很大，比如在田里劳动要戴口罩，回家也要戴口罩，晚上睡不着觉，白天没有精神，头疼恶心，收入受到影响等。但是，由于害怕采石厂负责人的家族势力，他们都不敢到采石厂去讲理，"都不敢讲话"。Z003 说，他家离采石厂 500 米左右，受到的影响也很大，他还担心这样无节制地开采，会影响到村庄的生存命脉。但是没有办法，"人家兵强马壮"，只能忍了，就等着"政府出来收拾他们"。

2001 年 6 月，Z003 因为长时间睡不着觉、睡不好觉，生病在医院里住了十几天。出院回到家后，还是睡不着觉、睡不好觉，几乎不能到田里劳动，而且整天心情比较烦躁。思来想去，总要找一个解决问题的办法，否则"命都没了"。2001 年 7 月底的一天下午，他看到采石厂其中一个负责人进厂后，就鼓足勇气来到了采石厂，向这个负责人提了几点要求：一是不能在晚上爆破采石；二是添加防噪音防粉尘的设备；三是他因为采石厂生病住院了，希望能赔偿他医疗费；四是田里的庄稼收成减少，也要进行赔偿。这个负责人比较耐心地听完后，说他不能做主，要和另外几个合伙人商量商量，要 Z003 先回家。回到家后，Z003 感觉有希望，就耐心地在家里等。没想到左等右等，就是没有好消息带给他。一个月后,他又来到了采石厂。恰巧几个负责人都在。其中一个负责人态度非常蛮横,感觉好像还要打人,所以这次又是没有什么结果。后来,Z003 就没有再去过采石厂。

2001 年 10 月,Z008 的孙子在门口玩耍时,被一块飞石击中了头部,立马头破血流,紧急送往医院。Z008 的孙子出院后,各项医疗费用花了将近两千元。在孙子出院回到家的当天上午,Z008 壮起胆子来到采石厂,要求采石厂负责人赔偿他孙子的医疗费,还有农作物损失费,以及采石厂要安全生产,不要在晚上爆破采石等。没有想到的是,采石厂的几个负责人要 Z008 拿出他孙子受伤跟采石厂确实有关的证据。Z008 就把那块带有血印的飞石拿了出来。这几个负责人商议了一下,不管 Z008 如何有理、如何讲理,就同意赔偿 500 元。其他的要求一概不答应。Z008 回到家后,因为经常生气、伤心,2002 年春节期间生病住院了。他老伴后来还跑到采石厂理论了一番,也是没有什么结果。

在安徽省 L 县 P 村,自 20 世纪 90 年代末以来,皮革业污染非常严重。可以这么说,当地稍微有点家族势力的农民,都想学着别的农民,自己也开办一个皮革厂。P 村农民的身体健康和家庭收入受到很大影响,村里的农田小河受到严重污染。村民颇有不满,也担心村庄以后的出路问题。但是,由于污染企业主在当地都有一些家族势力,P 村农民在严重的环境污染面前沉默了十年左右的时间。P010 说,皮革业污染对他家影响很大,有的年头田里收成很少,家门前的小河已经变成臭水沟,每天都要忍受难闻的恶臭味道。但是,没有办法,自己"势单力薄""先前不敢惹人家(即皮革厂负责人)"。P019 说,他家离臭水沟(即刚才讲的小河变成的臭水沟)很近,难闻的气味带给他和家人很大的困扰。他身体不好,经常生病。在这样的环境里生活,身体会更不好,会更经常地生病。而且,加上旱涝灾害,他家的小麦收成年年减少,每年基本上都不够他们家吃的。但是,"先前不敢去(即到皮革厂讲理)啊"。

2008 年 5 月初的一天上午,P010 正在田里劳动,发现很快就要收割的小麦都无精打采,拔出来几根一看,小麦的根部已经腐烂了。几天以后,他家的小麦大片大片地倒下了。带着一捆小麦,P010 犹犹豫豫地来到了最近的一家皮革厂,想让皮革厂负责人看看小麦,给一定的赔偿。没有想到人家根本不搭理。带着这捆小麦回到家后,P010 呆呆地坐了好久。2008年，P010家的小麦基本上没有什么收成。P010思来想去，总要"讨个说法"。后来，想好了几点理由之后，在2008年7月的一天下午，他又来到那家皮革厂，提出了三点要求：一是对农作物损失进行赔偿，二是皮革厂要"上环保设备"，三是拿出病例和医药费收据，要皮革厂进行赔偿。结果可想而知，皮革厂负责人根本不答应这些要求，而且，还说"要不是看你年龄大，真想打你"。

2008年10月中旬，P019和老伴一起张罗着种小麦的事情，发现他们家的农田好像已经不适合种小麦了，就找来了几个亲戚帮忙看看。这几个亲戚说应该还可以种小麦，没有那么严重。后来，小麦就种下了，但是感觉长势一直不好。到了2009年的5月，和P010家的经历一样，P019家的小麦根部腐烂，基本上没有什么收成。2009年5月底的一天上午，P019下了很大决心，到了离他家农田最近的一家皮革厂，想要农作物损失赔偿，但是没有什么结果。一个月后，又想了几条理由，包括农作物损失赔偿、医药费赔偿、"上环保设备"等，去协商后也是没有任何效果，皮革污染还是像过去一样。

2. 陕西省D县Y村农民的自力救济："协商→协商"

在陕西省D县Y村，几个农民于20世纪90年代后期联合开办的一家小型硫黄厂投入生产运营后，产生了非常严重的空气污染和废水污染。Y村农民，主要是老年人和儿童受到非常大的影响，田里农作物的收成也受到不同程度的影响，村庄内外多处污染严重。Y村农民非常气愤，很快有几个老年人分别私下去找污染企业主讲理，协商解决硫黄厂所造成的污染问题。

Y006是硫黄厂一个合伙人的堂伯，他说找硫黄厂解决污染问题，需要讲究策略。2000年6月的一天下午，他一个人来到了硫黄厂。关于为什么来硫黄厂而不是到人家家里，他说如果到人家家里，人家还以为是威胁呢。见到那个叫他堂伯的合伙人之后，他首先是"以孝动人"。他说，青年一代要孝敬长辈，这是农村的好习俗，作为堂伯辈分的，讲起话来，堂侄应该会听进去。第二，"以情动人"，他在协商的过程中还因为污染影响，心情沉重，难过得流下了眼泪。第三，"以理动人"，按照一般常理而言，硫黄厂污染严重，都是本村人，为什么不在环保上下下功夫呢。赚钱固然重要，但是，如果伤害了村里那么多人，没有相应的赔偿,还有什么道理可言呢!第四,"以据服人",Y006列举了污染影响所及的人、农田还有村庄。本以为这样的策略会有很好的效果,可是,在随后的时间里,硫黄厂负责人选择了经常在晚上生产作业,污染还是和以前一样,也没有给村民任何赔偿。Y006又去过硫黄厂几次,但结果还是一样的。

Y013与硫黄厂的一个合伙人有一些私交,在2001年3月到6月的时间内,也是多次去硫黄厂,协商解决硫黄厂的污染问题,并提出污染赔偿和硫黄厂添加环保设备的要求。协商的结果基本上和Y006去协商的结果是一样的。硫黄厂的几个负责人,尤其是有些私交的那个负责人"态度很好",就是"坚决不改",这让Y013很是失望。其后,Y村又有几个农民个别地到硫黄厂去讲理,时间一直持续到2003年8月,但是始终没有一个让他们稍微能够接受或基本上比较满意的结果。这些村民中有的人还到镇政府去上访过,但是也没有什么结果。笔者在调研中只是听人说起Y村的硫黄厂和村民的利益表达情况,但是并未看到这家硫黄厂。在陕西省政府和一些地方政府2010年前后整治乡镇企业的行动中,硫黄厂被关停了。在广大的农村地区,解决农村环境污染问题,在很大程度上或完全意义上还是要依赖地方政府的有所作为,农民环境利益表达,尤其是个体性的环境利益表达,常常收效甚微或基本上没有什么效果。

3. 农民个体性自力救济的行动逻辑

如前所述,农民集体性环保自力救济的行动逻辑包括"生存主义""情理主义""互惠主义""安全主义"以及"面子主义"等逻辑。在农民个体性的环保自力救济行动中,这些逻辑还适用吗?首先,既然是个体性的环境利益表达,那就没有所谓的"互惠主义"逻辑。其次,在"面子主义"逻辑下,有些农民参与集体性的环保自力救济行动,既是为了给别人面子,又是为了自己以后在村里有面子。而在农民个体性的环保自力救济行动中,就没有所谓的要给别人面子,自己以后也要面子,所以,"面子主义"逻辑也不适用。从以上3个个案可以看出,农民个体性环保自力救济行动主要遵循的是"生存主义""情理主义"和"安全主义"逻辑。

一是"生存主义"逻辑。在这3个村庄中,农民的家庭收入普遍很低,生存经济对他们的影响和制约作用非常明显。广东省G市Z村的

Z003 家有六口人，而家庭年收入还不到 1 万元；Z008 家有五口人，家庭年收入也不到 1 万元（2000 年前后的家庭收入）。安徽省 L 县 P 村的 P010 和 P019 家庭年收入都不到 2 万元（2008 年前后的家庭收入），陕西省 D 县 Y 村的 Y006 和 Y013 家庭年收入都不到 1 万元（2000 年前后的家庭收入）。这些农民在个体性的环境利益表达行动中，提出了赔偿医疗费、对农作物损失进行赔偿等要求，都是他们基于"生存主义"逻辑的无奈和考虑。

二是"情理主义"逻辑。在广东省 G 市 Z 村，Z003 向采石厂负责人提出不能在晚上爆破采石，添加防噪音防粉尘的设备，即按照情理来说，你们赚钱归赚钱，但是不能影响别人。他因为采石厂生病了，按情理来说，需要赔偿医疗费。Z008 提出的一些要求也是遵循着"情理主义"的逻辑。在安徽省 L 县 P 村，P010 和 P019 提出皮革厂对农作物损失进行赔偿、"上环保设备"以及医药费赔偿等要求，也是符合农民社会的"情理主义"逻辑。陕西省 D 县 Y 村 Y006 基于族内关系、Y013 基于私交关系而提出污染赔偿和硫黄厂添加环保设备等要求，也是基于"情理主义"逻辑的考虑。

三是"安全主义"逻辑。在广东省 G 市 Z 村，村民一开始因为采石厂负责人的家族势力比较强大，"人家兵强马壮"，所以选择了沉默和忍耐。Z003 在采取利益表达行动的时候"鼓足勇气"才去了采石厂，Z008 则是"壮起胆子"才去，这是他们基于"安全主义"逻辑的考虑。在安徽省 L 县 P 村，P010"犹犹豫豫"地去了皮革厂，P019"下了很大的决心"才去，这也是他们的"安全主义"逻辑。在陕西省 D 县 Y 村，Y006 和 Y013 认为硫黄厂负责人尽管"有一些势力"，但是他们基于族内关系或私交关系去协商解决硫黄厂的污染问题，应该不会有什么风险，这同样是他们的"安全主义"逻辑。

（五）结语与讨论

上述基于广东省 G 市 R 村、安徽省 N 县 L 村、陕西省 W 县 C 村 3 个农民集体性环保自力救济个案，以及广东省 G 市 Z 村、安徽省 L 县 P 村、陕西省 D 县 Y 村 3 个农民个体性环保自力救济个案，研究了农民集体性环保自力救济的三种基本方式，即"从协商到协商""从协商到暴力""从沉默到协商"以及农民个体性环保自力救济的两种基本方式，即"从沉默到协商""从协商到协商",分析了这些不同利益表达方式背后所蕴含的行动逻辑,并就农民集体性和个体性环保自力救济的行动逻辑进行了比较。需要说明的是,这几种基本方式并不是农民环保自力救济方式的全部,因为可能还会有其他的方式。比如,在后文关于农民环境利益表达成功的研究中,就有"协商→暴力→协商"这样的方式。同样,这些行动逻辑也并不是农民环保自力救济行动逻辑的全部,农民也可能还会有其他的行动逻辑。笔者只是做了某种尝试、探索和推进工作。

在某种意义上,这种研究虽说向前迈进了一步,但仍有几个问题需要展开进一步地讨论。一是我国农村地理区域非常广阔,而且类型非常多样,在一些农村地区,农民环保自力救济的方式是不是会呈现出某种螺旋式的样态呢?比如"沉默→协商→暴力→沉默""协商→协商→暴力→沉默""协商→暴力→协商→暴力→沉默""协商→暴力→协商→暴力→协商",等等。二是在这些个案中,农民在开展环保自力救济行动时,各个行动逻辑之间又有何逻辑层次、内容和结构上的关联?笔者将对这两个重要问题继续深入思考和展开研究。

二 求助媒体

向当地的媒体机构、省级的媒体机构或者全国性的媒体机构求助是农民环境利益表达行动的重要一环。媒体机构积极介入农村环境污染和农民环境利益表达行动,一是可以在一定程度上或较大程度上影响地方政府的农村环境保护行为,推动农村环境污染问题的解决,甚至推动区域环境政策的变革;二是可以让更多的人或民间环保组织了解到某个或某些农村的环境污染状况和农民环境利益表达行动,为农民环境利益表达行动增加外部援助力量。但是,由于笔者选择的个案基本上都是非常普通甚或平淡的农民环境利益表达类型,这样的农民环境利益表达难以引起媒体机构的积极关注。而且,有些媒体机构基于体制型压力,不愿或不敢涉入这一敏感地带。还有,有些媒体机构即使初步涉入这一敏感地带,有些记者可能也会被污染企业俘获,选择退出这一敏感地带。当然,在本书中也有媒体机构积极介入的案例,不过,这种现象发生的几率较小。笔者在调研中发现,在广东省、安徽省和陕西省这65个村庄中,只有27个村庄的农民选择了向当地的或省级的媒体求助,其中,广东省 7 个村庄，安徽省 11 个村庄，陕西省 9 个村庄。

（一）农民集体性环境利益表达中的求助媒体

广东省 G 市 R 村的农民在第一个阶段的自力救济行动无效以后，他们想到了本村有几个人大学毕业后到 G 市工作。后来，通过其中一个人的联络，G 市有一家媒体机构的记者答应"过来看看"。半个月以后，R 村农民见到了这个记者。他很认真地对几个领头的农民进行了采访，又在村民的带领下到采石厂附近很仔细地查看了一番。这个记者说，回去以后就把 R 村的环境污染及其危害的事情写出来，然后在报纸上发表，希望引起相关部门的重视。R 村农民感觉解决环境污染问题的希望很大，很多受害的农民都非常高兴。可是，过了很长时间，采石厂生产作业仍是日夜不停，环境污染还是和过去一样。R 村的几个环境利益表达积极分子就通过那个中间人想了解一下情况，原来是这个记者在采石厂附近查看逗留时被发现了，污染企业主做了一些工作，这个记者就放弃了 R 村的新闻报道。R 村农民感觉比较失望。后来，他们就没有再去向媒体机构求助，而是继续选择了自力救济的方式进行利益表达，同时也有环境信访行为。

在安徽省 N 县 L 村，农民在第一个阶段的自力救济行动没有效果以后，也想到了向媒体求助。他们通过大学毕业或中专毕业后在安徽省 W 市和 N 县工作的本村人的联络，曾经不止一次地打电话、写信给当地的县、市甚至省级的媒体机构，希望能够获得媒体机构的积极关注和支持，帮助他们解决造纸厂和金矿的废水污染问题。这些农民对媒体机构还是比较信任、比较有信心的，他们认为污染企业和地方政府最害怕的就是媒体曝光。虽然这几家媒体机构先后安排了几个记者赶赴 L 村了解相关情况，但是，他们的了解多是走马观花，对环境利益表达积极分子的采访也非常简单。不过，这几个记者说回去以后就把 L 村的环境污染及其危害的事情在报上发表或在电视上进行报道，希望能引起相关部门领导的重视，解决 L 村的环境污染问题。但是，他们离开 L 村好多天以后，L 村农民始终没有等到、看到什么消息。当 L 村农民再与这些记者联系的时候，他们都说现在很忙，真的没有时间去 L 村，希望大家能够理解。后来，L 村农民听说这几个记者被污染企业主好好招待了一番，L 村环境污染的报道就这样不了了之。

陕西省W县C村的几个环境利益表达积极分子曾经通过亲戚关系联系到县里的一家媒体机构。他们在2009年亲自到了县里的这家媒体机构，想请这家媒体机构派记者到村里进行采访，然后曝光，解决他们村的环境污染问题。几天以后，有个记者赶到了C村，对几个领头的老年人进行了采访，也实地考察了村里的环境污染情况。这个记者说要曝光一下C村的环境污染情况，让污染企业主认识到问题的严重性，然后再有相关部门的介入，C村的环境污染问题一定能够解决的。C村农民信心满怀地等待这种结果的出现。可是，过了好几个月，也"没见动静"。这几个领头的老年人就又跑到这家媒体机构，想了解一下情况。得到的答复是，这个记者"到党校学习去了"。后来，这几个老年人才知道这个记者早就被污染企业主"盛情款待"了。

（二）农民个体性环境利益表达中的求助媒体

在广东省G市Z村，Z003在自力救济无效以后，想到了要向当地的媒体求助。但是，问题来了，作为一个普通的农民，到哪里去找记者呢？他打电话问自己的子女，可子女们不同意他这么做，认为"风险太大"。后来，他想到本村有一个人中专毕业后在G市工作，想找他试试看。在这个人的多次联络下，Z003到了G市的一家媒体机构。机构负责人简单地了解了一下情况后，答应派记者跟着Z003到Z村看看。记者和Z003一起到了村里之后，"很吃惊""没想到污染会这么厉害"。实地考察了采石厂对Z村的污染之后，这个记者拍了一些照片，对Z003进行了一个多小时的采访，答应说尽快把Z村污染的事在报纸上登出来。Z003很激动，焦急地等待地方政府出面解决环境污染问题。可是，几个月过去了，就是没有任何消息，也没有发现地方政府有什么行动。Z003后来才知道，这个记者被采石厂负责人"盛情款待"了。Z003感觉很失望，就不再向媒体求助了。

在安徽省L县P村，P010也曾经向当地的媒体求助过。同样的问题是，一个普通的农民，如何能与媒体机构联系上呢？P010经常看L县电视台的节目，知道了该电视台的联系电话。但是，问题又来了，就是打电话过去，人家电视台会因为你一个人过来进行采访吗？思来想去，决定自己亲自到电视台去看看，结果果然跟他想的一样。从电视台出来后，P010在街上溜达时见到了本村一个常年在县城做小生意的人，问他有没有办法。后来，在这个人的积极联络下，县里的一家报社答应安排记者到P村看看。几天以后，有个记者来到了P村，皮革业污染所及让他很是震惊，他答应尽快把皮革业的污染情况报道出来。报道出来后，引起了一些关注和讨论。但是，这些关注和讨论并没有引起L县政府足够的重视，P村的污染程度还是和过去一样。几年以后，L县政府在集中整治乡镇污染企业的统一行动中，P村的皮革业经历了一番整治，P村的环境污染程度才有所减轻。

在陕西省D县Y村，Y006基于族内关系、Y013基于私人关系而进行的自力救济行动无效以后，他们没有选择向当地的媒体求助，因为"不好意思"。Y017在自力救济没有结果之后，选择了向当地的一家媒体机构求助。Y017的女儿中专毕业后在D县工作，她一开始也不同意Y017这么做，但是看到年迈的老父亲身体状况越来越差，后来才答应试试看。在她的多次联络下，县里的一家报社答应安排记者到Y村看看。记者到了Y村之后，实地考察和采访没有办法进行下去，因为她实在忍受不了硫黄厂刺鼻的味道。拍了一些照片以后，她说回去以后选择电话采访，并尽快报道出来。可是，Y017等了一个多月，也没有任何消息。后来，女儿跟他说，那个记者"被领导谈话了"。在女儿的劝说下，Y017就没有再向媒体机构求助过。

(三) 农民向媒体求助的基本特点与社会心理过程

1. 农民向媒体求助的基本特点

通过上述6个个案，我们可以看出，无论是广东省的农村，还是安徽省和陕西省的农村；无论是农民在集体性环境利益表达中向媒体求助，还是农民在个体性环境利益表达中向媒体求助，其有这么几个基本的特点：

首先，农民向媒体求助行为的发生时间往往是在他们自力救济行动无效以后。在农民集体性的环境利益表达中，广东省G市R村、安徽省N县L村、陕西省W县C村的农民在自力救济没有什么结果以后，选择了向当地的或省级的媒体机构求助。在农民个体性的环境利益表达中，广东省G市Z村、安徽省L县P村、陕西省D县Y村的个别农民也是如此。此外，在另外21个个案当中，也有19个个案能够很好地反映农民的这种向媒体求助行为的发生时间问题。还有2个个案的情况是，农民向媒体求助行为的发生时间是在他们上访无效以后，因为他们基本上没有采取自力救济行动。

其次，农民向媒体求助时往往通过某种社会关系网络进行联结。在农民集体性的环境利益表达中，广东省 G 市 R 村和安徽省 N 县 L 村农民通过在本地城市工作的本村人与媒体机构建立关系，陕西省 W 县 C 村的农民通过亲戚关系与当地的媒体机构进行联系，这都是农民在运用他们的社会关系网络。在农民个体性的环境利益表达中，广东省 G 市 Z 村农民通过在本地城市工作的本村人联系媒体机构，安徽省 L 县 P 村农民通过本村一个常年在县城做小生意的人与当地的媒体机构进行联系，陕西省 D 县 Y 村农民通过在县城工作的子女与媒体机构建立关系，这也是农民在运用他们的社会关系网络。此外，另外 21 个个案均能很好地反映农民在求助媒体时的社会关系网络运用。这些农民在与媒体机构陌生的情况下，想要通过社会关系网络的运用，在陌生的世界里寻求到有力的帮助。

最后，农民向媒体求助解决环境污染问题的结果往往是无效的。从上述案例可以发现，6 个个案中，只有 1 个是求助媒体成功的。需要说明的是，这只是求助媒体的成功，并非个体农民环境利益表达的成功。另外 5 个是无效的。从这 27 个村庄的农民环境利益表达结果来看，只有 2 个村庄的环境利益表达成功了，这当然与媒体的报道和帮助密不可分。另外 25 个村庄的农民环境利益表达是失败的，媒体在这些农民的环境利益表达中没有发挥出应有的作用，这或与压力型体制下媒体机构面临的压力有关，或与污染企业对记者的俘获有关，或与这些普通平淡的农民环境利益表达常态不足以报道有关，等等。当然，农民环境利益表达的成功有多种影响因素，媒体的作用和力量只是其一，但是，这并不代表我们可以忽视媒体的作用和力量。

2. 农民向媒体求助的社会心理过程

在上述 6 个个案的基础上，再结合其他 21 个个案，笔者试图对广东省、安徽省和陕西省这些农民向媒体求助的社会心理过程进行分析。

首先，在集体性的环境利益表达中，农民向媒体求助有这么一个社会心理过程。第一个阶段，求助前。向媒体求助前，农民之间的看法是存在分歧的。有的农民认为媒体力量比较强大，求助媒体这种方式是比较有效的，能帮助他们解决问题，而有的农民认为在彼此都很陌生的情况下，求助媒体这种方式是无效的。在农民之间的争论中，最终认为求助媒体这种方式比较有效的声音占据了上风，他们开始选择向媒体求助。第二个阶段，如何求助。在如何向媒体求助的问题上，农民之间也有争论。有的农民认为集体到某个媒体机构去，人多必然引起媒体机构的关注和重视，然后出面帮他们解决问题。而有的农民认为去的人多不一定是好办法，还是通过"关系"联系到媒体机构比较合适。后来，第二种观点胜出，他们开始通过"关系"联系媒体机构求助。第三个阶段，接触过程中。在与媒体机构接触的过程中，农民一开始基本上都是信心满怀，认为有媒体机构的出面，他们村庄的环境污染问题应该有解决的办法。但是，结果并不是他们想象得那样，农民普遍感觉很失望（当然，利益表达成功的个案除外）。第四个阶段，随着媒体机构的彻底离场，他们对媒体机构抱有的希望也彻底破灭了，转而回到开展自力救济行动或进行环境信访。本书调研中的一些个案表明，这些选择向当地或省级媒体机构求助的农民往往只会求助一到两次，发现没有结果或效果后，就不再向媒体求助。在农民的世界里，他们认为媒体"应该有用"，但是自己与媒体很陌生，他们本想在彼此陌生的世界里寻求帮助，但是结果好像在意料之外，又好像在意料之中。

另外，在个体性的环境利益表达中，个体农民向媒体求助大致是这么一个社会心理过程。第一个阶段，求助前。个体农民在向媒体求助前，通常不能确定自己的求助行为是否有效果，在一段时间内心理上比较纠结，其会通过一定的方式去证明自己的想法，比如与家人商量，问村里比较可靠的农民，与自家的亲戚商量，等等。当把自己的想法与别人给的建议比较一番之后，个体农民会有个基本判断，如果认为有效，就去求助；如果认为无效，就放弃求助行为。采取向媒体求助的个体农民，通常是得出求助媒体比较有效的判断，然后才准备实施求助行为。第二个阶段，如何求助。在如何向媒体求助的问题上，个体农民首先想到的是如何能够联系上媒体机构，这个时候，其会想到通过一定的关系或渠道建立与媒体机构之间的联结，比如，通过家人、亲戚、在城市工作的可以相信的本村人，等等。很少有农民看到某某媒体机构的热线电话，然后就贸然打电话过去的。第三个阶段，接触过程中。在与媒体机构接触的过程中，个体农民一开始也是对媒体机构抱有很大的希望，认为媒体的力量比较强大，它们出面应该能够解决一些问题。当结果或事实摆在面前，个体农民感受到的是很大的失望（当然，利益表达成功的个案除外）。第四个阶段，随着媒体与个体农民不再联系，不再涉入这一敏感地带，这些个体农民对媒体抱有的希望也是彻底破灭了，又有可能开始进行新一轮的自力救济行动或者是环境信访。本书调研中的一些个案表明，这些选择向媒体机构求助的农民一般也只会求助一到两次，发现没有结果或效果后，也就不再向媒体求助了。

三 环境信访[①]

从研究状况来看，目前学界关于农民环境信访的社会学研究相对比较薄弱。在调研的 65 个村庄中，有 31 个村庄的农民选择了环境信访这种利益表达方式，其中，广东省 10 个村庄，安徽省 13 个村庄，陕西省 8 个村庄。本部分将结合 6 个农民环境信访个案资料（其中，广东省 2 个，安徽省 2 个，陕西省 2 个，各有 1 个集体诉苦和个体诉苦个案），以"诉苦型上访"分析框架来阐释当代中国农民通过环境信访来进行环境利益表达的行为。

（一）农民环境信访的社会文化基础

农民环境信访是指遭遇环境污染危害的农民直接越过村委会和村党支部，通过写信、打电话、网络投诉或走访等方式向镇一级或镇级以上的政府部门反映本村的环境污染问题，维护自身权益的行为。我国环境信访制度的设立有一定的历史文化传统和现实基础。原始社会末期，尧舜开始设立"进善旌""诽谤木""敢谏鼓"；在历代封建王朝时期，士民建言讽政，诣阙申诉；民国时期有陈情请愿，建议控告；在当代中国，积极接纳人民群众的来信来访。可见，无论是古人还是今人，在下情上传方面有着基本一致的文化行为模式。[②] 中国传统的权力控制结构是信访制度形成的社会心理基础，党的群众路线是现行信访制度的理论基础，

[①] 这部分的主体内容发表于《南京工业大学学报》（社会科学版）2014 年第 1 期。
[②] 李秋学：《中国信访史论》，中国社会科学出版社 2009 年版，自序。

现行《宪法》为我国的信访制度提供了规范基础。① 在现代社会,居民如果遇到冤屈无法在本级地方政府层面上解决时,他们仍然会选择采取上访行为。② 农民一般认为上访往往比司法诉讼来得便捷,所以,他们愿意将自己的诉求交给上级政府部门来评判。③ 面对日益严重的农村环境污染问题,农民或在环保自力救济无效,或在媒体声援无望,或在环保组织支持乏力,或在讲求无讼的农村传统等的情势下,往往会选择环境信访,而且,在有的农村地区,治理环境污染与推动环境保护已经成为农民信访的重点。

(二)"诉苦型上访"农民环境信访分析框架的提出

自20世纪90年代欧博文(O'Brien)采用"依法抗争"(rightful resistance)这个概念来分析和解释当时中国农民的上访行为后,维权抗争这种研究范式就开始成为学界研究农民上访的主流分析框架。④ "依法抗争"即"以政策为依据的抗争",农民利用中央政府颁布的相关文件、政策和法律法规等进行逐级上访或越级上访。针对欧博文的"依法抗争",于建嵘提出了农民上访的"以法抗争"分析框架,即农民"以国家法律和中央政策"为抗争武器,并认为1992—1998年的农民利益表达行动可以归结为"依法抗争"或"合法反抗"这类形式,而1998年以后农民的利益表达行动实际上已经进入到"有组织抗争"或"以法抗争"阶段。⑤ 应星批评于建嵘的研究存在比较强烈的情感介入、价值预设,认为农民上访维权行为具有弱组织性和政治上比较模糊性的特点⑥,吴毅在对一起石场纠纷的个案研究中对此基本上也持有同样的观点⑦。申端锋认为

---

① 夏正林:《我国信访制度的历史流变、困境与出路》,《南京工业大学学报》(社会科学版)2012年第3期。
② 李炳炎:《信访制度存废浅探》,《长江论坛》2010年第6期。
③ 吴毅:《权力—利益的结构之网与农民群体性利益的表达困境:对一起石场纠纷案例的分析》,《社会学研究》2007年第5期。
④ 饶静、叶敬忠、谭思:《"要挟型上访":底层政治逻辑下的农民上访分析框架》,《中国农村观察》2011年第3期。
⑤ 于建嵘:《当前农民维权活动的一个解释框架》,《社会学研究》2004年第2期。
⑥ 应星:《草根动员与农民群体利益的表达机制:四个个案的比较研究》,《社会学研究》2007年第2期。
⑦ 吴毅:《权力—利益的结构之网与农民群体性利益的表达困境:对一起石场纠纷案例的分析》,《社会学研究》2007年第5期。

农民上访其实具有显著的非抗争政治的特点，以于建嵘和应星为代表的抗争政治研究范式遮蔽了农民上访的基本特点。[①] 与农民"维权型上访"相对应，有学者提出了农民"谋利型上访"分析框架，认为农民的这种上访是一种积极主动争取额外利益的行为，它不同于在权益受到侵害后而上访的利益表达行动[②]。还有学者在研究中提出了"要挟型上访"分析框架，认为一些农民在解决纠纷时，选择上访、缠访甚至闹访，给相关政府部门施加压力，或胁迫其尽快解决问题。[③] 此外，尹利民、董敬畏等人还在研究中提出了作为弱者上访人武器的"表演型上访"、民众为了寻求公平与道义底线的"底线型上访"分析框架[④]。

在上述农民上访分析框架的基础上，笔者希望探索出一个能够分析和解释当代中国农民环境信访行为的分析框架。就笔者的理解而言，农民环境信访既有上访的一般性特征，又有其特殊性。这个特殊性与农民环境利益表达是一个敏感地带有关。农民环境信访是希望政府部门能有所作为，解决农村环境污染问题。但是，地方政府往往会选择"机会主义""污染合理""不作为"或者"不出事"等行为逻辑，给农民环境信访带来很大的障碍。基于上述考虑，以及广东省、安徽省和陕西省6个个案（3个集体诉苦个案，3个个体诉苦个案），笔者提出"诉苦型上访"这一分析框架来分析和解释当代中国农民的环境信访行为。

郭于华认为，乡村中普通农民的历史就是一部苦难的历史，他们的"苦"表现在家庭生活和社会生活的各个方面，或是生存环境恶劣之苦，或是家境不好之苦，或是身体残疾之苦，或是缠足之苦，或是生育之苦，或是劳作之苦，或是地位低下之苦，等等，"身体之苦"与"心灵之苦"构成普通农民日常生活的基础。面对日常生活中的种种苦难，农民必须

---

① 申端锋：《非抗争政治：理解农民上访的一个替代框架》，《探索与争鸣》2013年第9期。
② 田先红：《从维权到谋利：农民上访行为逻辑变迁的一个解释框架》，《开放时代》2010年第6期。
③ 饶静、叶敬忠、谭思：《"要挟型上访"：底层政治逻辑下的农民上访分析框架》，《中国农村观察》2011年第3期。
④ 尹利民：《"表演型上访"：作为弱者的上访人的"武器"》，《南昌大学学报》（人文社会科学版）2012年第1期；董敬畏：《"底线型上访"：转型期涉法涉诉访的一种分析进路》，《中共杭州市委党校学报》2011年第6期。

调动全部的勇气、能力和智慧求得生存，这构成了一部农民在苦难中挣扎的历史。① 农民的诉苦过程往往被看作是一种分类（即划分阶级）的过程，诉苦一方面建立了消极的国家形象（即把苦难的根源归于过去的旧制度），同时也建立了积极的国家形象（即农民起来诉苦是因为有国家打气撑腰）。② 在本书研究的"诉苦型上访"分析框架中，6个村庄中农民的"诉苦"不再是过去国家权力引导意义下的挖苦根、忆苦思甜的农民阶级意识形成与国家观念重塑的重要机制，而是在现代国家权力许可或默许下的农村环境污染面前，农民通过"示弱"这种方式寻求现代国家权力支持的一种重要策略。从农民诉苦的内容来看，他们所诉的"苦"主要来自生存经济羁绊之"苦"与农村环境污染带给他们的煎熬之"苦"；就他们诉苦的方式而言，可以分为集体型诉苦与个体型诉苦两种方式；就他们诉苦的对象选择而论，他们主要找的是政府部门的主要领导，他们诉苦的目的就是希望现代国家权力能够及时、有效地干预或制止农村的环境污染问题，为他们排忧解困、打气撑腰。6个村庄农民的环境信访主要是伴随着他们的"诉苦"和在环境污染中挣扎而展开的。

（三）农民环境信访中的集体诉苦

1. 广东省 G 市 R 村农民的集体诉苦

如前所述，R 村属于行政村编制，位于广东省 G 市北部，经济上比较落后。从 2001 年开始，R 村开始遭受附近一家采石厂的粉尘污染和噪声污染。2007 年到 2008 年，R 村农民为了解决他们遭遇的严重环境污染问题，进行了两次集体性的环境信访，他们找的是镇政府的主要领导，采取的方式主要是老年人和妇女们的集体诉苦。

第一次环境信访是在 2007 年 8 月的一天上午，R 村的几个环境利益表达积极分子召集了十几个老年人和妇女，包括因爆破声惊吓而曾经住过院的两个老年人，集体到镇政府去诉苦。他们的策略是，利用老年人和妇女的眼泪影响和感动镇政府的领导，由镇政府出面解决环境污染问题，毕竟，有一个采石厂负责人就是本乡人。当时接待他们的是镇长。

---

① 郭于华：《作为历史见证的"受苦人"的讲述》，《社会学研究》2008 年第 1 期。
② 郭于华：《倾听底层：我们如何讲述苦难》，广西师范大学出版社 2011 年版，第 72—73 页。

镇长很耐心地听完他们的诉苦后，说农村环境污染问题影响恶劣，他决不允许这样的事情再发生了，答应一定帮他们解决问题，让他们先回去等消息。他们回去后，等了好几个月，还是没有任何消息，而采石厂的生产作业一直在继续着，也没有增加所谓的环保设备。

2008年4月的一天上午，R村农民又到镇政府进行了第二次环境信访。他们这次的策略有所调整，即减少老年人数量，增加妇女人数，还是找镇政府的主要领导诉苦，他们认为这次的策略应该比较好。到了镇政府才知道，原来的镇长已经于2008年前到别处任职了。这次接待他们的是一位副镇长。这位副镇长也是很爽快地答应帮他们解决问题，让他们先回去等消息。他们当时是面面相觑。与上次环境信访的结果一样，他们等了好几个月，没有任何消息，而环境污染还在继续。后来，他们就没有再进行环境信访，而是选择了再去和污染企业主"讲理"，但是基本上没有任何成效。

2. 安徽省H县C村农民的集体诉苦

安徽省H县C村附近有一家塑料厂。2001年扩大生产规模后，这家塑料厂对C村造成了非常严重的废水污染和废气污染，C村农民苦不堪言。2002年3月到2002年11月，C村农民多次与污染企业进行集体协商，但是始终没有什么结果。从2003年3月到2003年8月，C村农民多次到镇政府去集体上访，采取的方式也主要是老年人和妇女们的集体诉苦。

2003年3月的一天上午，C村的几十个老年人和妇女，在几个环境利益表达积极分子的动员和劝说下，一起到镇政府去集体上访。他们这次的策略是妇女人数多一些，老年人人数少一些。见到镇里的一个领导后，妇女和老年人开始了集体诉苦，说塑料厂的废水污染了农田，农作物收成一直不好，家里的日子过得紧巴巴的。村里唯一的河被污染得很厉害，已经变成了一个臭水沟，没有办法再继续用这河里的水灌溉农田。地下水也被污染了，很多家庭吃水成了问题。老年人晚上因为刺鼻的气味睡不好觉，白天没有精神到农田劳动。孩子们因为刺鼻的味道经常哭闹，很容易生病，等等。这个领导很耐心地听完之后，答应一定把这事带到班子会上，商量解决C村的环境污染问题。他让C村农民放心，问题一定有解决的办法的。然后，留了一个村民的电话，就让C村这些农民回去等消息。可是，C 村这些农民回去后等了一个多月，没有等到任何消息，而塑料厂的污染还在继续。

2003 年 6 月的一天上午，C 村的几十个老年人、妇女还有几个男性青壮年劳动力，冒着炎炎烈日，又一次到镇政府去集体上访。这次的策略有所调整，增加了几个男性青壮年劳动力。他们想这样的举动代表受害者的范围稍微大一些，污染影响的不只是老年人、妇女、儿童，还有青壮年劳动力，应该会引起镇领导的重视。接待他们的是另外一个领导。在听完 C 村农民的诉苦之后，这个领导"（表情）比较严肃""好像还有点难过"。他说，一些小的乡镇企业确实是"害群之马"，它们没有做出多大的经济贡献，却带来了很多村庄的环境污染，严重影响老百姓的生活，这个问题必须要解决。C 村农民感觉到解决塑料厂污染问题有希望，就又回去等消息。令他们不能理解和释怀的是，仍然没有等到什么消息，也没有发现镇政府有什么实际行动。笔者的分析是，地方政府官员在对待经济发展与环境保护问题上也是有分歧的，有些官员本想有所作为，但是无法影响到地方政府的决策安排。

3. 陕西省 P 县 P 村农民的集体诉苦

P 村是一个行政村，位于陕西省 P 县北部，经济上比较落后。1992 年，一家化肥厂在 P 村附近落户。此后，空气污染和废水污染问题让 P 村农民苦不堪言。但是，直到 2004 年，P 村农民才开始采取集体性利益表达行动解决环境污染问题。2007 年到 2008 年，他们有两次集体性环境信访，都是到镇政府进行"集体诉苦"。

第一次环境信访是在 2007 年 5 月的一天上午。P 村十几个老年人（其中有几个人是环境利益表达积极分子）和妇女一起到镇政府找主要领导"集体诉苦"，他们也是希望通过老年人和妇女的眼泪影响和感动镇政府的领导，帮他们解决环境污染问题。当时接待他们的是一位副镇长。他说，这家化肥厂的污染影响范围较大，P 村只是其中一个受到危害和影响的村庄。镇政府非常重视，一定会尽快妥善地帮他们缓解或彻底解决化肥厂所造成的环境污染问题。P 村这些农民非常高兴地回到村里，等待环境污染问题的缓解或彻底解决。谁知过了好几个月，空气污染和废水污染还是和以前一样，镇政府并没有采取针对化肥厂污染的干预行动。

2008 年春节刚过完，P 村这些农民第二次到镇政府进行环境信访，他们希望见到那位副镇长，让他兑现之前的承诺。不过，这次接待他们的是另外一个副镇长，态度不怎么好。她先是说明自己不分管信访工作，这次接待只不过是临时抓差，没有办法，然后才很不耐烦地听这些老年人和妇女的诉苦。听完之后，她说这事她做不了主，必须要向领导汇报，让这些老年人和妇女先回去，等着看看镇政府有没有针对化肥厂污染的行动。同样过了几个月，P村农民没有发现镇政府有实际行动。后来，P村农民又开始集体性地与污染企业进行协商和谈判，不过，他们仅仅获得了一点点的经济补偿，环境污染状况基本上还是和以前一样。笔者去P村调研的时候，随处可见的黑色颗粒、臭气熏天的现状让人感到窒息。

（四）农民环境信访中的个体诉苦

1. 广东省G市Z村农民的个体诉苦

如前所述，在广东省G市Z村，1998年以后，附近村庄的几个农民联合在Z村附近（1公里左右）的山脚下开办了一家采石厂。此后，噪声污染和粉尘污染带给Z村农民很大的困扰和影响。Z村有两个农民Z003和Z008分别采取过自力救济和求助媒体的方式进行利益表达，但是都没有什么效果。后来，他们分别采取了以诉苦的方式到镇政府去上访。

Z003到镇政府上访去过好几次（包括了解他的信访事情办理情况）。2002年11月的一天上午，Z003到了镇政府，经过一番折腾，才找到负责接待信访的一个干部。这个干部不是镇领导，但是他答应一定将Z003的诉求向分管领导报告。Z003把睡不着觉、不能劳动、心情烦躁、收入减少等一系列苦楚一股脑全部说了出来，还流了好几次眼泪。同时，他还提出了几点诉求，即采石厂不要在晚上爆破采石，添加防噪音防粉尘设备，赔偿医疗费和农作物损失费。这个干部听完后，没有表态，只是说按要求逐级上报，就让Z003回去等消息。眼看就要过春节了，Z003又一次找到了上次的那个干部。这个干部说，已经把事情记录按要求上报了，因为这种事情办起来比较复杂，所以需要再等等看。Z003回去后又等了好几个月，还是没有消息。后来，他又去了几次，负责接待的人说，没有办法，按规定来，只能等。Z003以诉苦的方式进行上访，就这样不了了之。

Z008有两次到镇政府去上访。第一次上访是在2002年3月的一天上午，他带着那块带有血印的飞石来到了镇政府。他几乎是全程哭泣，把采石厂影响如何恶劣、采石厂负责人如何霸道、自己和家人有多么苦等告诉了负责接待信访的一个干部，并提出了采石厂必须要赔偿他孙子的医疗费和农作物损失费，以及采石厂要安全生产、不要在晚上爆破采石等要求。这个干部说这种事情要按要求逐级上报，让 Z008 回去等消息。Z008 回去后等了好几个月，没有等到任何消息。他想可能是下面办事的人比较拖沓，就决定直接找镇长试试看。2002 年 7 月的一天上午，Z008 直接来到镇长的办公室门口，等了许久才见到刚开完会的镇长。镇长说这事本来不直接归他管，既然 Z008 来了，挺不容易的，那就破个例吧。Z008 在哭诉的时候，内心却充满了激动和欢喜，以为问题很快就会解决，可最终还是没有等到什么消息。

2. 安徽省 F 县 W 村农民的个体诉苦

W 村是行政村编制，位于安徽省 F 县南部，地处皖东，村内石英石资源比较丰富。2004 年，有两家石英砂生产加工企业开始在 W 村投入生产运营，负责人都是本地人，在当地都有比较强大的家族势力。石英砂加工作业会产生严重的粉尘污染、土壤污染和水源污染。从 2005 年开始，环境污染已经遍及整个 W 村，村民们不堪忍受、叫苦不迭。尽管县环保局开通了环保投诉电话，但是迫于石英砂生产加工企业负责人在当地的势力，大多数村民都不敢打电话投诉，害怕遭到报复，影响自己和家人的正常生活。但是，不甘于沉默的少数几个村民，终于在遭遇环境污染几年之后走出了沉默，开始了秘密的、个体的"诉苦型"环境信访。据笔者的调查了解，W 村的这种环境信访大致有两次，而且这两个村民互相不知道彼此的环境信访行为。

2009 年，W 村一个村民和自己的家人连续出现了胸闷、胸痛、咳嗽、呼吸困难、浑身乏力等症状，严重影响到家庭的正常生产与生活。不堪忍受污染带来的身体之痛的这个村民直接跑到县政府，想找县里的主要领导诉苦。经过几番波折，终于在到达县城的第四天见到了一个副县长。这个村民说到了石英砂加工作业时的环境污染，说到了自己和家人在环境污染中的种种遭遇，并说如果县里不管的话，他们真的就没有办法活下去，而且他周围的许多人家和他家的情况基本相同，只不过大家都不敢出来说话罢了。这个副县长表示一定要把这个情况向领导、向上级汇报，一定尽力处理好石英砂加工作业时产生的环境污染问题。很快，县环保局就向这两家石英砂生产加工企业下达了整改意见书，石英砂粉尘漫天飞舞的状况在一段时间内改观了许多，用这个村民的话来说，感觉呼吸一下子顺畅了好多，人也精神了许多。

但是，好景不长。几个月之后的2010年，石英砂粉尘又像沙尘暴一样袭来，W村又陷入了"伸手不见五指"之中。这时候，另一个不堪忍受污染的村民也跑到了县政府。同样经过一番波折，这个村民在到达县城的第三天见到了一个副县长。这个村民说，他们家的房屋上、地上、床上、锅里、碗里每天都有一层厚厚的石英砂，他和家人无论是在家里还是田里劳动，每天都要戴着口罩。他们家和周围人家田里的庄稼因为环境污染已经连续两年收成减半了，眼看着就不能维持正常的生活了。这个副县长听完之后表情很凝重，表示一定要妥善协调、处理好石英砂加工作业时所产生的环境污染问题。很快，县环保局果然又下达了整改意见书。但是，这两家石英砂生产加工企业在消停了几个月之后，又故伎重施，只顾运营赚钱，不添加任何环保设备，企图蒙混过关。不过，这一次县政府出了重拳，在日常巡查和昼夜突击检查中，发现了这两家石英砂生产加工企业的违规行为，于2011年强行关闭了一家企业，对另一家企业也下达了停业限期整改通知书。2012年，W村唯一的一家石英砂生产加工企业购买安装了环保设备，经县环保局验收合格后，恢复了生产运营，不过，W村的石英砂污染情况比起过去来说已经减轻了很多。

3. 陕西省D县F村农民的个体诉苦

陕西省D县F村附近的一家石油厂自1999年生产运营后，经常有石油泄漏现象发生，有时一年有十几次之多，F村污染所及遍布村庄内外、农田小河。F村农民虽获得了一点补偿，但是标准很低。由于石油厂负责人是附近村庄的农民且家族势力比较强大，因此F村农民虽多有怨言，生气不满，但一直没有人采取自力救济的方式进行利益表达。有个别村民虽向媒体求助过，但是并没有记者来过F村。2002年到2003年间，F村有几个农民到镇政府去上访，采取的也是个体诉苦的方式。

F005在2002年4月的一天上午到镇政府去上访。见到接待他的干部后，他先是下跪，请求政府出面解决他们村的石油污染问题。起身之后，F005就把石油污染如何影响身体健康、农作物收成、日常生活等问题哭诉给这个干部，还提出提高补偿标准的要求。这个干部说，他理解F005

所说的苦，但是要按规定和程序逐级上报，这个过程有点长，让 F005 先回去，有消息他会亲自告诉 F005。可是，一晃几个月过去了，F005 没有等到什么消息。2002 年 8 月的一天上午，F005 又一次来到镇政府，想了解事情的办理情况，那个干部说，暂时还没有结果，还要等。F005 回去后，觉得镇政府是在敷衍和拖延，就没有再去上访了。

2003 年 6 月的一天上午，F011 来到了镇政府。负责接待他的还是那个干部。因为有一次他和 F005 私下闲聊，F005 说起过到镇政府去上访的事。尽管对上访没有把握，没有抱什么希望，但还是想试一试。F011 提出要见镇长的要求，这个干部说要去你自己去吧。F011 就直接要去镇长办公室。到了镇长办公室门口，才发现镇长不在。等了一个上午，还是没有等到镇长。F011 想，既然来了，那就等等看吧，一直待在镇长办公室门口不走。到了下午两三点的时候，终于见到了镇长。镇长听完 F011 的哭诉以后，答应尽量解决一些问题。可是，镇长后来并没有协调、解决 F011 提出的一些要求。

（五）农民"诉苦型"环境信访的基本特点

1. "诉苦型"环境信访是农民寻求现代国家权力支持的一种重要策略

在"诉苦型上访"这种分析框架下，农民以"诉苦"的方式寻求现代国家权力支持，这是农民环境信访的一种重要策略，这种策略是身处环境污染中的农民，在"强地方政府—弱农民""强污染企业—弱农民""强市民—弱农民""弱农村环保组织＋弱农民"的多元格局中所作出的一种积极选择。在本书中，这种积极选择有两种结局：一种是失败的结局，一种是成功的结局，而失败或成功的关键都与地方政府的行为逻辑或行为模式有着重要关联。如果地方政府重经济发展轻农村环境保护，环境信访渠道不通畅，这种选择就是一种无效选择，农民在"诉苦型"环境信访中只是发出了非常微弱的声音，农村的环境污染情况依旧会持续和蔓延。广东省 G 市 R 村、安徽省 H 县 C 村、陕西省 P 县 P 村农民集体诉苦的失败以及广东省 G 市 Z 村、陕西省 D 县 F 村农民个体诉苦的失败，与地方政府的这种行为逻辑或行为模式直接相关。反之，如果地方政府统筹经济发展与农村环境保护，预防和治理农村环境污染问题的积极性较高，环境信访的渠道通畅，这种选择就是一种有效选择，农民在

"诉苦型"环境信访中就发出了积极参与农村环境保护的微妙的声音,农村的环境污染情况或许就会逐渐改观,安徽省 F 县 W 村农民环境信访的成功,与地方政府的这种行为逻辑或行为模式也是直接相关的。

2. 在集体诉苦和个体诉苦中,环境利益表达积极分子和个体农民在利益表达上的实用性与利益代表上的两面性

应星认为,利益表达积极分子常常本着实用主义的精神,选择对他们来说比较实用的利益表达方式,即哪种方式能解决问题,就选择哪种救济方式。① 吕忠梅等人在调查民众对环境侵权救济方式的选择时,发现民众对救济途径选择的最根本考虑因素是是否有效与经济。② 笔者在调研中了解到,这 6 个村庄农民虽然对环境利益表达的预期结果比较悲观,但他们还是愿意相信政府的力量,认为只要政府出面,他们的利益诉求一定能得到一定程度的满足。他们之所以选择以"诉苦"的方式来进行环境利益表达,是因为他们觉得这种方式可能会"比较实用一点"。但是,广东省 G 市 R 村、安徽省 H 县 C 村和陕西省 P 县 P 村农民的"集体诉苦"没有任何实质性的结果。在广东省 G 市 Z 村、安徽省 F 县 W 村和陕西省 D 县 F 村,少数几个农民认为找政府诉苦才有可能缓解或解决他们遭遇的环境污染问题。事实上,相对成功的结局只发生在安徽省 F 县 W 村。

在农村青壮年劳动力大量外出务工的背景下,留守村中的一些中老年人比较容易成为环境利益表达积极分子。但诚如应星所指出的那样,利益表达积极分子在利益代表上有着两面性,他们既在为公益奔忙,也在为私利奔走;既在为民众代言,也在为自己说话,他们的"公心"和"私心"是纠缠在一起的。③ 在安徽省 H 县 C 村农民的集体诉苦中,有七八个中年人、两三个老年人充当了环境利益表达积极分子,他们基于利益和安全性的考虑,通常都是行动的头一天晚上分头赶到村民的家中,

---

① 应星:《草根动员与农民群体利益的表达机制:四个个案的比较研究》,《社会学研究》2007 年第 2 期。
② 吕忠梅:《理想与现实:中国环境侵权纠纷现状及救济机制建构》,法律出版社 2011 年版,第 151—152 页。
③ 应星:《草根动员与农民群体利益的表达机制:四个个案的比较研究》,《社会学研究》2007 年第 2 期。

告诉村民第二天要去进行环境信访。这种动员方式在农民社会就是所谓"喊"的方式,"喊"一些农民一起去做什么事情,这样一来,行动的效益就可能有保证,同时,自身和家人可能遭遇的一些风险也会有所降低。同样,广东省 G 市 R 村和陕西省 P 县 P 村的环境利益表达积极分子在环境信访中,他们的"公心"与"私心"也是缠绕在一起的。在广东省 G 市 Z 村、安徽省 F 县 W 村和陕西省 D 县 F 村,尽管没有出现环境利益表达积极分子,但是少数村民在个体性的"诉苦型"环境信访中,他们不仅诉己之苦,而且推己及人,诉其他农民之苦,他们的"私心"与"公心"也是纠缠在一起的。

3. "诉苦型"环境信访是一种农民上访非抗争政治类型

在开展国内农民环境信访研究时,笔者以为应该避免这样一个误区,即认为农民环境信访具有政治性或弱政治性的特征。如果认为农民环境信访具有政治性或弱政治性的特征,我们的研究方向和目标就会与我国农民环境信访现象的实际发生偏离。有学者已经指出,农民环境利益表达的目标集中在要求停止污染和损害赔偿上,绝大部分都是就事论事的,缺少宏观的政治、经济和社会要求[①],笔者非常同意这一观点。"诉苦型"环境信访是农民环境利益表达的一种方式,他们采取这种"示弱"的"诉苦"方式,主要追求的还是自身环境权益的实现问题,无论从哪个角度讲,他们的这种环境信访都没有所谓宏观的政治、经济或社会要求,具有显著的非抗争政治特点。把握住了这一点,就可以保证我们的研究方向和目标更贴近农民环境信访现象的实际,也可以在"诉苦型上访"分析框架的基础上发展出新的分析框架。

除了上述 6 个个案以外,在笔者调研的另外 25 个发生过农民环境信访行为的村庄中,还有一些个案可以通过"诉苦型上访"这种分析框架来进行分析和解释。当前,我国农村的环境污染状况还在加剧,在遭受环境污染的广大农村地区,还有多少村庄的农民采取了"诉苦型上访"的环境信访方式?他们为什么采取这种方式?如果采取这种方式,效果如何?换句话说,"诉苦型上访"这种农民环境信访分析框架的适用范围和程度到底有多大?是否还有其他的分析框架可以补充或者替代这种分

---

① 张玉林:《中国的环境运动》,《绿叶》2009 年第 11 期。

析框架？笔者以后将继续努力，进一步完善农民"诉苦型上访"分析框架并争取发展出新的分析框架。

四 为什么没有司法诉讼

在调研的广东省、安徽省和陕西省的65个村庄中均没有发生过农民环境利益表达中的司法诉讼现象。笔者主要结合这65个村庄的调研资料来进行分析和解释。

首先，从农民的社会关系网络来说。这65个村庄基本上都是所在省份和地区经济社会发展上比较落后的村庄，农民的经济社会地位较低，社会关系网络很弱。在集体性的环境利益表达中，少数几个环境利益表达积极分子的劝说和动员发挥了关键作用，大约有一半的农民愿意参与进来，但是真正要开展利益表达行动时，真正参与进来的农民人数非常有限。如果采取司法诉讼的方式，带头的还是少数几个环境利益表达积极分子，他们既不是村庄精英，也不是村庄权威，社会关系网络同样很弱。而且，这些环境利益表达积极分子有相当一部分是老年人，他们在精力上也跟不上。广东省G市R村的一个环境利益表达积极分子说，打官司对他们来说是很不符合实际的，"大家都没本事、没关系、没人""怎么去打官司呢？""怎么去告采石厂？""怎么敢告政府呢？"而且，"年龄大了，精力也跟不上"（R002）。在个体性的环境利益表达中，单个的农民社会关系网络更弱，如何去与势力较强的污染企业打官司呢？陕西省D县F村一个农民说，别说打官司了，就是去和石油厂负责人讲理，都没有人敢去，谁还敢去打官司呢（F017）？

其次，从农民的知识与权力来说。一项研究指出，农民由于受到知识与权力的影响和限制，对人与自然进行客观化知识手段的"审判性真理"影响和限制了他们对环境污染以及环境污染受害的证明。[①] 在这65个村庄中，接受访谈的农民普遍认为，打官司要讲究证据。问题来了，虽然他们都遭受环境污染危害，如何收集到可靠的证据呢？污染损害了农作物，一捆根部腐烂的小麦、水稻、玉米等是可靠的证据吗？被污染

[①] 司开玲：《农民环境抗争中的"审判性真理"与证据展示：基于东村农民环境诉讼的人类学研究》，《开放时代》2011年第8期。

的河水毒死了鸡鸭，被毒死的鸡鸭是可靠的证据吗？污染影响了身体健康，一张医院的检验报告是可靠的证据吗？一块带有血印的飞石是可靠的证据吗？诸如此类，很多农民并不清楚什么是可靠的证据，如何收集和保存好可靠的证据，这是他们的知识局限。关于农村环境污染的程度和影响，很多农民也没有办法获得可靠的监测数据。不过，有少数几个村庄的农民可以看到类似的环评报告，大致了解环境污染程度及危害。但是，从总体上说，知识与权力影响和限制了这些农民在环境污染危害中的司法诉讼行为。

最后，从农民环境利益表达方式的社会过程与实用性来说。当农民遭遇环境污染危害时，他们首先想到的或是向村干部报告或是自己采取一些行动进行利益表达。村干部通常与污染企业关联紧密，这一点农民非常清楚。就调研的这65村庄而言，农民首先想到的是自己要采取一些行动进行利益表达，而并非是向村干部报告。所以，自力救济是他们首选的利益表达方式，或温和或暴力。当发现自力救济无效时，他们会选择向媒体求助或者进行环境信访。而当向媒体求助或者环境信访也无效时，他们有可能又回到自力救济行动上，这是多数村庄中农民环境利益表达方式的一个大致的社会过程。而且，对这些农民来说，自力救济、求助媒体、环境信访对他们来说是比较便捷、比较实用的，司法诉讼是他们最末的一个选择，也是他们最不愿意的一个选择。

第四章

农民环境利益表达的历程与特点

从总体研究出发，由于学界相关研究成果和资料比较有限，尤其是新中国成立后到改革开放前的农民环境利益表达研究成果和资料比较匮乏，笔者在这一章主要依据广东省、安徽省和陕西省65个村庄农民环境利益表达调研资料，尝试对国内农民环境利益表达的历程与特点做一个"全貌式"的描述和研究。因为资料受限，所以笔者对这种所谓"全貌式"的描述和研究颇感忐忑。

第一节 新中国成立后到改革开放前的农民环境利益表达

一 农民环境利益表达的数量

如前一章所述，我国农村的环境污染问题从新中国成立后就开始出现了，改革开放前大致经历了新中国成立后到1957年、1958—1965年、1966—1976年三个发展演变阶段。就笔者调研的65个村庄而言，虽然大部分村庄的环境污染程度基本上和国内其他遭受环境污染的村庄一样，但是也有少数村庄环境污染比较轻微或基本上没有环境污染。就调研资料而言，这一阶段发生过农民环境利益表达现象的村庄有16个，其中，广东省4个村庄，安徽省7个村庄，陕西省5个村庄，另外49个村庄基本上没有发生过农民环境利益表达现象。如果据此做一个简单的推断，这一阶段全国范围内发生过农民环境利益表达现象的村庄其实并不多。

二 农民环境利益表达的特点

根据上述 16 个村庄的调研资料，笔者认为这一阶段的农民环境利益表达具有以下几个特点。

一是农民环境利益表达的对象是国有或集体企业。这一阶段布点在这 16 个村庄的国有或集体企业，基本上都是化工型企业，如水泥厂、化肥厂、造纸厂、硫黄厂、印染厂等。因它们在生产作业过程中，会造成大量的废水污染、空气污染或噪声污染，直接影响到农民的饮用水源安全，造成农作物收成减少，影响农民的身体健康等。所以，这一阶段这 16 个村庄农民环境利益表达的对象是国有企业或集体企业。

二是农民的环境维权意识非常淡薄。新中国成立后到改革开放前，这 16 个村庄农民的物质生活条件非常匮乏，用农民的话来说，"能填饱肚子就算不错了"，基本上无暇或很少顾及村庄的环境污染问题。对于布点在村庄或附近的国有企业或集体企业所造成的环境污染，只要还能忍受，他们就不会采取利益表达行动。只有当污染严重到他们实在不能忍受时，如严重影响了正常的生活、农作物的收成以及身体健康等，他们才会开展利益表达行动。

三是农民环境利益表达行动的零星化。新中国成立后到改革开放前的二十多年，这 16 个村庄的农民环境利益表达现象虽然发生过，但是总体上比较少见，总共只有 37 次，一般 1 个村庄仅有 2 次左右的利益表达行动。而且，利益表达行动中间间隔的时间通常都比较长，一般都在几年以上，间隔时间最长的有将近十年。因而，在这一阶段，农民的环境利益表达行动呈现出零星化的明显特征。

四是以个体性的环境利益表达行动为主。在这 16 个村庄二十多年 37 次的环境利益表达行动中，个体性的利益表达行动有 30 次，一般 1 个村庄仅有 1—2 次利益表达行动。集体性的环境利益表达行动仅有 7 次，用农民的话来说，就是这种方式的利益表达"风险很大"。在个体性的利益表达行动中，农民采取的方式包括"骂""讲理""协商"等，但是基本上都没有什么效果。

五是农民环境利益表达行动常常被贴上政治化的标签。在这 16 个村庄 7 次集体性的环境利益表达行动中，参与行动的农民，尤其是带头的农民往往被冠以"反革命破坏罪",有十余个带头的农民还被判了刑,所以这一阶段农民集体性的环境利益表达行动风险很大。采取个体性利益表达行动的一些农民,往往被国有企业或集体企业的领导、村干部予以口头严重警告。

笔者以为,我们还需要关注这一阶段国家与农村的环境治理问题,这里所说的国家指的是国家层面意义上的国家,而非地方政府代表意义上的国家。从新中国成立后国家对农村环境治理的历史来看,1949年到1956年间,国家把主要精力放在了医治战争创伤和恢复国民经济生产上,对农村环境治理并没有提出明确的工作要求。1956年前后,国家在农村环境治理上做了许多工作。[①] 此后到1977年,《水土保持暂行纲要》(1957年5月)、《全国农业发展纲要》(1960年4月公布)、《森林保护条例》(1963年5月)、《矿产资源保护试行条例》(1965年12月)、《全国供销合作总社关于节约代用木、竹、麻、粮、油的几项办法的报告》(国务院1966年1月批转)等5个主要的环境政策文本出台。

从上述5个主要的环境政策文本的内容上看,当时国家对农村环境治理的工作重点主要是放在农村的水土保持和农业资源的保护上。在本书中,关注这一阶段国家与农村的环境治理问题,即关注国家是否开始治理农村的环境污染问题?是否对农民的环境利益表达行动有所回应?如果回应了,是在多大的程度和范围上进行回应的?国家的回应对农民的环境利益表达行动有何影响?对农村的环境治理工作有何影响和推动?这些议题非常重要,但是在本书中很难进行讨论,不过,笔者还是提出来,供后来的研究者思考和研究。

第二节 改革开放初期到20世纪90年代中后期的农民环境利益表达

一 农民环境利益表达的数量

改革开放以后,乡镇企业在全国各地异军突起,在带动地方经济发

---

① 周学志、汤文奎等编著:《中国农村环境保护》,中国环境科学出版社1996年版,第127页。

展的同时,也带来了广大农村地区的环境污染,有些农村地区的环境污染问题还非常严重。根据相关研究,据估计,全国乡镇工业废水、化学需氧量、粉尘和固体废弃物的排放量占全国工业污染物排放总量的比重均达到30%以上。一般情况下,乡镇小造纸厂每生产一吨纸所排放的污染物与国有大企业相比,废水排放量为3倍,有机污染物为4倍,悬浮物则高达14倍。因此,普遍的现象是,一个乡镇小造纸厂就可以污染一条河、一个水库、一片农田和滩涂。① 根据65个村庄的调研资料,这一阶段发生过农民环境利益表达现象的村庄有33个,其中,广东省9个村庄,安徽省16个村庄,陕西省8个村庄,另外32个村庄基本上没有发生过农民环境利益表达现象。可以看出,这一阶段因为乡镇企业造成的环境污染问题,农民环境利益表达现象较前一个阶段有所增多,全国范围内的情况也应该基本如此。

二 农民环境利益表达的特点

在这一阶段,33个村庄的农民环境利益表达具有如下几个特点。

一是农民环境利益表达的对象主要是乡镇企业。如前所述,改革开放以后,乡镇企业在全国各地蓬勃兴起,它们对农村生态环境造成的污染非常严重。有一些布点在农村地区的国有企业或集体企业也被私人承包,变成了乡镇企业。所以在这一阶段,农民环境利益表达的对象发生了变化,农民也开始敢于提出健康检查、污染补偿/赔偿、停止污染等利益表达诉求。

二是农民的环境维权意识有所增强。总体来说,比之上一个阶段,农民的环境维权意识增强了一些,尤其是集体性环境利益表达行动开始增多或出现的村庄。用农民的话来说,他们"不光要填饱肚子",还要"生活的环境好一些"。面对村庄的环境污染,他们已经不再是不能再忍的时候才会行动起来,而是在污染开始或者污染稍微严重一点的时候就采取行动。

三是农民的环境利益表达行动逐渐增多。改革开放初期到20世纪90

---

① 张宏艳、刘平养:《农村环境保护和发展的激励机制研究》,经济管理出版社2011年版,第41页,第89页。

年代中后期，在这 33 个村庄中，不但发生过 156 次环境利益表达行动，一般 1 个村庄 4—5 次，而且，利益表达行动中间间隔的时间比之上一阶段大大缩短了，间隔时间最短的只有几个月。因而，这一阶段农民的环境利益表达行动已经不再是零星化的特点，开始逐渐增多。

四是仍以个体性的环境利益表达行动为主。在这 33 个村庄 156 次的环境利益表达行动中，个体性的利益表达行动有 131 次，一般 1 个村庄就有 3—4 次利益表达行动。集体性的环境利益表达行动仅有 25 次。在个体性的利益表达行动中，农民采取的方式包括"骂""讲理""协商""个体暴力"、求助媒体、环境信访等，但是基本上也都没有什么效果。

五是开始求助媒体和进行环境信访。在改革开放以后的农村社会变迁中，农民获得信息的渠道增多了一些，与外部世界的联系增强了一些，尤其是一些在本乡务工的青壮年农民，他们面对环境污染，开始求助媒体和进行环境信访。尽管在多个案例中，求助媒体是无效的，但是有些青壮年农民还是想"再试一下"，不过，他们的这种想法已经很难再占据上风了。在其中 31 个村庄中，农民环境信访的次数为 76 次。虽然他们想找乡镇政府的领导或更大一级的领导出面解决环境污染问题，但是环境信访成功的几率非常小，这与前述地方政府的行为逻辑或行为模式紧密相关。

在这一阶段，我们仍然需要关注国家与农村的环境治理问题。改革开放初期到 20 世纪 90 年代中后期，国家层面的环境政策文本有 30 余个，并且对农村环境治理的政策关注度逐步提高。在这一阶段，国家开始着重治理农村的环境污染和生态破坏问题。在治理农村的工业化污染上，1978 年和 1982 年《宪法》、1979 年和 1997 年《刑法》、1979 年《环境保护法（试行）》和 1989 年《环境保护法》、1996 年《乡镇企业法》都是非常重要的环境政策文本。1974 年以后，我国各地的环境保护政府机构已经制度化了。

在本书中，关注这一阶段国家与农村的环境治理问题，即关注国家是否对开始逐渐增多的农民环境利益表达行动有所回应。如果回应了，又是在多大的程度和范围上进行回应的？国家的回应又对这一阶段农民的环境利益表达行动有何影响？对这一阶段农村的环境治理工作又有何影响和推动？

第三节 2000年以来的农民环境利益表达

一 农民环境利益表达的数量

2000年以来,全国范围内两种类型的环境污染转移日益突出,一是污染严重型企业从城市转移到农村,二是污染严重型企业从东部地区转移到中部和西部地区。在这一阶段,笔者调研的65个村庄均发生过农民环境利益表达现象,其中,广东省18个村庄,安徽省27个村庄,陕西省20个村庄。而且,在有些村庄,这一阶段农民环境利益表达的对象既有乡镇企业,也有污染转移企业。此外,有些地方政府也开始成为农民环境利益表达的对象。从农民环境利益表达的数量来看,这一阶段又呈现出增多趋势,全国范围内的情况应该也基本如此。既然每一个阶段农民环境利益表达的数量都在增多,那是不是从现今开始,农民环境利益表达的数量还会继续增多呢?笔者将会简要地讨论一下这种趋势判断。

二 农民环境利益表达的特点

在这一阶段,65个村庄的农民环境利益表达具有如下几个特点。

一是农民环境利益表达的对象仍主要是乡镇企业。2000年以来,乡镇企业如采石厂、石油厂、造纸厂、塑料厂等所造成的环境污染对这65个村庄的农民影响很大。在笔者的访谈中,农民的抱怨声、哀叹声时时入耳。面对严重的环境污染,农民进行了一定程度的利益表达。在有些村庄或其附近,除了乡镇企业以外,还有污染转移企业,农民也把其作为利益表达的对象。有些地方政府在农村环境污染中不作为或有不当作为,他们有时也会成为农民环境利益表达的对象。

二是农民的环境维权意识有某种程度的分化。在这一阶段,研究农民的环境维权意识,需要注意他们在环境维权意识上的分化问题。如前面第三章所述,在42个发生过集体性环境利益表达行动的村庄,其中有33个村庄的农民的环境维权意识一开始是比较强烈的。另外9个村庄的农民,他们的环境维权意识一开始不怎么强烈,甚至有些淡薄。在23个发生过个体性环境利益表达行动的村庄,有16村庄的个体农民环境维权意识稍微强一些,其他7个村庄的个体农民的环境维权意识总体上是比较淡薄的。

三是农民的环境利益表达行动又有所增多。2000 年以来，在这 65 个村庄中，共发生过 336 次环境利益表达行动，一般 1 个村庄 5—6 次，农民的环境利益表达行动又有所增多，他们的利益表达诉求也开始逐渐多元化，包括了经济利益、身体健康、停止污染、村庄延续等多个方面。

四是集体性的环境利益表达行动逐渐增多。在这 65 个村庄 336 次的环境利益表达行动中，42 个发生过集体性利益表达行动的村庄，利益表达次数为 119 次，一般 1 个村庄就有 2—3 次集体性的利益表达行动，比上一个阶段的 25 次，增加了 94 次。虽然在集体性的利益表达行动中，农民采取的方式包括集体协商、暴力维权、求助媒体、环境信访等，但是，利益表达成功的只是极少数。

五是农民的环境利益表达有时与征地拆迁问题纠结在一起。在这 65 个村庄，不论是乡镇企业还是污染转移型企业，它们的企业用地都是村庄的或村庄附近的。乡镇企业、污染转移型企业如果要扩大生产，就需要继续拿地用地，这会涉及农民的征地拆迁补偿问题，如果标准低或过低，农民就有可能会起来进行利益表达，同时也会提出他们的环境利益诉求。

在这一阶段，我们同样需要关注国家与农村的环境治理问题。2000 年以来，国家层面的针对农村环境治理问题的环境政策文本有 20 余个，并且强调加大对农村工业污染问题的治理力度，主要包括治理农村地区的水污染与大气污染问题，在农村地区实施环境影响评价制度，以及强调农村环境污染问题的多元综合治理。在一些农民环境利益表达事件上，尤其是规模很大的农民环境利益表达事件上，国家的介入是农民利益表达成功的关键所在。

在本书中，关注这一阶段国家与农村的环境治理问题，即关注国家对这一阶段又呈现出增多趋势的农民环境利益表达行动有多大程度和范围上的回应？国家的回应保障了农民环境利益表达的成功，农民环境利益表达的成功又在多大的程度和范围上影响和推动了国家对农村的环境治理？

三 农民环境利益表达的趋势

在上述三个阶段，农民环境利益表达的数量呈现出逐渐增多的趋势。那么，从现今开始，农民环境利益表达的数量是不是还会继续增多呢？笔者以为，今后农民环境利益表达的数量不仅不会呈现出持续增多的情况，有可能还会有所下降。判断的基本理由如下：

首先，在调研的65个村庄中，农民环境利益表达最终取得成功的只有8个村庄，其他57个村庄的农民环境利益表达基本上都是失败的[①]。2000年以后，在环境利益表达失败的一些村庄，有些农民开始出现了沉默的现象，有些村庄的农民甚至逐渐演变成单向度人格的农民。这些农民今后参与环境利益表达行动的可能性极小，甚至基本上没有可能。在后文的研究中，我们将发现，在57个农民环境利益表达失败的村庄中，只有21个村庄的农民还在继续进行利益表达。

另外，在当下乡村振兴的背景下，生态宜居乡村建设的提出和全面部署，表明了党和国家高度重视农村的环境保护与治理问题。今后，那些布点在农村地区的污染严重型乡镇企业或转移型企业，将会在地方政府有所作为的逻辑下逐渐被一一取缔或停改整顿，农村的环境污染状况将会有所缓解和改观。此外，社会治理的多元主体也将会在农村环境治理与保护中发挥重要作用。所以，笔者有这么一个基本判断：今后在解决农村环境污染问题上，将会呈现出由农民利益表达到各社会治理主体合作治理的趋势，农民的环境利益表达行动在这个社会过程中将会被逐渐消解，但是，也不会完全消失。

---

① 注：准确的说是阶段性失败，后文不再赘述。虽然是阶段性失败，但是农民的沉默甚至单向度人格深度影响着他们在环境污染中的心理模式和行为选择。

第五章

农村社会变迁与农民环境利益表达

根据研究旨趣，笔者以为农村社会变迁（rural social change）既包括了本书中广东省、安徽省和陕西省这 65 个村庄社会结构的变化，又涵盖了它们的社会变化过程和结果。在这 65 个村庄中，有 57 个村庄的农民环境利益表达是失败的，利益表达成功的村庄只有 8 个（将在后文第九章详述）。本章主要关注转型时期这 57 个村庄"社会"层面上的社会变迁及其与农民环境利益表达的关系问题，具体来说，包括生存经济与农民环境利益表达、农村人口空心化与农民环境利益表达以及半熟人社会与农民环境利益表达。本章从 57 个村庄中选择了其中的 3 个村庄进行研究，这 3 个村庄发生的都是农民集体性的利益表达行动。

第一节 生存经济与农民环境利益表达

一 农民的生存经济

这 57 个村庄绝大多数都是在当地经济发展相对比较落后的村庄。笔者的初衷与想法是，调研这种经济发展状况大致相同的村庄，可以对三省的农民环境利益表达现象作更好的比较和研究。

广东省 G 市 R 村、安徽省 H 县 C 村和陕西省 W 县 C 村在经济上都是比较落后的村庄，农民从农业上获得的收入是非常有限的。遇上旱涝灾害的年份，农业收入会很低。如果再加上环境污染的影响，农业收入就更低了。在这种状况下，这 3 个村庄绝大多数的青壮年劳动力选择了外出务工，寻找其他的收入来源。留守村中的一些老年人、妇女还有极少数的男性青壮年劳动力不得不在农闲的时候到附近的乡镇甚至县城打一些短工，打工所得主要用于维持家庭生计和其他日常开销。一旦遇到家中有人生大病、自家建新房、子女结婚或考大学等其中的一件事情，农民基本上都会耗尽所有的积蓄，有的时候还需要向别人借钱以维持基本的生计。有的农民家庭有五六口人，年收入还不到2万元；有的家庭有七八口人，年收入还不到1万元。除去农业生产成本、家庭日常开销、人情往来等支出以后，很多家庭每年仅能结余几百元到几千元，有的家庭甚至是负收入，需要借钱或贷款维持基本的生计问题。

二 生存经济与农民环境利益表达

在生存经济的羁绊下，广东省G市R村、安徽省H县C村和陕西省W县C村的农民在环境利益表达上一直被"生存主义"和"安全主义"这两种逻辑所影响和支配。

首先，面对环境污染，要不要起来进行利益表达？这虽然看似一个非常简单的问题，但却是这3个村庄很多农民一直在犹豫和纠结的问题。之所以犹豫和纠结，是因为很多农民都有自己的考虑。如果不进行利益表达，农业收入、家庭收入、身体健康等就会受到很大影响，甚至直接影响到家庭基本的生存问题。如果起来进行利益表达，污染企业主在当地都有比较强的家族势力，这会不会影响到自己和家人的安全问题？农民在犹豫和纠结中，就需要有人进行动员和劝说。

第二，如果起来进行利益表达，谁来领头？一般来说，在农民环境利益表达行动中，领头的即环境利益表达积极分子遭遇的风险就会更大。在这种情况下，谁来领头动员和劝说大家进行集体性的环境利益表达，又是摆在这些农民面前的一大问题或难题。最后，那些有一些公心、有一些头脑、有一些韧劲、遭遇污染危害最为严重、最不愿意继续忍受环境污染的农民站了出来，充当了环境利益表达积极分子。当然，他们只是这3个村庄中极少数的一部分人，但是他们却是集体性环境利益表达行动得以发生和不断延续的关键力量。

第三，选择哪种方式进行利益表达？有了环境利益表达积极分子，大家就会在一起商量选择哪种方式进行利益表达比较好。这些农民商议的结果通常是先自力救济，后求助媒体，然后再进行环境信访，如果环境信访没有效果，就再回到自力救济行动上。具体来说，开展自力救济行动时,是协商还是暴力?这些农民通常选择的是先与污染企业进行集体协商,然后迫不得已的情况下再采取暴力行动进行利益表达。当然,在真正采取行动时,广东省 G 市 R 村和陕西省 W 县 C 村的农民只采取了协商这一种方式。安徽省 H 县 C 村除了协商这种方式以外,还有不得已的暴力性利益表达行动。在求助媒体时,如何求助?前面已经述及,他们会通过社会关系网络与媒体建立联结。环境信访时,去多少人比较合适?谁去比较合适?由于这 3 个村庄的人口空心化现象比较严重,因此后来在进行环境信访时,去的人大多是老人和妇女。

第四,既然受到生存经济的影响,在利益表达行动时肯定会提出经济补偿/赔偿的要求。广东省 G 市 R 村农民在与采石厂集体协商的时候,提出了经济补偿的要求,后来获得了一点经济补偿。安徽省 H 县 C 村农民针对塑料厂的集体协商与暴力性利益表达中,虽提出了经济补偿,但是后来塑料厂并没有给予污染补偿。陕西省 W 县 C 村农民在从沉默到集体协商的过程中,也仅获得了一点经济补偿。

第二节 人口空心化与农民环境利益表达

一 农村人口空心化

20 世纪 90 年代以后,农村青壮年劳动力大量外出务工,导致这一人口比例在农村社会日趋下降,农村中的人口大多数是老年人、妇女和儿童,这即是农村的人口空心化现象[①]。20 世纪 90 年代以后,广东省 G 市 R 村、安徽省 H 县 C 村和陕西省 W 县 C 村的人口空心化现象比较明显。这 3 个村庄绝大多数的青壮年劳动力选择了外出务工,留守村中的主要是老年人、妇女和儿童,还有极少数男性青壮年劳动力。有很多的家庭基本上都是两个老年人和几个年幼的孙子女在家,或者是一个老年人和几个年幼的孙子女在家。青壮年劳动力的大量外出对这 3 个村庄的冲击和影响是很大的。首先,这 3 个村庄的农民在农业生产中的收入受到影响。其次,这 3 个村庄缺乏了制约或对抗村干部的一支重要力量。在这 3 个村庄中,村干部与污染企业关联密切,常常与污染企业勾连在一起,

---

① 周祝平:《中国农村人口空心化及其挑战》,《人口研究》2008 年第 2 期。

尤其是农民有集体性利益表达行动即将发生的时候，他们或到污染企业通风报信，或到地方政府机关通风报信，或与污染企业主联合起来一起对付参与利益表达行动的农民。由于这3个村庄参与利益表达行动的农民大多是老年人和妇女，因此他们对村干部的制约或对抗能力远不及众多的青壮年劳动力。最后，青壮年劳动力的大量外出也导致这3个村庄缺乏抗衡污染企业的一支重要力量。污染企业对付参与利益表达行动的老人和妇女，比对付青壮年劳动力来说容易多了。

二 人口空心化与农民环境利益表达

在这3个村庄人口空心化的背景下，农民环境利益表达总体上来说更为艰难。面对环境污染，既然选择了要进行利益表达，参与利益表达行动的农民就不得不考虑与利益表达行动相关的一些紧要问题。

首先，谁充当利益表达行动的主体？这样的主体进行利益表达会有何种结果？现实情况摆在面前，在这3个村庄人口空心化的压力下，只有老年人和妇女才能充当利益表达行动的主体，而他们充当利益表达行动的主体，往往缺乏一定程度上的坚韧性，他们利益表达的结果通常是失败的。

其次，如果无法预见利益表达的结果或者可以预见利益表达的结果，如何动员和劝说更多的农民尤其是男性青壮年劳动力参与进来？谁来动员和劝说？在这个问题上，极少数环境利益表达积极分子的动员和劝说发挥了关键作用，所以这3个村庄才会发生集体性的环境利益表达行动。但是，动员更多的农民参与通常比较艰难，尤其动员那些男性青壮年劳动力参与进来。况且，有的男性青壮年劳动力就在本村或本村附近的污染企业上班，如何去动员和劝说他们参与抗争污染企业的利益表达行动？不仅如此，有些在污染企业上班的男性青壮年劳动力为了他们自己的生存经济载体，还会选择给污染企业主通风报信，阻止和破坏农民的集体性环境利益表达行动。

最后，在人口空心化的现实与无奈下，这3个村庄参与利益表达行动的老年人和妇女，利益表达的方式总体上比较温和，即使像安徽省H县C村针对塑料厂采取了暴力性利益表达行动，这些老年人和妇女往往也难以对抗污染企业的暴力主义或地方政府的干预行动。在广东省G市

R 村，充当环境利益表达积极分子的是几个六十多岁的男性老年人，环境利益表达的主体是老年人和妇女，只有几个青壮年劳动力参与进来，这让污染企业主见到后"松了一口气"。他们在环境信访中的集体诉苦也没有影响和感动镇里的领导。在陕西省 W 县 C 村，农民在从沉默走向集体协商的过程中，几个六十多岁的男性老年人充当了环境利益表达积极分子，但环境利益表达的主体是老年人和妇女，只有寥寥几个青壮年劳动力参与进来，这样的环境利益表达通常是难以成功的。安徽省 H 县 C 村农民在暴力冲击塑料厂的过程中，镇政府领导赶到现场，进行"协调""劝说""承诺"（即承诺让塑料厂达标排放）、"联合"（联合村干部一起对付参与行动的农民），还安排一批"治安联防队员"在现场维持秩序。虽然没有动用暴力，但是这批"治安联防队员"对参与行动的老年人和妇女来说，是一种极大的符号性威慑。

第三节 半熟人社会与农民环境利益表达

一 半熟人社会

新中国成立后，行政村逐渐取代了自然村的一系列功能，同一行政村的村民虽说拥有共同的行政空间，但缺乏共享的生活空间。这类行政村不再是熟人社会，而是半熟人社会。[①] 根据笔者的调研，这 3 个村庄的半熟人社会现象是普遍存在的。广东省 G 市 R 村有 12 个村民小组，安徽省 H 县 C 村有 13 个村民小组，陕西省 W 县 C 村有 10 个村民小组，但是这 3 个村庄村民之间相互往来的也只是限于有限的几个村民小组之间或者是亲戚、朋友或熟人之间。同一个村民小组内是一个熟人社会，村民彼此之间交往的频率比较高。而在同一个行政村内，则是一个半熟人社会，村民彼此之间交往的频率比较低，因而很多农民本着实用主义的原则，选择性地与其他村民小组的农民进行交往。所以，一旦遇到需要大家采取集体行动才能应对的事情，各村民小组之间的相互呼应和联合就变得非常困难。虽然在农村环境污染上，污染影响的往往是几个村民小

---

① 贺雪峰：《论半熟人社会：理解村委会选举的一个视角》，《政治学研究》2000 年第 3 期。

组或整个村庄，但是，有些农民往往认为距离最近的那个村民小组的农民是受害者，他们因为距离远一些，不是受害者，所以不愿意参与利益表达行动。

二 半熟人社会与农民环境利益表达

在这3个村庄半熟人社会的状况下，同一行政村内的村民小组之间在应对环境污染问题上，如何实现村民小组之间的呼应和联合，增加利益表达成功的几率？这也是摆在参与利益表达行动的农民面前的一个非常实际的问题。而要想实现各村民小组之间的呼应和联合，就需要有人积极地奔走、动员和劝说。谁来奔走、动员和劝说？这在很大的程度上要依赖于环境利益表达积极分子。但是，单单一两个村民小组出现几个环境利益表达积极分子，这可能还不够，还需要更多的村民小组内出现环境利益表达积极分子（当然，有时也不一定），大家一起来推动。但是，现实情况往往不是如此。所以，农民的环境利益表达行动很难对污染企业形成一定的或足够的社会性压力。

在广东省G市R村，采石厂在放炮采石与加工石子的过程中所产生的粉尘污染和噪声污染实际上已经影响到该村六七个村民小组的农民。尽管有几个环境利益表达积极分子（都是同一村民小组的，离采石厂最近）在这些村民小组中积极奔走和私下一对一劝说，但是因为其他几个村民小组没有出现环境利益表达积极分子，没有人协助进行动员和劝说，所以后来参加利益表达行动的只是这个离采石厂最近的村民小组的农民，其他几个村民小组的农民"不想掺和进来""怕影响不好"。在安徽省H县C村，虽然塑料厂污染已经波及了整个村庄，但是参与利益表达行动的农民也只是离塑料厂最近的2个村民小组的农民，其他村民小组的农民认为污染还没有影响到他们，他们也不愿意"掺和这事"，也"怕影响不好"。在陕西省W县C村，参与利益表达行动的也只是离石油厂最近的1个村民小组的农民，其他村民小组的农民认为石油污染并没有影响到他们，他们不愿意采取利益表达行动，还是担心影响不好。在半熟人社会的影响和制约下，这3个村庄的农民环境利益表达难以实现更多村民小组之间的呼应和联合，这样的环境利益表达通常是难以成功的。

不过，笔者也发现，在调研的这65个村庄中，也有少数的村庄在环境利益表达积极分子的奔走和劝说下，在行政村内的自然村或村民小组之间出现了相互呼应和联合的情况，笔者在后面第九章把这种现象称作是熟人社会与半熟人社会的联合。当然，这种现象的出现几率还是非常低的，毕竟，在 65 个村庄中，仅有 3 个村庄出现了这种熟人社会与半熟人社会联合的现象。

第六章

地方性文化与农民环境利益表达

农民生活于特定的地域社会中,他们的思想意识和社会行为会受到当地特定文化的深刻影响和型塑。在农村环境污染中,农民的利益表达有时会受到地方文化传统、社区规范、集体认同感、价值观念、集体记忆等地方性文化因素的影响和作用。本章主要研究社区规范、集体记忆对农民环境利益表达的影响和作用。

第一节 社区规范与农民环境利益表达

一 社区规范弱化

农村社区规范包括伦理道德、风俗习惯、信念信仰和社会舆论等。新中国成立以来,尤其是改革开放以来,农村社区的规范呈现出不断弱化的态势。我们可以从以下三个方面来进行分析。

首先,新中国成立后,农村的宗族组织不断弱化。在传统社会中,宗族组织是推动农村社区规范运作的一支重要力量。随着1949年以后宗族组织的不断弱化,它们实际上已经无法推动农村社区规范的运作。20世纪80年代以来,虽然部分农村地区出现了宗族复兴的现象,但实际上其多是一种宗族势力的恶性膨胀,是需要国家规制和打击的。在广东省G市R村、安徽省H县C村和陕西省W县C村,污染企业主在当地都有一些家族势力,且他们所产生的影响多是负面的,无法推动农村社区规范的运作。

其次,改革开放后,农村社会中一些权威的影响力在不断式微。虽然在现代农村社会中有一些政治精英、经济精英或文化精英,但是他们难以取得农民的认可，他们虽是精英，却不是权威，难以推动农村社区规范的运作。上述3个村庄中虽然各有十几个政治精英和经济精英，但是他们在农民心目中都不是权威，只不过是他们拥有的资源比别的农民多一些而已。经济精英们有着自己的经济利益计算，因为他们中有的人还和污染企业主在业务上有一定程度上的经济来往，所以他们不愿意参与到环境利益表达行动中。政治精英们即村干部本身就与污染企业关联紧密，他们一方面更不愿意参与环境利益表达行动；另一方面还在农民环境利益表达行动中起到一定的阻止、阻挠和破坏作用。

最后，改革开放后，尤其是20世纪90年代以来，农村社会的分化和分层现象愈益明显，农民日益孤立化、原子化和分散化，农村社区规范的运作在极大程度上依赖于农民的自觉。在这种情势下，动员农民参与集体行动就非常不易，甚至可以说是非常艰难。在上述3个村庄，农民的孤立化、原子化和分散化现象同样非常明显，很多事情要依赖于农民的自觉。尽管这3个村庄中各出现了几个环境利益表达积极分子，但是他们的劝说和动员工作非常艰难，这也在一个很有力的侧面说明了农民集体性环境利益表达行动发生的艰难，以及成功的几率为什么会非常低。

二 社区规范弱化与农民环境利益表达

在广东省G市R村，几个环境利益表达积极分子在商量好决定要采取第一次利益表达行动之后，他们之间进行了动员分工。两个人动员本村民小组内不在采石厂上班的农民，其他几个人负责联络另外几个村民小组的农民。最后的结果是，不但参与利益表达行动的还是他们村民小组的农民，而且，有的农民被反复动员后才勉强愿意参与进来。当自力救济行动没有什么结果时，这几个环境利益表达积极分子的动员和劝说工作更加艰难。在安徽省H县C村，环境利益表达积极分子的动员和劝说工作同样很是艰难。最后，参与利益表达行动的农民只是离塑料厂最近的2个村民小组的农民。陕西省W县C村的情况也基本上大致相似，最后参与利益表达行动的也只是离石油厂最近的1个村民小组的农民。

上述3个村庄的农民环境利益表达是失败的。笔者发现，即使是农民环境利益表达成功的村庄，其社区规范的监督和约束作用同样是弱化的。我们以广东省S县P村、安徽省T县W村和陕西省Y县B村3个个案为例展开论述,它们是农民环境利益表达取得成功的村庄。

在广东省 S 县 P 村,环境利益表达积极分子分属于 4 个不同的村民小组。他们在商量好决定要采取第一次利益表达行动之后,就分别在自己所属的村民小组做动员和劝说工作,他们普遍的感受是第一次的动员和劝说很是艰难,有一些农民是被他们三番五次劝说,"碍于面子"才答应一起采取行动。当利益表达行动没有什么结果时,为了下一次一起行动,再去动员和劝说更是很麻烦、很艰难。而且,他们的动员和劝说基本上是一对一的,担心被一些在塑料厂上班的农民知道后,去给污染企业主通风报信,影响他们的集体性利益表达行动。

在安徽省 T 县 W 村,环境利益表达积极分子分属于 3 个不同的村民小组。他们在商量好与其他村民一起开展利益表达行动之后,也是分别在自己所属的村民小组做动员和劝说工作,他们普遍的感受同样是第一次的动员和劝说很是艰难,有一些农民是被他们多次劝说的"真诚"感动了,然后才答应一起采取行动。同样,当利益表达行动没有什么结果时,为了下一次的利益表达行动,他们再去动员和劝说,也是更麻烦、更艰难。他们的动员和劝说都是一对一私下进行,担心被一些在水泥厂上班的农民知道后"泄密",影响他们的集体性利益表达行动。

在陕西省 Y 县 B 村,环境利益表达积极分子分属于 3 个不同的村民小组。他们在商量好联合其他村民一起开展利益表达行动之后,也是分别在自己所属的村民小组做动员和劝说工作。同前面两个案例一样,第一次的动员和劝说非常艰难。第一次参与利益表达行动的村民,有很多是被他们多次劝说中表现出来的"真诚""勇敢"所感动,然后答应一起采取行动。而且当利益表达行动没有什么结果时,为了下一次的利益表达行动,他们还是要去做动员和劝说工作,反正是挺麻烦、挺艰难的。他们的动员和劝说也都是一对一私下进行的,担心被一些在水泥厂生产线上班的本村农民知道后通风报信,影响他们的集体性利益表达行动。

可以看出,在这 3 个村庄,环境利益表达积极分子在集体性利益表达行动的动员上发挥了关键作用。与前面 3 个村庄的情形基本相同,即使在行政村内的同一个村民小组,做农民的动员工作也是很艰难的。所以,这里需要注意的是,在现代的农村熟人社会中,社区规范也同样在逐渐弱化,这点需要在研究中把握清楚。

第二节 集体记忆与农民环境利益表达

集体记忆与农民环境利益表达的关系如何？这是笔者经常思考、提及又经常搁置的研究议题。令笔者非常欣喜的是，在调研的 65 个村庄中，有两个村庄的农民环境利益表达受到集体记忆的影响和作用。本节将主要以其中的一个案例来阐释集体记忆与农民的环境利益表达问题。[①]

一 文献回顾与问题的提出

集体记忆是特定的群体成员共享往事的一种过程和结果，是他们对过去进行重构的一种结果。[②] 集体记忆这个概念是社会建构的，正是在社会中，人们才获得了记忆。我们只有把记忆定位在相应的群体思想中，才能深刻理解发生在个体思想中的每一段记忆。[③] 西方学界关于记忆的社会与文化维度的研究开始于 19 世纪末，20 世纪 20—30 年代为理论奠基时期，20 世纪 80 年代是"记忆潮"时期，当代则是学界正在进行研究中的"世界性记忆时期"。莫里斯·哈布瓦赫是理论奠基时期的重要代表人物，"记忆潮"时期的重要代表人物有法国学者皮埃尔·诺拉以及德国文化记忆理论的提出者扬·阿斯曼和阿莱达·阿斯曼夫妇，"世界性记忆时期"可以说是"正在发生的历史"，但学界除了增加更多的研究案例以外，似乎在理论拓展的空间上有所缺失。[④] 在我国大陆社会学界，关于集体记忆的研究从 20 世纪 90 年代才开始起步。有学者曾尝试从集体记忆、公共记忆、民众记忆和想象记忆入手，来细分社会记忆的类别，并研究了西北农村政治运动"左"倾政策所导致的人们的苦痛记忆，认为学界

---

① 这部分的主体内容发表于《安徽师范大学学报》（人文社会科学版）2018 年第 1 期。
② 杨晓明：《知青后代记忆中的"上山下乡"：代际互动过程中的传递与建构》，《青年研究》2008 年第 11 期。
③ [法] 莫里斯·哈布瓦赫：《论集体记忆》，毕然、郭金华译，上海人民出版社 2002 年版，第 68—69 页，第 93 页。
④ 钱力成、张翮翾：《社会记忆研究：西方脉络、中国图景与方法实践》，《社会学研究》2015 年第 6 期。

对苦痛记忆的研究必须从个人的层面上升到对文化特质的分析上。[①] 对社会记忆进行四类别的区分,笔者以为,在某种意义上是对以往集体记忆研究的一种积极推进。实际上,学界更多的研究倾向于把社会记忆等同于集体记忆。此外,关于人们集体苦痛记忆的研究,除了上升到对文化特质的分析以外,还需要上升到社会的、区域的乃至国家等的层面上进行分析和讨论。一项关于土地改革时期农村社会生活的记忆研究发现,"无事件境"的特征表现得非常明显,即农民虽然受的苦不少,但是他们现在已经变得没有"苦"可诉了。[②] 这样的研究无疑有着其特定的地域和空间特征,并反映出了研究对象对研究者的某种戒备心理。在关于我国农村环境污染的调查和研究中,笔者发现有诸多受到污染危害的农民是处在一种"有事件境"状态的,他们除了有"苦"可诉以外,也有其他的元素可以向研究者诉说。在研究农村女性关于农业合作化时期的集体记忆时,有学者发现,这些女性关于过去苦难的记忆主要源于食物的短缺、日常用品的匮乏以及身体的疲劳与疾病等。[③] 该研究反映出特定人群(农村女性)对特定年代(农业合作化时期)的苦难记忆。在我国当下的农村社会,女性的"苦"至少还包含了由环境污染所造成的危害的部分内容或重要内容,而且,在有些时候,这些女性会和男性一起,把"诉苦"作为他们在进行环境信访时寻求现代国家权力支持的一种重要行动策略。[④] "知青"把他们关于农村生活的集体记忆由个体和群体的苦难上升到国家层面的苦难,认为自己承担了国家的苦难,"青春无悔"成为他们主流记忆建构的一种模式。[⑤] 或许,这只是"知青"集体记忆建构的一

---

① 景军:《社会记忆理论与中国问题研究》,《中国社会科学季刊》(香港),1995年第12期。
② 方慧容:《"无事件境"与生活世界中的"真实":西村农民土地改革时期社会生活的记忆》,载杨念群主编《空间·记忆·社会转型:"新社会史"研究论文精选集》,上海人民出版社2001年版,第484—553页。
③ 郭于华:《心灵的集体化:陕北骥村农业合作化的女性记忆》,《中国社会科学》2003年第4期。
④ 张金俊:《"诉苦型上访":农民环境信访的一种分析框架》,《南京工业大学学报》(社会科学版)2014年第1期。
⑤ 刘亚秋:《"青春无悔":一个社会记忆的建构过程》,《社会学研究》2003年第2期;王汉生、刘亚秋:《社会记忆及其建构:一项关于知青集体记忆的研究》,《社会》2006年第3期。

种模式,后续的研究也许会探索和总结出别样的模式。

在融合社会学界相关研究成果的基础上,有学者认为中国的集体记忆研究形成了重视国家权力对记忆塑造作用的国家权力视角、强调特定群体认同记忆、"无记忆"甚至相对主流记忆的"反记忆"的社会群体视角,以及认为记忆随着社会制度和时代背景的变迁而延续、改造和重构的历史变迁视角。[1] 在社会群体视角的集体记忆研究中,中国的集体记忆研究对民间社会阶层或群体的关注较少,[2] 在坚持"国家在场""底层立场"与"制度变迁"三个特点的基础上,中国的集体记忆研究还可以将社会群体的苦难与创伤这一议题作为今后的一个重要研究方向。[3] 集体记忆涉及的不仅是历史性的问题,而且还包括极强的现实性问题,它不仅暗示着人们对历史的一些看法,而且也影响着人们当下的行为方式和处事态度。[4] 但是,在社会学的研究中,集体记忆往往沦为社会学思想中的某种细节而不么引人注目,有时候甚至会被研究者有意无意地"遗忘"。事实上,集体记忆可以说是一种社会再生产的情感力量,它就像一个聚光镜,把光束投向历史,但照亮的却是这个社会的现在和未来。[5]

改革开放以来的农村社会转型时期,在工业化、城市化与区域分化的经济与社会发展过程中,包括东部地区农村在内的广大农村地区的生态环境遭到了严重污染。20世纪90年代以来,农民环境利益表达行动较之以前增加了不少,比较引人注目。如前所述,在我国大陆地区,自20世纪80年代开始,尤其是20世纪90年代以来,农民环境利益表达问题开始成为社会学、政治学、法学等学科领域的一个学术研究议题,近年来又逐渐成为一个学术热点议题。在社会学的研究取向上,出现了社会差别、结构—制度分析、结构化、社会过程以及社会治理等研究视角,开展了对诸多议题的研究和讨论,如农民环境利益表达的原因、历程、

---

[1] 钱力成、张翮翾:《社会记忆研究:西方脉络、中国图景与方法实践》,《社会学研究》2015年第6期。

[2] 李兴军:《集体记忆研究文献综述》,《上海教育科学》2009年第4期。

[3] 钱力成、张翮翾:《社会记忆研究:西方脉络、中国图景与方法实践》,《社会学研究》2015年第6期。

[4] 王汉生、刘亚秋:《社会记忆及其建构:一项关于知青集体记忆的研究》,《社会》2006年第3期。

[5] 郭景萍:《社会记忆:一种社会再生产的情感力量》,《学习与实践》2006年第10期。

方式、关系网络、行动策略、行为逻辑以及制约因素等。形成了一些有一定影响力的研究范式，宏观层面的主要有社会转型、结构—制度分析、政治机会结构、国家与社会关系、权力—利益的结构之网等范式；微观层面的则主要有生态文化自觉、草根动员、集体认同、依情理抗争、底层研究、诉苦型上访、混合型抗争等范式。然而，相关研究还存在理论建构不足、研究方法单一以及研究视角和研究范式推陈出新力度不够等问题。本节除了增加农民环境利益表达的研究案例和研究内容以外，笔者最大的学术抱负莫过于基于经验层面的研究，尝试为农民环境利益表达的社会学研究增添一种新的研究视角和研究范式。

在我国大陆社会学界，目前尚无专文探讨集体记忆与环境利益表达的关系问题。本节提出的问题是：集体记忆与农民环境利益表达到底有什么关联？集体记忆能够或者在多大程度上引发农民的环境利益表达行动？如果集体记忆能够引发农民的环境利益表达行动，其具体的发生机制是什么？由集体记忆引发的农民环境利益表达行动是怎样的一种图景？它的特点又是什么？有学者在研究中发现，个案研究是深化集体记忆研究的一种基本手段。[①] 本节将基于集体记忆研究的社会群体视角，结合相关实地调研资料，对上述问题做出一定的分析和解释。

二 集体记忆与农民环境利益表达行动的发生机制

一般认为，因为共享的记忆或纪念仪式所营造出来的时间上和空间上的归属感，所以集体记忆可以塑造比较广泛的群体认同。如前所述，集体记忆与农民环境利益表达的关系问题是笔者从事环境社会学研究以来一直在不断思考、探索和试图解决的问题。在笔者调研的这65个村庄中，有些村庄的农民环境利益表达行动发生主要取决于其他一些诱发因素而非集体记忆，如环境意识、经济利益、健康要求、不满情绪、村庄延续等。虽然有些村庄的农民确实有着对他们村庄过去的美丽环境、利益表达事件或污染受害等的共享记忆，但是，环境利益表达现象并没有在这些村庄发生，农民们在环境污染面前选择的是忍耐和沉默，即集体

[①] 王汉生、刘亚秋：《社会记忆及其建构：一项关于知青集体记忆的研究》，《社会》2006年第3期。

记忆并没有引发他们的环境利益表达行动。因此，笔者认为，如果集体记忆能够引发农民的环境利益表达行动的话，其必然有着具体的发生机制。笔者在对皖南地区的一个村庄和皖西南地区的一个村庄进行实地调研时，通过搜集和整理这两个村庄一些农民的访谈资料，发现集体记忆可以引发农民的环境利益表达行动，而且是农民环境利益表达行动的主要诱因。笔者相信，随着在农民环境利益表达问题上调研时间的不断持续和调研区域的逐渐扩大，笔者会发现更多的诸如此类可供我们研究的案例。

（一）从集体记忆到农民环境利益表达行动的发生有没有临界点？

就我国农民的社会心理特征而言，他们的忍耐性心理是非常强的，他们在很多事情上都表现出尽力规避风险的态度，一般不到万不得已，他们不会发出反抗的声音。[①] 在我国转型时期的农村社会中，有很多农民在比较严重或非常严重的环境污染危害面前选择了"集体沉默"，他们是农村环境污染中"沉默的多数人"。农民在从忍耐到利益表达的心理转变过程中，一般来说，可能会有一个临界点，如先是默默地忍耐着，而后，实在到了忍无可忍、忍不下去、不满情绪累积到一定程度的时候，他们的利益表达行动就有可能会发生。在皖南和皖西南地区的这两个村庄中，部分乡镇干部和村干部认为这里"民风比较彪悍""农民都不太好讲话""有点狠"，很多农民也认为他们自己不是那种"逆来顺受，谁想捏就能捏一把的人"。这些农民有一些共享的关于他们村庄过去的美丽环境、利益表达事件和污染受害的记忆，因为一般来说，某一群体成员对某一事件的记忆大体上是相同的。所以我们发现，正是这些共享的记忆引发了他们环境利益表达行动的发生。对这些农民来说，从集体记忆到环境利益表达行动的发生，其实中间没有临界点。有学者也认为，集体记忆并不是只存在于人们的大脑中，它还存在于各种表演、仪式、股市、冲突和生育等行动之中，集体记忆实在就是社会行动。[②] 但是，这里需要说明

[①] 张金俊：《转型期国家与农民关系的一项社会学考察：以安徽两村"环境维权事件"为例》，《西南民族大学学报》（人文社会科学版）2012年第9期。

[②] 纳日碧力戈：《作为操演的民间口述和作为行动的社会记忆》，《广西民族学院学报》（哲学社会科学版）2003年第3期。

的是,由于我国农村地理区域比较广阔且发展类型多样,在其他一些由集体记忆引发的农民环境利益表达行动发生的村庄中,也许会有一个特殊的临界点或者中介机制的问题。当然,这需要我们进行更多的实地调研和具体的研判工作。

(二) 集体记忆中的哪些核心元素引发了农民的环境利益表达行动?

在关于农民的集体记忆研究中,西北农村政治运动"左"倾政策所造成的农民苦痛记忆的研究[1]、农民关于土地改革时期社会生活记忆的研究[2],以及农村女性对农业合作化苦难记忆的研究[3]是目前社会学界非常有代表性的研究成果。在皖南和皖西南地区的这两个村庄中,农民遭遇的、叙述得较多的就是"苦"。他们所诉说的"苦",有两层含义:一方面是"生活艰难之苦",因为这两个村庄在经济上都比较落后,农民以农业生产为主,耕种很辛苦,但是收入很微薄,加之环境污染的危害,他们的农业生产、家庭收入、日常生活、身体健康等都受到不同程度的影响,这是他们的"生活之苦";另一方面是"利益表达之苦",他们的环境利益表达均长达二十年之久,后来一个成功了,另一个还在继续进行中。除了"苦"的记忆之外,这两个村庄的农民还有关于"韧""怨"和"恨"的记忆。"韧"的记忆主要源于这两个村庄过去的一些利益表达事件,如 20 世纪 50 年代到 60 年代农民小规模地反对大炼钢铁和毁林开荒,20 世纪 80 年代到 90 年代农民大规模地反对乡村干部的乱摊派、乱收费、乱罚款等行为。较之我们调研的其他一些村庄,这两个村庄农民利益表达意愿是比较强烈的,利益表达行动是比较坚决的,体现出一定的"韧"性。"怨"的记忆主要是关于污染受害的记忆,如对污染企业不满、耕地和林地被损坏、空气污染、溪流污染、健康损害等的记忆。有研究者认为,在环境利益表达中,"怨恨"最初的表现形式是"怨",而

---

[1] 景军:《社会记忆理论与中国问题研究》,《中国社会科学季刊》(香港),1995 年第 12 期。

[2] 方慧容:《"无事件境"与生活世界中的"真实":西村农民土地改革时期社会生活的记忆》,载杨念群主编《空间·记忆·社会转型:"新社会史"研究论文精选集》,上海人民出版社 2001 年版,第 484—553 页。

[3] 郭于华:《心灵的集体化:陕北骥村农业合作化的女性记忆》,《中国社会科学》2003 年第 4 期。

后，由于地方政府的不作为和不当干预，逐渐发展到"恨"。① 这两个村庄的农民"恨"的记忆主要是关于乡村干部的不作为、保护污染企业以及对他们环境利益表达行动的不当干预的记忆。农民集体记忆中的"苦""韧""怨"和"恨"等核心元素引发了他们的环境利益表达行动。

（三）为什么环境利益表达的主体是青年农民？

20 世纪 90 年代以后，我国转型中的农村社会出现了"人口空心化"的现象，或者也可以称之为"无主体熟人社会"②。在关于农民环境利益表达问题的相关调查和研究中，发现通常以中老年人为主进行利益表达。在我们调研的这两个村庄中，环境利益表达的主体均是青年农民。③ 在我们了解的相关研究和实地调研中，这种现象虽然并不多见，但也在一些村庄曾经发生过或正在发生着。这两个村庄的青年农民很少有到外地务工的，除了正常的务农之外，基本上都在附近的各个农村做一些建筑活或者到附近的乡镇和县城打一些临时短工。有研究指出，在农村留守的老年人大多认为，只要年轻一代能过得好，自己过得好不好已经无所谓了，他们在农村环境污染中抱着能忍则忍、能拖则拖的态度，利益表达的意愿在下降。当农村环境质量恶化时，找不到足够的青壮年劳动力去进行环境整治。在农村中一般是由年轻人出面与地方政府和污染企业打交道。④ 在这两个村庄中，从环境污染产生开始，在不同的利益表达阶段，就一直是由青年农民出面进行利益表达，较之村里的老年人，他们对集体记忆中"苦""韧""怨"和"恨"等的心理感受更为强烈一些，利益表达的意愿和行动也更为坚决一些，因此，他们的环境利益表达行动才会持续二十年之久。

三　集体记忆与农民的环境利益表达

本书选择的是上述两个村庄之一的皖西南地区的 W 村，一个在 2014

---

① 陈涛、王兰平：《环境抗争中的怨恨心理研究》，《中国地质大学学报》（社会科学版）2015 年第 2 期。
② 吴重庆：《从熟人社会到"无主体熟人社会"》，《读书》2011 年第 1 期。
③ 注：本书称这些人为青年农民，是依据他们在进行环境利益表达时的年龄来认定的。
④ 李挚萍：《社会转型中农民环境权益的保护：以广东农村为例》，《中山大学学报》（社会科学版）2007 年第 4 期。

年年底已经取得环境利益表达成功的村庄（完全意义上的成功）。上述皖南地区的一个村庄的环境利益表达行动还在继续进行，笔者已经把它列入后续的研究计划之中。W村是一个行政村，地处大别山腹地，辖有十几个村民小组。全村1100多人，以农业生产为主，经济比较落后。如前所述，村里的很多青年农民没有被卷入20世纪90年代以来的"民工潮"大军中，他们中到外地务工的人极少。W村农民是比较爱护环境的。1995年以前，这里山清水秀，景色宜人，可以说基本上没有任何环境污染。由于W村所在的乡镇在经济发展上非常落后，当地政府急于摆脱贫穷落后的面貌，改革开放以后不久就出台了一系列鼓励乡镇企业发展和招商引资的政策和措施。1995年5月，一家由两个当地人和一个外地人联合开办的采石厂在W村附近落户，因此W村农民开始遭受采石厂放炮采石所产生的噪声污染和加工石子所造成的粉尘污染，距离采石厂比较近的人家偶尔也会面临飞石的严重威胁。为了解决环境污染问题，W村"60后""70后"和"80后"的一批农民，在不同的时间段，各自作为利益表达主体，进行了长达二十年的接力式环境利益表达。这是我们在调研中发现的农民环境利益表达的新现象。相信在今后的调研中，我们或许会发现此类现象在更多一些的村庄中发生。在整理W村38个农民[①]的访谈资料时，发现主要是集体记忆引发了他们持续二十年的环境利益表达行动。W村"60后""70后"和"80后"农民的环境利益表达大致可以分为三个阶段。

（一）第一个阶段（1995—2001年）

在这个阶段，W村"60后"的二十多个农民是环境利益表达的主体。在他们的诉说中，"苦"和"韧"这两种元素始终占据着非常核心的位置。笔者认为，主要是"苦"和"韧"的记忆引发了他们的环境利益表达行动。

"苦"的记忆主要是关于噪声污染、粉尘污染和利益表达之苦的记忆。"60后"农民W006在接受访谈时说，W村环境污染比较严重的时

---

① 注：其中，"60后"13人，"70后"13人，"80后"12人。为了研究的方便，笔者对访谈对象进行了重新编号，"60后"的编号是W001—W013，"70后"的编号是W014—W026，"80后"的编号是W027—W038。

候,他感觉每天脑子里好像都是飞尘满天,很难受,而且,据他说,他们村很多农民在环境污染严重的时候基本上都会有这种感觉,所以他们才要起来进行利益表达。"60后"农民W012形象地说,粉尘污染比较严重的时候,W村整天灰蒙蒙的,每天好像都在下大雾一样,还有,放炮采石的声音让他经常觉得耳朵快要聋了。他们过得非常"苦",只有起来进行利益表达了。他们有时感觉利益表达的过程还是蛮"苦"的,因为污染企业不愿意添加环保设备,给他们的经济补偿又非常少。

"韧"的记忆主要是源于W村过去的一些利益表达经历。"60后"农民W003说,以前他们村有些农民反对"大炼钢铁",反对开山,后来虽然被"批斗"得很厉害,但是他们村的生态环境没有遭到严重破坏。现在严重的环境污染出现了,对生态环境不好,对他们村的人也不太好,所以他们要向反对"大炼钢铁"和开山的农民学习,也要起来反对采石厂造成的环境污染。他们先是派几个代表去谈判,但是没有什么结果。后来就二十多个人经常一起去,有时候还会和污染企业主发生暴力冲突行为。"60后"农民W008告诉我们,他爷爷是个文化人(他爷爷在1949年前上过几年私塾),他爷爷说,在W村的字典里,好像从来就没有看到"忍"这个字。所以,他们也是没有办法的办法,在谈判没有结果的情况下,明知污染企业主社会背景复杂,也要进行谈判和暴力性利益表达。

(二)第二个阶段(2002—2008年)

虽然从1995到2001年,以"60后"农民为主体的环境利益表达使W村多数农民获得了一定程度的经济补偿,飞石的威胁也越来越少了。但是,由于污染企业主社会背景较为复杂,加上个别乡村干部的"撑腰",采石厂放炮采石和加工石子仍一如既往地进行着。值得注意的是,2000年以后,W村所在的乡镇响应县政府的号召发展绿色旅游经济,该乡镇的一些污染比较严重的企业陆续被关停或者搬迁。但是,由于一些乡镇干部在考察中认为W村附近的这个采石厂"污染还不算严重",所以该采石厂在2002到2008年间一直没有被列入政府关于污染企业关停或搬迁的工作计划中。W村的农民环境利益表达从2002到2008年一直在继续着。

在阿莱达·阿斯曼夫妇的研究中,有一种存在于日常沟通生活中的短时记忆,即他们所说的"沟通记忆",这种记忆可以通过群体的代际传播延续下去,跨度大约在三、四代左右。[①] 在实地调研中,我们发现这种沟通性的集体记忆不仅在 W 村农民代际之间传播和延续,也同样在"60后"和"70后"以及"70后"和"80后"农民的日常沟通交往中传播和延续。集体记忆的形成有赖于社会成员之间的交流、交往和分享。在 W 村,这批参与环境利益表达的"60后"农民,把"苦""韧"还有心生的"怨"气在村庄的日常交往实践中经常性地表现出来,并在家庭和村庄内外影响和传播给"70后"农民。从 2002 年起,W 村三十多个"70后"农民走上了环境利益表达的前台,"60后"农民逐渐开始退居到幕后。在这批"70后"农民的记忆中,除了延续关于"苦""韧"的记忆之外,还新增了"怨"的记忆。

"70后"农民 W022 说,"60后"农民在利益表达中表现得很勇敢,所以他们也要勇敢起来进行利益表达。他说,他们在村里村外做工的,因为环境污染问题,总觉得好憋屈,心里面好"苦",而且他们感觉自己的身体健康已经受到很大的威胁,所以对污染企业非常不满,心中"怨"气颇多。他们就在想,采石厂怎么还是那么没日没夜地开工呢?他们要好好想想办法了。他们有时去乡镇政府找相关领导咨询和求助,有时白天和晚上去采石厂讲理,道理讲不通就切断采石厂的电闸、毁坏采石厂的机器设备。"70后"农民 W019 说,有的乡镇干部说他们一直没有消停过,就喜欢闹点事出来,不闹事心理就不舒服,有时骂他们是一帮刁民。其实,他们都是地地道道的农民,都是很本分的人,也不是非要闹事不可。但是,没有办法呀,"60后"农民都抗争维权好几年了,他们也不能让利益表达这件事停下来呀。他们对污染问题感到烦死了,也烦透了,要坚决行动起来进行利益表达。

(三) 第三个阶段 (2009—2014 年)

从 2002 到 2008 年,以"70后"农民为主体的环境利益表达使 W 村的更多农民获得了更多一些的经济补偿,但这并不是 W 村农民环境利益表达的主要目标,他们的主要目标就是想让采石厂关停或搬迁,还他们

[①] 钱力成、张翮翾:《社会记忆研究:西方脉络、中国图景与方法实践》,《社会学研究》2015 年第 6 期。

一个美丽清洁的环境。从 2009 年开始一直到 2014 年年初，W 村附近的这家采石厂仍然没有被列入政府关于污染企业关停或搬迁的工作计划中。因为乡村干部的不作为、对采石厂的保护和对他们环境利益表达的干预，"70 后"农民开始有了"恨"的心理体验并传播给"80 后"农民。从 2009 年开始，"80 后"的三十多个农民登上了环境利益表达的舞台。他们除了"苦""韧"和"怨"的记忆，又新添了"恨"的记忆。

"80 后"农民 W033 说，他们这些"80 后"一开始的时候基本上都是跟在"60 后"和"70 后"农民的后面，不懂事的时候老是感觉好像在看热闹，懂事了以后才知道这些农民为什么要这么做，所以他们也要坚持继续进行抗争维权。据他说，在他们开展利益表达行动的那几个年头，因为严重的粉尘污染，他们在村里好像从来都看不清这天上到底有没有太阳，他们过得很"苦"，心中的"怨"气很多。那时候，他们认为乡村干部拿了污染企业主给的好处，所以才没有把这家采石厂列入关停或搬迁的工作计划中。后来，这些乡村干部又挨家挨户地对他们进行劝说，有时还用话威胁他们。他们觉得这些乡村干部很可恨。他们那时候最大的想法就是想办法让采石厂关停或者搬迁。"80 后"农民 W036 说，乡村干部确实很坏，一方面保护污染企业；另一方面到处给他们这些农民使绊子，所以他们很恼火，恨死了这些乡村干部，也恨死了污染企业主。后来，他们接受了"60 后"和"70 后"农民的建议，想办法主动邀请了当地几家报社和电视台的记者到 W 村，又想办法请来了县环保局的领导。后来，在媒体和县环保局的介入干预下，再加上他们自己对美丽环境的强烈渴求和持续不懈地进行利益表达，他们在 2014 年底终于成功了，采石厂终于搬迁了！

W 村"80 后"农民环境利益表达的最终成功，其实还受到其他一些社会因素的影响，其中比较重要的就是在农村社会转型过程中，他们获得信息的渠道多元化，以及与外部世界的联系增强。1998 年，W 村才有农民安装了第一部电话，是当时在村里开小卖部的一个农民家的。W 村"60 后"农民在进行环境利益表达的时候，他们获得信息的渠道相对比较单一化，与外部世界的联系也非常少。到了 2004 年，W 村有将近一半的农民安装了电话，开通了电视，有几个"70 后"农民还购买了手机，他们获得信息的渠道多了一些，与外部世界的联系也变得多了一些。2009

年以后，W村几乎所有的"80后"农民都购买了手机，有十几户人家还开通了互联网，他们获得信息的渠道变得广泛起来，与外部世界的联系更多，也更紧密了。在环境利益表达的方式和策略选择上，"80后"农民更强调实用性和有效性，比如更积极地关注乡镇政府和县环保局关于污染企业关停和搬迁的工作方案和工作计划，尽量减少或避免与污染企业的暴力冲突，以寻求更为合适的利益表达方式和策略，多次想办法主动邀请记者和县环保局的领导到W村实地查看环境污染情况以寻求帮助，等等。

四 由集体记忆引发的农民环境利益表达的特点

（一）心理感受的强烈性与环境利益表达的坚决性

在W村农民持续二十年的环境利益表达中，这批"60后""70后"和"80后"农民在不同的利益表达阶段，各自作为主体承担了利益表达的使命。在他们的集体记忆选择中，"苦""韧""怨"和"恨"等心理感受比起W村的一些老年人来说更为强烈一些，这种强烈的心理感受和群体认同在很大程度上保障了他们利益表达意愿和行动的坚决性。

"70后"农民W021说，他们村的一些老年人有时候会说，你们都抗争了快十年了吧，好像不能达到让采石厂关停或搬迁的目的，要不等等，再看看政府的行动吧。可他不这么认为，和他一起进行利益表达的其他农民也不这么认为，因为他们心里面更多的想法是要一直抗争下去，不能等，更不能放弃。只要抗争下去，就会有希望。"80后"农民W034说，他们有时虽说是有点泄气，那是因为算上他们在内，前前后后都抗争了十几年了，老是没有办法达到目的。他认为这种偶尔的泄气也算是正常的，毕竟他们还年轻着呢。不过，他们确实很难受，很憋屈，心里"怨"气很多，恨污染企业主，恨乡村干部，就想把采石厂搞走。

这些访谈资料一方面说明W村这些农民心理感受的强烈性与环境利益表达的坚决性，另外也从一个侧面说明，青年农民作为主体的环境利益表达比起那些以老年人和妇女作为主体的环境利益表达更容易达到某些目标或更有可能取得成功。在以往的一些调查和研究中，通常发现以老年人和妇女作为主体的环境利益表达往往是失败的。

(二) 环境利益表达行动与集体记忆的交互性

有研究指出，集体记忆可以从某一个群体向另一个群体传播和延续。"知青"后代关于"知青""上山下乡"的集体记忆是一个从无到有的过程，他们获得这种集体记忆的过程主要发生在"知青"家庭和亲友间相互交往的代际传递中。[①] 而本节着重要论述的，主要是 W 村"60 后"和"70 后""70 后"和"80 后"农民在日常沟通交往中传播和延续的关于环境利益表达的集体记忆。

W 村"60 后""70 后"和"80 后"农民的集体记忆引发了他们的环境利益表达行动，而不同阶段的环境利益表达行动又成为后续利益表达者的集体记忆，而后，增添了新的内容的集体记忆又会引发新一轮的环境利益表达行动。在"60 后"农民的记忆中，"苦"和"韧"的记忆引发了他们的环境利益表达行动。他们在环境利益表达中的身体实践以及在村庄日常交往实践中的"怨"气表现被传承到"70 后"农民的记忆中，即"70 后"农民的记忆中包括了"苦""韧"和"怨"的记忆。同样，"70 后"农民在环境利益表达中的身体实践，以及在村庄日常交往实践中"恨"的表现又被传承到"80 后"农民的记忆中，这样，"80 后"农民就有了关于"苦""韧""怨"和"恨"的记忆。可以看出，在不同的利益表达阶段，W 村不同年龄段的农民的集体记忆呈现出一种演进性的特征，而演进后的集体记忆又会引发新一轮的环境利益表达行动。有理由可以相信，如果 W 村的环境利益表达还在持续的话，那么农民的集体记忆与环境利益表达行动还会有新的交互。

(三) 环境利益表达记忆中的国家印象

在 W 村农民的集体记忆中，国家就是一个捍卫正义的形象，他们一度认为这种正义形象的代表首先应该是他们乡镇政府的一些领导干部。可是，当他们屡次咨询和求助这些干部而得不到任何实质性或有效性的帮助，甚至这些干部又反过来对他们的利益表达行动时不时地进行不当的干预时，国家的印象在他们心中又变得消极和模糊起来。"70 后"农民 W022 说，在他们的印象中，国家就应该是一个除暴安良、维护正义的形

[①] 杨晓明：《知青后代记忆中的"上山下乡"：代际互动过程中的传递与建构》，《青年研究》2008 年第 11 期。

象,哪里有不平的事,国家就应该出现在哪里。可是,当他们真正有困难找到乡镇政府的一些干部,这些干部的态度简直让他们受不了,而且,这些干部还帮着污染企业主讲话,干预他们的环境利益表达行动。所以,W 村的农民几乎没有人不对这些干部心生"怨"和"恨"的。

在一项研究中,农民把上访目标的实现寄托在上级"青天"身上,"青天"信念支撑着他们的利益表达过程,而利益表达又是为了能召唤出"青天"。① W 村的农民在遭遇环境污染时也经常渴盼着"青天"的出场。"80 后"农民 W035 说,他获得信息的渠道比较广泛,知道现在有不少的庸官和贪官,但是也有很多好官和清官,好官和清官就是农民的青天大老爷。他认为他们乡镇政府的一些干部很坏,这些干部肯定不能代表国家的形象。他们去过县城几次,找县环保局的领导。后来,因为县环保局的领导到 W 村来了几次,W 村农民感觉还不错,还挺有用。所以他们认为县环保局的领导还算是他们心目中的青天大老爷,能够代表国家的形象,帮助老百姓解决实际问题。一时间,因为"青天"在 W 村的出场,所以这些农民心目中的国家形象又变得积极和清晰起来。如前所述,笔者的调查和研究发现,在我国广大的农村地区,农民在很大程度上或者是完全意义上还是要依赖于地方政府来解决威胁他们生存与发展的环境污染问题。

五 结语与讨论

本节基于集体记忆研究的社会群体视角,结合 W 村农民的访谈资料,分析了集体记忆与农民环境利益表达行动的发生机制问题,勾勒了集体记忆与 W 村农民的环境利益表达图景,总结了由集体记忆引发的农民环境利益表达行动的一些特点。比照之前社会学有关集体记忆的研究和农民环境利益表达的研究,本节研究既是对集体记忆的社会学研究的一种积极关注、深化和拓展,又试图将集体记忆作为农民环境利益表达的社会学研究的一种研究视角和研究范式。较之社会学界对集体记忆的文化特质的强调、"无事件境"、短时段的"沟通记忆""知青"后代关于

---

① 程平源:《青天·村霸·能人:农民上访与抗争中的三个关键词》,《青年研究》2012 年第 2 期。

"知青""上山下乡"的记忆以及"青春无悔"等研究,本书一是在经验研究的基础上,一定程度地把农民集体记忆研究初步上升到对农村文化、社会、区域以及国家层面的分析上;二是清晰地展现了 W 村"60 后""70 后"和"80 后"农民在环境污染中关于集体记忆的"有事件境",即他们有"苦""韧""怨"和"恨"可诉;三是初步发现在 W 村这个特定场域,关于环境利益表达的集体记忆也可以在"60 后"和"70 后"农民以及"70 后"和"80 后"农民的日常沟通交往中传播和延续,即集体记忆从某一群体向另一群体传播和延续的时段可以更短,跨度不需要经历三、四代的时段,这种发现在某种意义上来说是对集体记忆研究的一种积极推进;四是为集体记忆的社会学研究增添了新的研究内容,亦即关于农民在环境利益表达中"韧""怨"和"恨"等元素的研究。同以往社会学视角下的农民环境利益表达研究相比,本节最值得一提的,或许是试图为农民环境利益表达问题的社会学研究再添一种新的研究视角和研究范式的学术思维创新和学术研究抱负。

虽然集体记忆研究充满了诱惑和危险,但是,也蕴含了无限的可能性。[1] 集体记忆这个社会学思想中的细节颇有社会学的缘分。[2] 把集体记忆作为农民环境利益表达问题的社会学研究视角和研究范式,正如关于"知青"集体记忆的研究只是初涉了其"冰山一角"一样,本书也只是初涉了农民集体记忆与环境利益表达问题的"冰山一角",还有一些问题需要深入讨论。未来可以在以下三个方面进行深入挖掘:一是农民集体记忆与环境利益表达行动的交互机理研究。本节只是初步探讨了一个村庄中农民集体记忆与环境利益表达行动的交互性。由于我国农村发展类型的多样性,在其他的农村地区,比如东部、西部地区的一些农村,它们之间的这种交互性是否存在?如果存在的话,是否和本节的发现是相同的或是相近的?是否存在更深层次或内涵的交互机理?二是农民环境利益表达后的集体遗忘研究。我们的调查和研究发现,在一些环境利益表达失败的村庄中,农民已经出现了沉默的现象,这种沉默是否会导致农

---

[1] 王汉生、刘亚秋:《社会记忆及其建构:一项关于知青集体记忆的研究》,《社会》2006 年第 3 期。

[2] 郭景萍:《社会记忆:一种社会再生产的情感力量》,《学习与实践》2006 年第 10 期。

民对环境利益表达事件的集体遗忘？如果农民的集体遗忘现象出现，其发生机制是什么？社会代价又是什么？三是农民个体环境利益表达记忆微光的研究。这种记忆的微光或是存在于集体记忆之外，或是与集体记忆交织在一起而不被研究者注意，有时被排斥在社会学研究的范式之外，是社会学视域中难以观察到的，但它确实是存在的，而且构成了对现有集体记忆研究的一种反思。[①] 笔者将基于集体记忆的社会学研究视角，对上述议题进行持续地关注、思索和研究。

---

① 刘亚秋：《从集体记忆到个体记忆：对社会记忆研究的一个反思》，《社会》2010 年第 5 期。

第七章

地方政府与农民环境利益表达

第一节 地方政府的行为逻辑及其比较

一 改革开放前地方政府的行为逻辑

笔者根据65个村庄的农民环境利益表达调研资料，发现改革开放以前，由于农民环境利益表达现象发生较少，地方政府在处理农民环境利益表达事件时，主要遵循的是一种"政治合理"的行为逻辑。所谓"政治合理"行为逻辑，即地方政府往往把参与环境利益表达行动的农民，尤其是带头的农民冠以"反革命破坏罪"。在地方政府干部的眼中，国有企业或集体企业是国家的财产，农民因为环境污染采取"骂街"、到企业去"讲理"，甚至冲击企业的行为，情节比较轻微的，口头严重警告一下；情节比较严重的，冠以"反革命破坏罪"。如前所述，在改革开放前，广东省、安徽省和陕西省7次集体性的农民环境利益表达行动中，带头的农民被冠以"反革命破坏罪"，有十余个农民还被判了刑。我们以其中3个案例（广东省、安徽省和陕西省各1个）展开论述。

广东省Z县Y村在新中国成立后的50年代初期，有一家国有的化肥厂建在村庄附近。这家化肥厂产生的废水污染和废气污染在随后的几年内严重影响了Y村农民的饮用水水源、农作物的种植和收成，以及村民的身体健康。尽管Y村有一些农民陆陆续续地向村干部反映化肥厂的污染情况，希望村干部能向上级反映该化肥厂的环境污染问题。但是，村干部好像没有向上级反映，化肥厂产生的环境污染一直在继续着。这些村民对村干部的不作为很是失望。1957年8月的一天上午，Y村一百多个农民自发聚集在化肥厂大门前，强烈抗议化肥厂的环境污染行为，几个非常愤怒的农民还打了化肥厂负责人并跑去电站关闭了化肥厂的电闸。Z县政府接到化肥厂的报告以后，一方面责令电站即刻向化肥厂供电；另一方面把Y村农民冲击化肥厂的事件定性为"反革命破坏事件"，Y村有2个农民被判刑。

安徽省L县Z村在新中国成立后的50年代中期，也是有一家国有的化肥厂建在村庄附近。这家化肥厂产生的废水污染和废气污染同样严重影响了Z村农民的饮用水水源、农作物的种植和收成，以及村民的身体健康。与广东省Z县Y村相似的是，Z村有一些农民在60年代初在不断地向村干部反映化肥厂的污染情况，他们也是希望村干部能向上级反映化肥厂的环境污染问题。不同区域的村干部的做法好像比较一致，Z村干部并没有向上级反映化肥厂的环境污染问题。所以，化肥厂的环境污染还是一直在继续。1962年4月的一天上午，Z村两百多个农民暴力冲击了化肥厂，化肥厂几个正在办公的领导被打。当时，这样的"恶性"事件是L县政府所坚决不能容忍的。县政府驱散了Z村农民，有2个带头闹事的农民被判了刑。

陕西省D县M村在新中国成立后的50年代中期，有一家国有水泥厂的一条生产线建在村庄附近。这条生产线产生的噪声污染、废水污染和废气污染严重影响了M村农民的日常生活、农作物的种植和收成，以及部分村民的身体健康。M村有十几个农民在60年代初不断地向村干部反映水泥厂生产线造成的环境污染情况，他们希望村干部能向上一级领导反映该生产线的环境污染问题，采取一些措施。M村干部虽然口头答应村民的要求，但是后来并没有向上级反映该生产线的环境污染问题。因此，该生产线造成的环境污染还是一直在继续，对M村农民的影响也日趋严重。1964年6月的一天上午，M村几十个农民一起暴力冲击了该生产线，砸坏了一些生产设备，还准备打该生产线的一个负责人，后来在村干部的强烈劝阻下，这些农民才没有动手打人。当时，这样的事件绝对是影响比较严重的"恶性"事件，D县政府接到水泥厂的报告后，把M村农民冲击水泥厂生产线的事件定性为"反革命破坏事件"，M村有1个农民被判了刑。

从上述3个案例可以看出，改革开放以前，地方政府在对待农民环境利益表达事件尤其是集体性的环境利益表达事件时，主要遵循的是

"政治合理"的行为逻辑。因为农民冲击和破坏的是"国家财产",扰乱的是"社会治安",这样的行为是不能容忍的,"反革命破坏罪"是在当时比较合适的一个罪名。在地方政府的这种"政治合理"的行为逻辑下,农民的环境利益表达行动基本上没有任何成效,而且,在集体性的利益表达行动中,带头闹事的农民往往还要被判刑,即通常被判以"反革命破坏罪"。

二 改革开放后地方政府的行为逻辑

(一)"机会主义"逻辑

所谓"机会主义"逻辑,指的是地方政府在对待管辖区域经济发展和环境保护的关系问题时,重视经济发展,轻视环境保护,敷衍、限制或压制农民的环境利益表达行动。这种逻辑经常在农民环境信访的时候表现出来。有学者认为,由于现代国家权力的干预以及市场经济的渗透,我国传统的乡土社会正趋于瓦解之中,现代农村的公民社会也正在缓慢发育之中。[①] 但事实情况是,整体来说,我国公民社会的发育还非常不成熟,至于农村这个庞大的社会领域,更是距公民社会相去甚远。在对待地方经济发展与农村环境保护的关系问题时,由于缺乏农村社会力量的制约,代表"国家"的地方政府居于绝对的主导地位。由于我国中央政府高度重视和强调环境保护这种政治正确性的影响,地方政府自然不会轻易表示不重视管辖区内的环境保护问题。但是,地方政府在农村环境保护上普遍存在重经济、轻环保的"机会主义"逻辑。而且,有些地方政府在不受社会力量的监督约束以及缺乏竞争性等情况下,还有着追逐和实现自身利益的一些倾向。[②] 在笔者的调研中,发现无论是东部地区的广东省,还是中部和西部地区的安徽省和陕西省,地方政府的"机会主义"逻辑是普遍存在的。具体到农村的环境污染和环境保护,它们注重较多的地方经济发展,而忽视较多的是农村环境污染和环境保护,面对农民的环境权益诉求,它们经常采取的是敷衍、限制或压制等方式。无

---

① 杨心宇、王伯新:《中国农村市民社会发展的路径选择》,《求是学刊》2005 年第 5 期。
② 张金俊:《农民的抗争与沉默:转型时期安徽两村农民环境维权研究》,博士学位论文,中国人民大学,2012 年。

论是敷衍的方式,还是限制或压制方式的"机会主义"逻辑,地方政府在其背后都有着自己的考虑或一套行为逻辑。

在广东省 G 市 R 村,农民在自力救济行动无效以后,虽然选择了到镇政府以集体上访的方式进行环境利益表达。但是,镇政府的领导采取敷衍和拖延的方式回应 R 村农民的诉求。为了解 R 村所属的镇政府的敷衍和拖延的方式,笔者接触了当时经历过 R 村农民环境信访事件的个别镇干部,大致厘清了该镇政府的"机会主义"行为逻辑。首先,地方政府迫切需要经济快速发展和增长。广东省在当时已经是很发达的省份了。可是,在这样一个发达的省份,居然还有一些落后的地区和农村,这是这些落后地区和农村的干部所不愿看到,也是不能默许的。所以,在这些落后的地区和农村,地方政府迫切地想要改变贫穷落后的面貌。为了快速发展经济,可以"适当地牺牲一下农村的(生态)环境"。不过,"等经济发展状况好起来",再"花些力气治理农村的环境(污染)"(GD002)。此外,它们不愿意被农民的集体性利益表达事件所约束和影响。在广东省地方政府一些干部的眼中,农村社会一旦发生了集体性的利益表达事件,不但"是很麻烦很棘手的",而且,在农村的集体性利益表达事件中,"有些本来比较老实的农民,可能会变成刁民",以后"管理起来更加麻烦"。所以,以敷衍和拖延的方式回应农民的诉求,是"没有办法,但是也是比较有效的"的一种方式,因为"要快速让经济(发展)上去",所以"没有什么好办法"能"解决农村的环境污染问题"(GD004)。

在安徽省 W 县 L 村,附近一家钢铁厂产生的空气污染和废水污染严重影响了村民的日常生活与农作物种植和收成。L 村农民曾多次与污染企业协商,还有一次暴力性利益表达行动,但是都没有什么结果。L 村农民到镇政府集体上访多次,仍然没有什么结果。该镇政府大致有着这样的"机会主义"行为逻辑。首先,快速发展当地的经济是他们非常迫切需要的。该镇经济发展非常落后,后来通过招商引资,这家钢铁厂作为重点引进企业在 L 村附近落户。镇政府对这家钢铁厂的污染保护主义倾向是异常明显的,"好不容易有了这么一个企业""要让它扎根下来,为地方经济发展做贡献""污染肯定是有的,不过还好""慢慢治理一下就可以了"(AH016)。另外,它们也不愿意被农民的集体性利益表达事件所约束和影响。"维稳是一个大局""农民冲击企业,影响很大""一旦处理不好,很头疼""要限制他们(的行动)"。不过,"农民顶多也就那么一点胆子,搞一次(冲击污染企业)就不敢了""至于他们找我们上访,想解决(环境污染)问题""我们是办不到的""再说,这次答应了(农民的诉求)""还有下一次""还是不用管比较好"(AH009)。

在陕西省 X 县 H 村,农民在反对石油厂的自力救济行动无果以后,因为离县政府比较近,所以选择了绕过镇政府直接到县政府以集体上访的方式进行环境利益表达。但是,县政府的领导采取限制或压制的方式回应 H 村农民的诉求。笔者通过私人关系接触了当时经历过 H 村农民环境信访事件的一个副县长,基本了解了 X 县政府的"机会主义"行为逻辑。首先也是基于经济增长的渴求。因陕西省 X 县整体上经济发展比较落后,所以需要"摘帽子"(即国家层面的脱贫)。H 村离县城较近,在城关镇辖区内,所以,和城关镇辖区内的街道、其他农村一样,需要发展经济摆脱贫穷落后的面貌。在这个过程中,"单靠农业肯定是不行的"。因为没有办法发展绿色经济,所以"还是需要一些工业元素""污染是没有办法的"(SX019)。另外,它们也更不愿意被农民的集体性利益表达事件所制约和影响。因为 X 县"自古以来人心不古""刁民很多",一旦被"讹上了""缠上了""相当麻烦""没有办法做事情了""天天就等着去办理这些事(即农民利益表达事件)了"(SX019)。最后,为了限制或压制农民的诉求,"县政府直接出面不太合适""把(农民利益表达)问题交给乡村干部""他们办理起来比县政府更好"(SX019)。

可以看出,地方政府的"机会主义"逻辑对转型时期农民环境利益表达的影响是非常消极的,同时也是非常关键的,这种逻辑在极大程度上影响着农民环境利益表达的结果,即很多的农民环境利益表达行动都会陷于失败。

(二)"污染合理"逻辑

所谓"污染合理"逻辑,即地方政府强调环境污染是我国工业化初期的必然问题,这种逻辑经常在农民暴力性利益表达事件或环境信访时表现出来。比如,在 2007 年的太湖蓝藻污染事件中,江苏省无锡市的一个主要领导摆出英国先污染后治理的案例,说英国是一个现代发达的资本主义社会,但是,在英国工业化发展的初始阶段,伦敦曾是世界上非常有名的"雾都",而泰晤士河也曾是一条人见人怕的"臭水河"。该主要领导因此认为,我国生态环境遭受污染的问题是现代化过程中特定发展阶段的问题,是我国工业化初期不可避免、必然一定会发生的问题。① 在发达的江苏省无锡市,其政府官员在当时尚且有这样的思想认识,在我国很多地方,尤其是经济相对落后的地区,地方政府官员何尝不是抱着"污染合理""末端治理"这样的思想认识呢。② 在笔者的调研中,发现"污染合理"这种过时的逻辑还比较普遍地存在着,各有广东省、安徽省和陕西省的地方政府行为作为例证。这些地方政府还是强调发展经济必然会导致环境污染,"没有办法的事""经济发展起来了,再治理污染"。在"污染合理""末端治理"这种思想意识的支配下,地方政府往往树立起"你发财、我保护"的招商引资理念,在农民环境利益表达事件中,往往采取了对污染企业予以保护,对进行利益表达的农民予以"说服"或压制的做法,③ 在其背后也有着地方政府自己的考虑或是一套行为逻辑。

在广东省 Z 县 H 村,附近的一家陶瓷厂产生的空气污染和废水污染让 H 村农民叫苦不迭。由于污染企业主是本乡人且有一些家族势力,H 村农民几次的集体协商基本上都没有什么效果。后来,他们又到镇政府集体上访过几次,还是无果而终。镇里的领导有这样的说法或逻辑。首先,镇里要大力发展经济,让农民都富裕起来,有些环境污染是在所难免的。"广东很多地方的农民都富起来了,我们这里需要下大力气发展经济,让这里的农民都富起来。""要想富,怎么办?""必须要在农村地区发展一些工业企业""污染是没有办法的""不过都是暂时的,很快就过去了"(GD023)。其次,农民的上访行为会影响农村的经济发展,要"说服"或压制他们。"我们要做农民的思想工作,说服他们,不要乱来。""要安心种地,还要到企业去挣点钱,不要到企业去闹。""你闹来闹去的,哪个企业愿意要你?""我们不允许在农村有恶性事件(即农民

---

① 高一飞:《污染合理论:过时了40年的陈腐观念》,《中国保险报》2007年7月2日,第3版。

② 张金俊:《农民的抗争与沉默:转型时期安徽两村农民环境维权研究》,博士学位论文,中国人民大学,2012年。

③ 同上。

集体性利益表达事件）发生。""有一起就法办一起。""否则，怎么发展农村的经济，怎么能让农民富起来呢？"（GD023）

在安徽省 G 县 W 村，镇上的一家造纸厂自 2001 年扩大生产规模以后，对 W 村造成了严重的废水污染。W 村农民在 2002 年与造纸厂有过两次集体协商，但是都没有什么结果。2003 年 5 月的一天上午，W 村农民在几个环境利益表达积极分子的动员和劝说下，以暴力的方式冲击了造纸厂。一位副镇长先是通过"劝说"和"承诺"的方式想要劝散 W 村农民。他说，镇里经济太落后了，只有引进一些工业企业，才能让镇上的经济发展起来，提高农民的收入，改善农民的生活条件。而引进工业企业，免不了有所污染，不过污染并不严重，镇里监督整改一下，造纸厂就在环保上达标了。W 村农民后来又集体到镇政府找镇长上访，镇长的说辞和那位副镇长一样，镇上要发展经济必须引进工业元素，而引进工业元素就免不了要污染环境，等经济发展起来了，再好好地治理环境污染。在笔者与一位当时经历过 W 村农民利益表达事件的干部接触时，他还是坚持认为镇政府当时的考虑是很切合镇里的实际情况的。

在陕西省 W 县 X 村，一家石油厂的石油泄漏每年都会发生几次到十几次不等。尽管按照当地的"惯例"，X 村农民在每次石油泄漏之后都会有一点补偿，但是，这与农民遭受的污染损失相比是微不足道的。X 村农民为了提高补偿费用，减轻石油泄漏导致的污染，曾经与污染企业有过多次协商，但是都没有什么结果。后来，他们到镇政府集体上访过两次，镇领导的说法基本上是相似的。首先，强调污染合理。他们的说法是，这里的经济太落后了，镇政府允许和鼓励农民自己办企业，带动农村经济发展，提高农民收入水平。而农民自己办一些企业，肯定有污染型的企业，环境污染是在所难免的。不过，镇政府尽量让全镇的企业都在环保上达标，减少农村的环境污染。其次，强调先污染后治理。他们认为，落后的农村地区要想发展起来，农民就应该忍受一定程度的环境污染。等经济发展起来了，农民都富裕起来了，政府、企业、农民再一起努力，投入人力物力治理环境污染，一切都只不过是时间问题，最终的结果肯定是大家都比较满意的。最后，他们劝说这些农民回家好好种地，不要胡思乱想，不要到企业去"闹事"，也不要去县政府上访。如果农民这样做的话，对企业、对农民自己影响都不好。

地方政府的"污染合理"逻辑对农民环境利益表达的影响也是消极的，这种逻辑也在极大程度上影响着农民环境利益表达的结果，有诸多农民环境利益表达行动的失败与这种逻辑紧密相关。

（三）"不作为"逻辑

所谓"不作为"逻辑，就是地方政府在很大程度上或完全忽视、漠视农民的环境权益诉求。这种逻辑经常在农民环境信访的时候表现出来。除了前文讨论农民环境信访时展现的几个个案，笔者调研的其他一些个案也能很好地反映地方政府的这种"不作为"逻辑。

在广东省G市C村，农民面对邻近镇上一家塑料厂对村庄造成的严重环境污染，在与污染企业多次协商没有结果时，曾经几次到镇政府去集体上访。镇政府的领导"听得认真""答应得麻利"，就是没有采取过任何实际行动。笔者在与当时一位经历过C村农民集体上访事件的镇政府干部聊天时，发现了镇政府"不作为"背后的一些考虑和行动逻辑。首先，对落后地方的镇政府而言，"发展经济是大家共同的目标"。邻近的镇有污染企业影响到本镇农民，如果他们出面进行协调，一是不一定有什么效果；二是如果今后本镇有企业污染影响到邻近的镇，人家也会出来协调，这样对大家都不好，影响镇里的经济发展。另外，镇政府的干部认为，农民的要求通常是多元化的，而且农民的要求在得到相对满足之后，下一次的要求可能会"升级"。农民这次是环境利益诉求和其他一些要求，如果解决了他们的问题，那下一次农民还会来找镇政府，提出更多一些、更高一些的要求。镇政府的能力是有限的，没有办法来一一满足农民的要求。所以，"如果事态正常（即农民利益表达行动局限在本村或本镇一个比较小的范围）""不管它"（即以不作为的方式应对农民的上访）（GD031）。

在安徽省L县P村，自20世纪90年代末以来，皮革业污染非常严重，可以说是"触目惊心"。由于污染企业主在当地都有一些家族势力，P村没有出现过集体性的环境利益表达行动，只是有一些农民个体性的到镇政府去上访，希望镇政府出面解决皮革业的污染问题，但是，基本上都没有什么效果。从几个镇政府和农村干部的说法中，我们可以了解到镇政府"不作为"背后的一些考虑和行动逻辑。首先，"发展地方经济压力很大""要接受考核"，如果积极回应农民的环境利益诉求，"就会影响地方经济发展""完不成任务很麻烦"（所谓很麻烦，实际上是害怕影响政绩和升迁）。"企业搬走了、倒闭了，地方经济怎么办？就业怎么办？"（AH020）另外，在镇政府的一些干部看来，"农民思想观念比较狭隘""不懂大局""没有大局意识""地方经济不发展""农民怎么能脱贫"（AH022）。"这个地方是平原""没有办法发展绿色旅游产业""只能招商引资发展一些小型工业企业"，或者"鼓励农民自己去创业"。农民"不懂大局""但你也不要影响大局"。所以，只要农民"没有过激行动"，镇政府就"不用管它"（AH022）。

在陕西省Y县K村，附近的一家废旧金属加工厂产生的废水污染和废气污染让K村农民深受其害。尽管K村农民曾几次与污染企业集体协商，要求添加环保设备，对农作物损害进行赔偿，但是没有什么结果。后来，K村农民又到镇政府集体上访多次，但始终没有什么结果。镇领导有这样的观念。首先，在落后的地方，尤其是农村地区，经济要先行。"我们这个地方非常落后""不想落后怎么办？要招商引资，要发展经济""农村地区也是这样"（SX010）。"在发展（经济）中有污染，这是没办法的，很多地方都这样""再治理（污染）就行了"（SX010）。另外，对农民的上访要讲究应对策略，敷衍和拖延是比较有效的策略。"如果不敷衍一下，也说不过去，影响政府形象""倒不如先答应他们，然后再慢慢拖""等他们再来（上访），再想办法拖一拖""一来二去，他们基本上就不会来（上访）了""污染对他们来说也不是非要解决不可的"（SX012）。

农民环境信访结束以后，他们对地方政府干部的基本判断和评价是"好像都是同一张脸""没有办法""非常失望"。在地方政府的"不作为"逻辑下，不但农民的环境权益诉求无法得到满足，农村的环境污染问题很难得到解决，而且，地方政府的"不作为"逻辑也很严重地影响了它们在农民心目中的形象。

（四）"不出事"逻辑

地方政府的这种行为逻辑可以表现在农民自力救济、求助媒体或环境信访等环境利益表达的一种或几种方式当中。有学者认为，改革开放以后，我国各级地方政府在本辖区内的社会管理（现在已由社会管理发展到社会治理）中，总体上遵循着一种"不出事"的逻辑。这种"不出事"逻辑至少包括三个层面的含义：一是地方政府把社会管理的任务进行最终简化，即在本地范围区内不发生冲击社会秩序的重大事件；二是地方政府为了本辖区内"不出事"，有时可以不惜代价，不择手段；三是"不出事"不是说不出任何事情，主要指的是在本地范围内不发生引起中央政府高度关注的重大事件。[①] 在这种"不出事"的行为逻辑支配下，地方政府往往表现出不太恰当的一些角色，如在社会管理中采取"严防""打压"等高压手段来预防和处理本辖区范围的"出事"问题，以及在社会管理中采取"灵活""多样"的策略方式来处理地方上发生的各类"事件"。在地方政府这种"不出事"的逻辑支配下，"推与闹""挤与缠""打与弹"等战术，[②]"截访""拘留""罚款""劳教""判刑""连坐""送精神病院""销号""陪访""金钱收买""欺骗拖延"等强硬手段与怀柔手段并济，[③]"拔钉子"（即对上访者实施打压）、"摘帽子"（即对相关官员进行惩处）和"开口子"（即给上访者一定的特殊待遇）[④] 等往往都是地方政府在处理农民环境利益表达事件上比较常用的一些方式，这些方式实际上就是"高压式"和"策略式"相结合的社会管理方式。

在广东省 Z 县 M 村，附近的一家塑料厂扩大生产规模后，2004 以来对 M 村造成了非常严重的废水和废气污染。M 村农民曾多次与污染企业主集体协商，但是废水和废气污染依然非常严重，塑料厂根本没有达到污染企业主所承诺的"环保达标"的标准。2005 年 6 月的一天上午，在几个环境利益表达积极分子的动员和劝说下，M 村几十个农民一起暴力冲击了塑料厂，砸坏了一些生产设备。在暴力冲突的过程中，M 村所属的镇政府安排工作人员到现场"喊话"，驱散 M 村农民，控制了事态的蔓延。第二天，M 村一百多个农民准备到镇政府去"闹"。由于村干部的通风报信，镇政府派了几个干部到村里做工作，M 村农民的集体性利益表

---

① 钟伟军：《地方政府在社会管理中的"不出事"逻辑：一个分析框架》，《浙江社会科学》2011 年第 9 期。

② 应星：《大河移民上访的故事：从"讨个说法"到"摆平理顺"》，生活·读书·新知三联书店 2001 年版，第 33—54 页。

③ 于建嵘：《"信访综合症"背后的潜规则》，《人民论坛》2010 年第 15 期。

④ 钟伟军：《地方政府在社会管理中的"不出事"逻辑：一个分析框架》，《浙江社会科学》2011 年第 9 期。

达行动被消解在村里。在处理 M 村农民集体性环境利益表达事件时，镇政府遵循的主要是"不出事"的行为逻辑。当 M 村农民的暴力行动发生时，先是通过"劝说"的方式稳定事态，随后进行驱散以防事态扩大。派工作人员到 M 村做农民的工作，消解 M 村农民的集体性利益表达行动。

在安徽省 H 县 C 村，村庄附近也是有一家塑料厂。这家塑料厂在 2001 年扩大生产规模后，对 C 村造成了非常严重的废水污染和废气污染，C 村农民苦不堪言。2002 年，C 村农民虽多次与污染企业进行集体协商，但是都没有什么结果。从 2003 年 3 月到 2003 年 8 月，C 村农民多次到镇政府去集体上访，但是也没有发现镇政府有什么实际行动。2003 年 10 月的一天上午，在几个环境利益表达积极分子的动员和劝说下，C 村几十个农民一起暴力冲击了塑料厂。在这次暴力冲突的过程中，C 村所属的镇政府主要领导到现场进行"协调""劝说""承诺"（即承诺让塑料厂达标排放）、"联合"（联合村干部一起对付参与行动的农民）。暴力冲突结束后，镇政府还安排工作人员到 C 村，和村干部一起做农民的工作。可以看出，在处理 C 村农民集体性的环境利益表达事件时，镇政府先是采取了"不作为"的行为逻辑，当 C 村农民出现了暴力性利益表达行动时，又遵循了"不出事"的行为逻辑。"协调""劝说""承诺""联合"，以及事后做 C 村农民的工作等，实际上是策略式治理方式的运用。在笔者调研的一些村庄，有些暴力性利益表达行动正是在地方政府"不作为"的行为逻辑下，农民对地方政府不再抱有什么期望，对地方政府失去信任，不得已而采取的利益表达行动。地方政府对待这样的利益表达行动，通常又表现出"不出事"的行为逻辑。

在陕西省 D 县 M 村附近，20 世纪 50 年代中期建成的一家国有水泥厂的一条生产线，于 20 世纪 80 年代末迁移别处。但是，在 20 世纪 90 年代中期，邻近村庄的几个农民在 M 村附近建成了一家石油厂。经常发生的石油泄漏现象使 M 村遭到了严重的污染。M 村农民虽获得了一点补偿，但是标准很低。在几个环境利益表达极分子的劝说和动员下，M 村农民与污染企业集体协商多次，还有一次暴力冲击石油厂的利益表达行动。后来，在几个环境利益表达积极分子的劝说和动员下，农民准备到县政府集体上访。由于村干部事先通风报信，镇政府派了几个干部先一步来到村里，反复做这几个环境利益表达积极分子的工作，并承诺安排他们中的一个人到镇政府做一些临时工作。很快，M 村农民的集体性利益表达行动被消解在村里。可见，在处理 M 村农民集体性的环境利益表达事件时，镇政府遵循的也主要是"不出事"的行为逻辑。当 M 村农民的暴力性利益表达行动发生时，先是通过"劝说"的方式稳定事态，随后防止事态扩大，还派出工作人员到 M 村做农民的工作，消解他们的集体性利益表达行动。

（五）"有所作为"逻辑

在对待农村环境污染和农民环境利益表达问题上，地方政府的"有所作为"主要表现为被动的有所作为和主动的有所作为两种方式。被动的有所作为，即地方政府在压力型体制下，需要妥善处理好农民环境利益表达事件，维护农村地区的社会秩序安全与稳定。主动的有所作为，即地方政府面对农民的环境利益诉求，积极主动处理农村的环境污染问题，满足农民的环境利益诉求。地方政府的"有所作为"行为逻辑可以表现在农民自力救济、求助媒体或环境信访等环境利益表达的一种或几种方式中。

在广东省 S 县 P 村农民针对塑料厂的环境利益表达行动中，镇政府一开始的做法是保护塑料厂，随后在 P 村农民集体上访中又存在敷衍、拖延行为，最后在县政府的介入下，多次出面与塑料厂协调。后来，塑料厂终于添加了环保设备，也书面承诺给 P 村农民一定程度的赔偿。这是镇政府被动的有所作为。S 县政府的介入看起来是主动的有所作为，事实上，S 县政府也是在压力型体制下被动的有所作为，即广东省政府在 2000 年左右，要求各市县政府对小造纸厂、小化工厂、小印染厂、小土焦厂、小硫黄厂等乡镇企业采取限期治理或关、停、并、转等措施（GD008）。

在安徽省 T 县 W 村，农民面对水泥厂所造成的空气污染和噪声污染，经历了与污染企业的协商与暴力、冲击地方政府机关以及到省环保部门上访三个阶段。在省环保部门的介入和协调下，T 县政府开始有所作为，包括被动的有所作为和主动的有所作为。被动的有所作为，即 T 县政府在压力型体制下，多次与水泥厂协调，妥善处理 W 村农民环境利益表达事件，满足 W 村农民利益表达诉求。后来，水泥厂添加了环保设备，W

村农民获得了一定程度的经济补偿。T县政府主动的有所作为包括三个方面。一是对水泥厂与外界交通运输的唯一道路进行定期清洁和维护。T县政府出资，一方面让清洁工定期清扫道路及其附近灰尘；另一方面安排洒水车每天清扫道路。二是要求货车盖布运输。T县政府通过相关乡镇政府干部和村干部与货车司机逐一进行协商，要求货车在运输时盖布，减少运输过程中粉尘对道路和W村的污染。对于不盖布的货车，会做出一定的处罚。三是T县政府派出专门的工作人员到W村驻点，其主要任务就是监督水泥厂污染和环保情况，以及给W村扶贫。

在陕西省Y县B村，有一家大型水泥厂的一条生产线坐落于该村。农民面对该生产线所造成的空气污染和噪声污染，经历了与该生产线甚至水泥厂的协商、到镇政府集体上访，以及到县政府集体上访三个阶段。在B村农民环境利益表达事件中，地方政府的有所作为可以从镇政府和Y县政府两个层面来说。镇政府的有所作为包括被动的有所作为和主动的有所作为。镇政府被动的有所作为，即在压力型体制下，多次与生产线及水泥厂协调，妥善处理B村农民环境利益表达事件，满足B村农民利益表达诉求。后来，该生产线改进和添加了相应的环保设备，B村农民获得了一定程度的经济补偿。镇政府主动的有所作为，主要表现在安排洒水车每天清扫道路、在道路两旁再种植一些大叶类的绿化树木两个方面。Y县政府的有所作为其实也是在压力型体制下被动的有所作为，即陕西省在2000年以后对污染比较严重的小型乡镇企业采取了限期治理或关、停、并、转等措施（SX013）。

在很多的农村地区，解决农村环境污染问题，在极大程度上或者是完全意义上还是需要地方政府的"有所作为"这种行为逻辑的，即使是在压力型体制下，地方政府被动的有所作为。

三 地方政府的行为逻辑比较

改革开放以前，在农村环境污染和农民环境利益表达问题上，地方政府的行为逻辑总体上比较单一和划一，即它们主要遵循"政治合理"的逻辑。我们在这里着重比较一下改革开放以后地方政府在农村环境污染和农民环境利益表达问题上的"机会主义""污染合理""不作为""不出事"以及"有所作为"等行为逻辑。

首先，从这些行为逻辑本身及其背后的逻辑来看。"机会主义""污染合理""不作为"等行为逻辑内涵比较接近，"不出事"的行为逻辑则是更高一些的要求，这些行为逻辑反映出地方政府在看待经济发展与环境保护的关系问题上，普遍存在重视经济发展轻视环境保护的行为倾向。"有所作为"的行为逻辑则反映出地方政府被动的或主动的处理和平衡经济发展与环境保护的关系问题。

其次，从这些行为逻辑对农民环境利益表达的影响来看。"机会主义""污染合理""不作为""不出事"等行为逻辑对农民环境利益表达的影响是消极的，在极大程度上或完全意义上制约着农民环境利益表达的结果。"有所作为"这种行为逻辑对农民环境利益表达的影响则是积极的。

第三，从这些行为逻辑与农民环境利益表达的方式来看。在农民暴力性的利益表达行动中，地方政府通常表现出"机会主义""污染合理""不出事"等行为逻辑。在农民环境信访中，地方政府的"机会主义""污染合理""不作为"等行为逻辑比较常见，当然，有时也会表现出"不出事""有所作为"的行为逻辑。

最后，从这些行为逻辑的区域比较来看。广东省、安徽省和陕西省这些地方政府的这些行为逻辑是比较趋同的。在农民环境利益表达失败的地方，"机会主义""污染合理""不作为""不出事"等行为逻辑的表现是常见的，也是非常普遍的，有时是一两种行为逻辑的表现，有时则是更多行为逻辑的表现。在农民环境利益表达成功的地方，地方政府一开始可能会表现出"机会主义""污染合理""不作为""不出事"等行为逻辑中的一种或几种，后来在压力型体制下表现出"有所作为"的行为逻辑。

第二节　环境利益表达积极分子的污名化[①]

环境利益表达积极分子指的是那些在农民中间发起动员进行环境利益表达的农民积极分子。在农村环境利益表达中，比起沉默的农民，环

---

① 这部分的主体内容发表于《中国青年研究》2017年第3期。

境利益表达积极分子虽然只是少数一部分人,但他们是农村环境利益表达得以进行或延续的重要推力和关键力量。然而,他们中有一部分人,甚至是相当一部分人要经受污名化的沉重压力。这种现象不仅发生在环境利益表达失败的一些农村地区,即使在环境利益表达已经完全意义上成功、总体上比较成功或有限成功的一些农村地区,也有这种现象的出现。社会学在关于污名的研究超越了微观社会互动层面,比较倾向于强调宏观的经济、政治和历史等因素对污名产生的影响之后,权力被研究者认为是理解污名的唯一有效路径,并且暗示了依据这一路径对污名进行解释的普世性,即只有在社会、文化、经济和政治上处于优势地位的阶层,才能污名化相应的弱势人群,而绝不可能是相反的结果,[①] 笔者把其称为"结构—权力"研究范式。笔者在对广东省、安徽省和陕西省65个村庄的农民环境利益表达现象调研过程中,确实发现了一些环境利益表达积极分子被地方政府冠以"疯子""神经病""大脑不正常""破坏分子""捣乱分子""刁民""刺头""刁钻分子"等称号予以污名化。同时,笔者也发现了一些农村地区的环境利益表达积极分子被地方政府和其他农民一起似乎以一种"共谋"的方式予以污名化。如何分析和解释这种现象的生成机制?"结构—权力"范式的社会学污名研究不能够完全分析和解释。不仅如此,这些环境利益表达积极分子的污名化还在被不断放大,产生一定的放大效应,这又该如何分析和解释呢?在相关研究成果的基础上,笔者尝试对此做出一定的分析和解释,并进一步深化社会学关于污名问题的研究。

一 文献回顾与研究范式转换

污名指的是社会对某些个体或群体的贬低性、侮辱性的一种标签,它使这些个体或群体拥有了(或被相信拥有了)某些被贬抑的属性和特质,这些属性和特质不仅使被污名者产生一定的自我贬损心理,也导致了社会对其有歧视与不公正的待遇。[②] 西方多数研究者都认为污名(stig-

---

[①] 郭金华:《污名研究:概念、理论和模型的演进》,《学海》2015年第2期。
[②] 管健:《污名的概念发展与多维度模型建构》,《南开学报》(哲学社会科学版)2007年第5期。

ma）这个词源于古希腊，指的是一种图腾标记的说法，在西方语境中是人格、身份的符号和象征。[①] stigma 意指用来暴露某人道德异常或身份低劣的身体符号，或是身体上的烙印，标示某人为奴隶、罪犯或叛徒，是仪式意义下的不洁之人，不可以接触，特别在公共场合，其是众人所回避的对象。[②] 20 世纪 60 年代，污名经由著名社会学家戈夫曼的解说后成为一个学术性概念，现在已经在特定疾病（如躯体残障、精神疾病、艾滋病、癌症、糖尿病、肥胖症等）、性别、种族、特殊社会群体（如罪犯、乞丐、流动人口、性工作者等）的研究中成为一个重要概念。[③] 污名概念一般包括污名化（stigmatization）、被污名者（stigmatizedperson）与实施污名者（stigmatizer）三个要素。污名化是某个或某些群体被贴上污名标签的一个动态过程，它作为一种长期存在的社会现象，一直与社会的弱势群体紧密相关，受到社会学家和心理学家的广泛关注。[④] 如，"绿茶婊"[⑤]、艾滋病人[⑥]、农民工及其子女[⑦]、流动人口[⑧]、原住民[⑨]等。

20 世纪 60 年代以来，社会心理学、历史学、社会学、人类学等学科对污名研究的推进做出了各自的贡献，但是，由于污名现象本身的复杂性（涉及身体、心理、情感、认知、价值、制度等诸多层面），造成了当

---

① 郭金华：《污名研究：概念、理论和模型的演进》，《学海》2015 年第 2 期。
② 朱元鸿：《他说的，可就不是你！评高夫曼〈污名〉》，《台湾社会学刊》2006 年第 37 期。
③ 郭金华：《污名研究：概念、理论和模型的演进》，《学海》2015 年第 2 期。
④ 文军、罗峰：《公共知识分子的污名化：一个消费社会学的解释视角》，《学术月刊》2014 年第 4 期。
⑤ 苗大雷、王舒厅：《"绿茶婊"背后的泛污名化现象及其社会心理透视》，《当代青年研究》2015 年第 1 期。
⑥ 刘颖、时勘：《艾滋病污名的形成机制、负面影响与干预》，《心理科学进展》2010 年第 1 期；行红芳：《熟人社会的污名与污名控制策略：以艾滋病为例》，《青年研究》2007 年第 2 期；刘能：《艾滋病、污名和社会歧视：中国乡村社区中两类人群的一个定量分析》，《社会学研究》2005 年第 6 期。
⑦ 赵德雷：《内化的污名与低劣之位：建筑装饰业农民工底层地位的"合法性"》，《青年研究》2014 年第 2 期；管健：《身份污名的建构与社会表征：以天津 N 辖域的农民工为例》，《青年研究》2006 年第 3 期；吴莹：《群体污名意识的建构过程：农民工子女"被歧视感"的质性研究》，《青年研究》2011 年第 4 期。
⑧ 李建新、丁立军：《"污名化"的流动人口问题》，《社会科学》2009 年第 9 期。
⑨ 谢世忠：《认同的污名：台湾原住民的族群变迁》，自立晚报社 1987 年版，第 101—108 页。

下污名研究的困境。① 如果遵循社会学依据权力路径对污名进行解释的普世性传统——"结构—权力"研究范式，作为一个知识精英和优势地位阶层群体的公共知识分子，原本不应该被"污名"，但现在却被群体性的"污名化"，如被冠以"叫兽"（教授）、"砖家"（专家）、"妓者"（记者）、"精蝇"（精英）等带有侮辱性的称呼，被贴上了"无耻""低能""空洞无物、只说不做""造谣"等侮辱性的标签，被赋予了某些被贬抑的属性和特质。② 文军、罗峰认为，这种现象的出现并不是传统的污名研究所能够完全解释的，他们通过消费社会学的相关理论视角，对公共知识分子的污名化现象进行了新的解释。③ 环境利益表达积极分子在农村环境利益表达中被地方政府污名化，这可以从污名产生的"结构—权力"范式进行分析和解释。但是，他们被地方政府和其他农民一起似乎以一种"共谋"的方式予以污名化，这是"结构—权力"范式解释路径面临的一个困境。而且，这些环境利益表达积极分子的污名化还在被不断放大，产生一定的放大效应，这更无法从"结构—权力"范式的路径去解释。因此，我们必须超越社会学关于污名的"结构—权力"范式解释传统，社会转型范式或许就是一种非常有益的尝试。

社会转型指的是一个社会从传统型向现代型的转变，或者说由传统型社会向现代型社会转型的一种社会过程，就是从农业的、乡村的、封闭的、半封闭的传统型社会，向工业的、城镇的、开放的现代型社会的转型；我国的社会转型，是我国的社会生活和组织模式从传统走向现代、迈向更加现代和更新现代的一种社会过程。④ 当前，我国的各种社会现象无不带有社会转型的特点，社会成员也无不这样或那样地受到社会转型的影响和制约。当前我国社会的发展，正是突出地表现在我国社会转型、特别是我国社会结构转型的快速推进中。⑤ 本节运用社会转型范式来看待

---

① 郭金华：《污名研究：概念、理论和模型的演进》，《学海》2015年第2期。
② 文军、罗峰：《公共知识分子的污名化：一个消费社会学的解释视角》，《学术月刊》2014年第4期。
③ 同上。
④ 郑杭生：《改革开放三十年：社会发展理论和社会转型理论》，《中国社会科学》2009年第2期。
⑤ 郑杭生：《从传统向现代快速转型过程中的中国社会》，载于郑杭生主编《中国人民大学社会发展报告》（1994—1995），中国人民大学出版社1996年版，第Ⅰ页。

环境利益表达积极分子在农村环境利益表达中的污名化问题，主要体现在以下几个方面：

第一，现代国家权力对农村社会的控制与渗透力度明显大大加强。我国农村社会虽然在历史上更多地游离于国家权力的中心，但这种游离并不意味着农村社会可以与国家力量相抗衡。[①] 新中国成立后，中国共产党通过"政党下乡"[②]与"行政下乡"[③]，把党和国家的意志传达到全国各地的农村，实现对农村社会的全面渗透与控制，将一个个分散的农村整合到国家体系之中。在发生环境污染的农村地区，地方政府往往还以"机会主义""污染合理""不作为""不出事"等行为逻辑对污染企业的生产经营行为予以保护，而对参与环境利益表达的农民尤其是环境利益表达积极分子则予以压制、打击和污名化。

第二，农村社会的权威正在虚拟化。如前所述，在我国社会转型的过程中，农村社会的异质化程度在不断地加深，传统的"熟人社会"已经演变成"半熟人社会""无主体熟人社会"或者"弱熟人社会"[④]，具有一定认同感的传统农村社区正在被不断分化、分层与流动的现代农民社会所代替，农村社区的认同感正在瓦解之中，农村规范和权威对农民的约束作用已经大大减低。环境利益表达积极分子的权威有时虽然不及农村中那些不参与环境利益表达行动的权威，但他们在某种意义上也是农村的权威人物，可是，他们事实上已经很难取得日常性与可持续的权威地位。在农村环境污染中，这些环境利益表达积极分子的抗争抑或不抗争实际上都在经受着其他农民的价值与道德判定。

第三，农村人际关系流动和社会流动中的环境利益表达积极分子污名化放大效应。附近村庄以及更远的一些村庄、集市是农民人际关系流动的重要场所，环境利益表达积极分子的污名不可避免地会扩散到这些地方。由于信息传递的单面性，这些环境利益表达积极分子的污名化会

---

① 田成有：《乡土社会中的民间法》，法律出版社2005年版，第25页。
② 徐勇：《"政党下乡"：现代国家对乡土的整合》，《学术月刊》2007年第8期。
③ 徐勇：《"行政下乡"：动员、任务与命令——现代国家向乡土社会渗透的行政机制》，《华中师范大学学报》（人文社会科学版）2007年第5期。
④ 苟天来、左停：《从熟人社会到弱熟人社会：来自皖西山区村落人际交往关系的社会网络分析》，《社会》2009年第1期。

因为不停地"添油加醋"而被不断放大。随着20世纪80年代开始尤其是20世纪90年代以后，城乡隔离机制逐渐被冲破、城市对农村劳动力的经济吸纳与社会拒入等结构性因素①，以及农民基于农业比较利益的选择②等，越来越多的农民离开农村涌向城市，成为主要流动在城市的农民工。在农民工的流动所在地，环境利益表达积极分子的污名化也在不同程度地被扩散和放大。

第四，社会转型也为环境利益表达积极分子的去污名化提供了可能。在反对因被污名化而受到限制甚至被剥夺的过程中，可能会存在以污名化对抗污名化的危险③，而我国社会转型则为环境利益表达积极分子的去污名化提供了可能。由于我国发展战略的转变尤其是绿色发展理念和环境保护与治理已由概念转变为国家决策，农村环境利益表达积极分子的利益表达在一定程度上有可能会得到地方政府积极或有效地回应，即地方政府的有所作为。同时，我国社会转型也为农村民间环保组织的生长、媒体机构作用的发挥以及外部草根行动者的支援提供了一定的空间和有利条件，它们在农村环境污染上的介入，也会为揭除地方政府和其他农民赋予环境利益表达积极分子的污名标签提供了可能。

二 环境利益表达积极分子污名化的生成机制

本节选择了笔者在2010年至2016年间访谈过的10个被污名化的环境利益表达积极分子，他们分别来自8个村庄，其中，广东省2个村庄2人，安徽省3个村庄5人，陕西省3个村庄3人。同时，笔者还对这8个村庄的若干农民进行了访谈，对这些村庄的部分农民工进行了电话访谈，走访了这些村庄附近的一些村庄和集市。除了A村所属的广东省H县是经济相对比较发达的地区，其他村庄都处在三个省经济发展相对落后的地区。从环境利益表达的结果来看，有6个村庄是失败的，只有2个村庄总体上是比较成功的（农民获得了一定程度的经济补偿，污染企业虽没有搬迁，但是添加或改进了环保设施，基本上达到了环保标准）。为了研

---

① 吴鹏森:《"民工潮"形成原因的社会结构分析》,《中国农村经济》1997年第6期。
② 宋林飞:《"民工潮"的形成、趋势与对策》,《中国社会科学》1995年第4期。
③ 郭金华:《污名研究:概念、理论和模型的演进》,《学海》2015年第2期。

究方便，笔者对调研的村庄和访谈对象进行了重新编号。村庄编号分别是广东省的 H 县 A 村、L 市（县级市）B 村，安徽省的 W 县 C 村、N 县 D 村、H 县 E 村，陕西省的 F 县 F 村、Z 县 G 村、P 县 H 村（以下简称 A 村、B 村、C 村、D 村、E 村、F 村、G 村、H 村），访谈对象编号分别是 A01、B02、C03、C04、D05、D06、E07、F08、G09、H10（表 7—1）。这里需要说明的是，并不是所有的环境利益表达积极分子都被污名化，因为在这 8 个村庄中，还有其他一些环境利益表达积极分子并没有被污名化。

Link and Phelan 将权力的概念引入到污名研究中，指出污名完全是社会、文化、经济和政治权力的一种产物。他们认为，污名由标签（标记差异）、刻板印象（负面印象）、认知区隔（区别他我）、地位丧失（社会贬低、自我贬低）和歧视（社会排斥）五个要素共同构成，而权力（他我之间的权力差异）则直接决定了这五个要素是否能生产出污名。[①] 管健在 Link and Phelan 研究的基础上，认为污名的过程有这样几个步骤：1. 污名开始于对某个群体的贴标签，被贴标签者与其他人产生了显著差异；2. 当把这些被贴标签者分在负面的一类并在心理与文化上形成一定的社会成见和思维定式后，污名随之产生；3. 这些被贴标签者既而被分离为"不同的"，是"他们"而不是"我们"，一旦这种区分被主流文化所接受和利用，通常会导致社会隔离；4. 作为以上过程的结果，被贴标签者就会丧失很多生活机会和社会地位甚至是被区别对待，如就业、住房、教育、婚姻市场等；5. 被污名化的程度完全视社会、经济和政治权力的可得性而定，亦即除非一个社会群体拥有足够多的资源和影响，否则污名是很难消除的；6. 被污名者往往在公共污名的形成过程中，不断强化自我意识和自我评价，常常带来更多的自我贬损、自尊下降、效能降低、个人情绪低落和安于社会控制与命运安排的心理。[②]

[①] Bruce G. Link and Jo C. Phelan, "Conceptualizing Stigma", *Annual Review of Sociology*, vol. 27, 2001；郭金华：《污名研究：概念、理论和模型的演进》，《学海》2015 年第 2 期。

[②] 管健：《污名的概念发展与多维度模型建构》，《南开学报》（哲学社会科学版）2007 年第 5 期。

表 7—1　　　　　　　环境利益表达积极分子的污名化

省份	村庄	环境利益表达结果	环境利益表达积极分子	污名化情况
广东省	H县A村	失败	A01	被污名
	L市B村	失败	B02	被污名
安徽省	W县C村	总体上比较成功	C03	被污名
			C04	被污名
	N县D村	失败（仅得到一点经济补偿）	D05	被污名
			D06	被污名
	H县E村	失败	E07	被污名
陕西省	F县F村	总体上比较成功	F08	被污名
	Z县G村	失败	G09	被污名
	P县H村	失败（仅得到一点经济补偿）	H10	被污名

在上述研究的基础上，结合社会转型范式和实地调研资料，笔者尝试着建构或是还原这 10 个环境利益表达积极分子污名化的生成机制。这个社会过程一般包括五个步骤：识别"危险分子"、贴标签、形成负面印象、环境利益表达积极分子信任危机、政治与道德审判。我们建构一个模型图来说明这些环境利益表达积极分子污名化的生成机制（图7—1）。

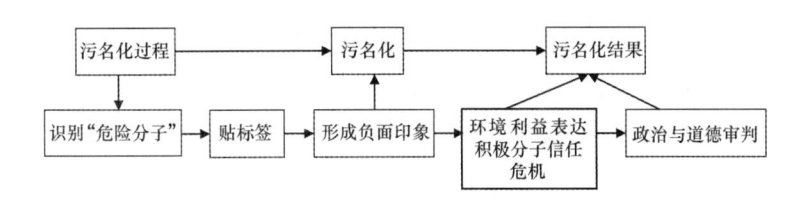

图 7—1　环境利益表达积极分子污名化生成机制模型

1. 识别"危险分子"。由于现代国家权力对农村社会的控制和渗透力明显大大加强，在农村集体性环境利益表达中，社会经济地位越高、社会关系网络规模越大或势力越强的农民，他们参与集体行动的可能性反而越低，基本的逻辑就是集体性环境利益表达是有很大的政治风险的。① 20世纪90年代以后，我国农村社会出现了"人口空心化"现象，农村中剩下的人口大多是老年人、妇女和儿童。在农村社会反污染的环境利益表达中，农村的中老年人往往成为利益表达的主体。在笔者调研的这8个村庄中，环境利益表达的发起者和参与者大多是一些青年农民，在我们了解的相关研究和实地调研中，这种现象在农村社会其实并不多见。这8个村庄的青年农民有将近一半的人在外地务工。其他一些人留在农村，他们除了正常的务农之外，基本上都在农村做一些建筑活，或者到附近的乡镇和县城打一些临时短工。农村留守的老年人在环境污染中抱着能忍则忍、能拖则拖的态度。较之村庄里的老年人，这些发起利益表达行动的环境利益表达积极分子，他们利益表达的意愿和行动是比较坚决的，所以往往会成为一些地方政府干部的"眼中钉"，他们被地方政府污名化的风险更为加大。他们在参与集体性环境利益表达，尤其是暴力性利益表达行动时，因为是经常性的带头"闹事"者，所以通常会被一些地方政府识别为是农村社会中需要"特别提防""重点提防"的"危险分子"。常见的识别方式一般有两种：现场事件中进行识别和事后进行识别。在环境利益表达事件发生过程中，地方政府通常会对此类事件进行定性，大多数集体性利益表达一般上都会被定性为"极少数别有用心的人"煽动"不明真相的群众"的"聚众闹事"，并识别出一些"别有用心"的所谓"危险分子"。在B村、C村、D村和F村的暴力性环境利益表达中，地方政府在事件发生过程中就识别出了B02、C03、C04、D05、D06和F08这6个"危险分子"。在A村、E村、G村和H村，地方政府在环境利益表达事件发生后，通过村干部、污染企业主或其他农民等途径事后识别出了A01、E07、G09和H10这4个"危险分子"。

农民在环境利益表达上的心态是比较复杂的，他们一方面希望环境利益表达积极分子带头开展利益表达；另一方面又担心环境利益表达的风险分担和利益分配问题，加之农村社会的权威正在虚拟化，其他农民也通过两种方式来识别环境利益表达积极分子中的"危险分子"：一是权

---

① 童志锋：《农民集体行动的困境与逻辑：以90年代中期以来的环境抗争为例》，博士学位论文，中国人民大学，2008年。

衡利益表达事件发生前后，环境利益表达积极分子是否比自己多获益，二是了解环境利益表达积极分子是否与地方政府或污染企业有私下交易，这些对他们来说都是危险的，因为他们认为获益多主要是源于私下交易，而有私下交易就会获益或者获益比较多。在环境利益表达失败的 A 村、B 村、E 村和 G 村，一些农民把利益表达失败的原因除了归咎于地方政府和污染企业的强势以外，同时还分别联系到 A01、B02、E07、G09 这些环境利益表达积极分子身上，认为他们已经与污染企业和地方政府私下达成了某种交易。在利益表达失败的 D 村和 H 村，农民仅得到了一点经济补偿。在环境利益表达总体上取得成功的 C 村和 F 村，农民也只是得到了一定程度的经济补偿。但是，这里面有个问题，就是环境利益表达积极分子得到的经济补偿通常比其他农民多。其他农民不了解这实际上是污染企业和地方政府分化他们以后集体性利益表达的手段，反而认为 D05、D06、H10、C03、C04 和 F08 这些人收了污染企业的好处或是与污染企业和地方政府私下达成了某种交易。

2. 贴标签。通过贴标签的过程，被贴上标签的环境利益表达积极分子就与村庄的其他一些农民产生了"显著差异"。这些环境利益表达积极分子被地方政府和其他农民贴上了双重标签。地方政府在识别出农村环境利益表达中的"危险分子"后，试图通过"劝说""拉拢"等方式来规训这些农民，他们会发现有些环境利益表达积极分子似乎比较容易被规训，但另外一些环境利益表达积极分子通常都"比较顽固""很难妥协"，于是就开始给这些人贴上各种各样的标签，其中，A01 是"头脑有问题""神经病"，B02 是"精神病（人）""破坏分子"，C03、C04 是"疯子""破坏分子"，D05、D06 是"刁钻分子""破坏分子"，E07 是"刁民""别有用心（的人）"，F08 是"疯子""捣乱分子"，G09 是"傻子""头脑有毛病"，H10 是"傻子""头脑有问题"。几乎与此同时，其他农民基于揣测、猜忌、不满等心理，一开始是私下，后来逐渐公开地给这些环境利益表达积极分子贴上了各种各样的标签，其中，A01 是"软蛋""没骨气"，B02 是"软蛋""非常不可靠"，C03、C04 是"脚踩两只船""很势利"，D05、D06 是"两面三刀""很势利"，E07 是"很不可靠""投机分子"，F08 是"表面上一套背后一套""投机分子"，G09 是"没骨气""投机分子"，H10 是"非常不可靠""投机分子"。

3. 形成负面印象。地方政府和其他农民把这些被贴上标签的环境利益表达积极分子划分在负面一类并形成了一定的社会成见和思维定式后，这些环境利益表达积极分子的污名就随之产生了。在我们对这8个村庄其他农民的访谈中，只要一提到某个（些）被贴上标签的环境利益表达积极分子，大家几乎没有不摇头的，基本上对其都持有一种负面的刻板印象。如A01、B02、E07、G09"私下收人家（即污染企业主）的钱，替人家办事""不顾乡里乡亲死活"；C03、C04、F08与地方政府和污染企业"勾勾搭搭""贪污大家的补偿款"，还"老是玩阴的"；D05、D06、H10"不仅拿的补偿款多"，还"骗大家"，是"典型的投机分子"。在我们对这10个环境利益表达积极分子的访谈中，他们说其实早就意识到地方政府、污染企业和其他一些农民对他们"有一些看法""印象不太好"。有的人如C03、C04、D05、D06、H10说，可能是因为他们经常带头"闹事"和经济补偿的分配问题；有的人如B02、E07说，可能是因为他们经常带头到污染企业去"闹事"，地方政府对他们的印象肯定不好，"乱扣帽子"，但不知道为什么其他农民对他们也"成见这么深""按理说不应该啊"。

4. 环境利益表达积极分子信任危机。作为上述社会过程的结果，这些环境利益表达积极分子的信任危机开始出现。B02、C03、C04、D05、D06和F08在接受访谈的时候说，因为他们比起其他一些环境利益表达积极分子和老年人来说，可能"比较难讲话""比较顽固""不想低头""坚决抗争到底"，地方政府已经不相信他们了，他们感觉已经失去了地方政府的信任。其实，这背后的原因远远不是他们所认为的那么简单。其他几个环境利益表达积极分子也觉察到了这种信任危机的存在。A01、E07、G09、H10说，他们过去都"比较傻"，可能就是地方政府的"利用工具"，但现在连所谓的工具也不是了。由于我国转型时期农村社会异质化程度的逐步加深、农村社区认同感的不断瓦解，以及农村规范和权威对农民约束力的大大减低，这些环境利益表达积极分子已经很难取得日常性与可持续性的权威地位，再加上其他一些农民基于种种复杂的心理对他们的负面印象，本来正在虚拟化的权威还要再次经受这种负面印象的考量。这些环境利益表达积极分子普遍感觉到了自身面临的信任危机问题。

5. 政治与道德审判。作为信任危机的结果,这些环境利益表达积极分子要不同程度地经受地方政府的政治审判和其他一些农民的"道德审判"。地方政府在形成对这些环境利益表达积极分子的负面印象和不信任感之后,"轻者惩戒,重者监禁",对他们进行政治审判。在农村环境污染中,地方政府会竭尽全力阻止和打压农民的越级上访行为,反复上访的农民会被强制带回进行处罚,甚至被送去劳教或关进精神病院,而集体性利益表达行动很容易与污染企业势力和治安力量发生冲突并引出对农民的刑罚,农民中的关键人物会被以扰乱社会秩序、交通秩序、生产经营秩序或"破坏公私财产"的罪名而被拘留或判刑。[①] C03、C04、D06和F08在环境暴力性利益表达中,因为与污染企业势力和治安力量多次发生冲突而被拘留过,C03、C04和D06曾经几次被拘留。其他一些农民则对这些环境利益表达积极分子进行"道德审判","拷问"他们的"道德问题"。农民社会"道德审判"的方式通常是比较微妙的——没有大规模自发聚集起来的农民,没有所谓的农民"公开大会"进行批斗,一般发生在酒桌上,或在其他农民与这些环境利益表达积极分子因一些"琐事"发生比较激烈的言语或身体冲突中。在笔者的访谈中,了解到这8个村庄其他农民对这些环境利益表达积极分子的"道德审判"曾经多次发生过,使用得比较多的词汇就是"良心""道德""做人"和"人品",使这些环境利益表达积极分子背上了比较沉重的心理压力。

三 环境利益表达积极分子污名化的放大效应

在风险社会中,风险会被社会性地放大。一些本来很小的风险问题或风险事件,经过社会这个大媒介辐射性、多层次与多角度地传播后,公众接受信息后会产生极大的恐慌,或者是获得的信息完全超乎某种风险的实际状况,与专家的评估基本上完全不符,表现为公众对风险事件感知的夸大或缩小。[②] 在我国社会转型时期,污名化现象在传播的过程中,会有不同程度的放大效应,即原本可能是某个特定群体在一定程度

[①] 张玉林:《环境抗争的中国经验》,《学海》2010年第2期。
[②] 常硕峰、伍麟:《风险的社会放大:特征、危害及规避措施》,《学术交流》2013年第12期。

上与局部范围的污名化现象,后来经过人际关系流动、网络空间、广播、电视、报刊等传播途径,这个群体的污名化现象逐渐在跨群体、跨地域、跨文化的更大范围和更大程度上传播和放大。从某种意义上说,在农村环境利益表达中,环境利益表达积极分子的污名化现象也是一种风险事件,这种事件也会被逐步放大。与中老年利益表达积极分子相比,青年利益表达积极分子的污名化放大效应似乎更为显著,其中主要的原因可能就是在当下人口空心化的农村社会中,青年利益表达积极分子作为发起者进行环境利益表达的事例并不多见,所以他们的环境利益表达行动和其他行动更容易引起其他农民和所在村庄外出农民工的关注,更容易成为大家的"谈资"和"靶子"。此外,在其他农民和外出的农民工看来,环境利益表达积极分子虽然有"冲劲",但是因为毕竟还"年轻",可能很容易"干一些出格的事"(主要指他们被规训、妥协或多拿补偿款),"引起大家的议论"。在本节中,这10个环境利益表达积极分子的污名化现象本来在一个非常狭小的空间内存在,然而,随着农村人际关系流动和社会流动,他们的污名化现象逐渐在一个较大的范围内传播,污名化程度也在被不断地放大。这里需要说明的是,地方政府并没有在这种事情上推波助澜。

首先是这8个村庄附近的村庄和集市。这些地方是农民人际关系流动的重要场所。虽然农民越来越原子化,但每个农民家庭都有自己村庄内外的人际关系网络和交往范围,附近的村庄和集市是他们常去的地方,于是某个(些)环境利益表达积极分子的污名化现象无可避免地扩散到这些地方,因为"大家很有兴趣",这个(些)环境利益表达积极分子的污名化程度还在被不断地放大。在我们对8个村庄其他农民的访谈中,C村的一个农民说:"在别的地方(指附近的村庄和集市),大家在一块的时候也经常会聊到这种事(指C03、C04的污名化),听说的人都很生气的,这样就一传十、十传百,这种事不就扩大了嘛,有的人还会添油加醋,本来有的事不是他们干的,现在也当成他们干的了。"(C026)H村的一个农民说:"我们村也好,附近的人也好,没有哪一个人不说他(指H10)道德败坏,这个人年纪轻轻的怎么就这般小人做派呢。"(H033)我们对这8个村庄附近的村庄和集市的走访结果也证实了一些农民的说法。

其次是这些村庄农民工的流动所在地。根据我们的调查了解,这些村庄农民工的流动地主要分布在广东省的S市、G市和Z市、浙江省的Z市、S市和H市、江苏省的N市和W市、安徽省的H市和W市,以及陕西省的X市和A市等。在这些村庄农民工流动的某个地方,某个(些)环境利益表达积极分子的污名化现象也会扩散到这个地方,同样因为"大家比较有兴趣""习惯说说有的人(指环境利益表达积极分子)的所作所为",所以这个(些)环境利益表达积极分子的污名化程度也在被不断地放大。D村一个在江苏省W市务工的农民工说:"这两个人(指D05、D06)嘛,以前打过交道,感觉人还行。现在我们在外面打工,他们在家乡打工。没想到他们为了一点点好处,竟是这样的人。我们村有几十个人跟我一起打工,大家说起他们,都很生气。我们也会跟关系比较好的人说说这种事(指D05、D06的污名化),反正都是骂他们道德败坏。"(D043)F村一个在陕西省A市务工的农民工说:"我们都知道这个人(指F08)过去喜欢揽事,爱出一点风头,在外面打工没有人要他,没有办法就在家里打工。那时候感觉他脾气不好,但人还不错。现在我们在外面打工的,没有人不骂他的。不管怎么说,大家好歹都是一个村的,做人不能不地道。这个人哪,怎么说呢,反正就是道德有点败坏。"(F051)

最后可以看出,这10个环境利益表达积极分子污名化的生成与放大有一个基本的逻辑:他们先是农民心目中的"代言人物",渐次变成"私利小人",然后是"道德有问题",最后变得"道德败坏"。在从这些环境利益表达积极分子污名化到污名化放大的过程中,其他农民以及农民工的单方认知,所谓的"事实判定"以及单面信息传递起到了核心、关键的作用,而这些环境利益表达积极分子因为担心"越抹越黑""到时候怕一点面子都没有了",除了在关系非常要好的亲戚和朋友面前"多说上几句(辩解的话)",除了和其他农民吵架的时候"实在是忍不住了",他们在其他人面前基本上"没有为自己说过话"。

四 研究结论与进一步的讨论

本节基于从"结构—权力"到"社会转型"的范式转换,从识别"危险分子"、贴标签、形成负面印象、环境利益表达积极分子信任危机、政治与道德审判5个步骤建构了农村环境利益表达积极分子污名化的生成机制，并主要从我国社会转型时期农村人际关系流动和社会流动现象入手，分析了这些环境利益表达积极分子污名化的放大效应。在这些环境利益表达积极分子污名化生成与放大的过程中，国家权力的控制和渗透、农村权威的虚拟化、农村的人际关系流动和社会流动、农民的利益取向与认知偏差、信息传递的单面性等构成了主要的或是部分的影响因素。

比照之前关于污名的研究，本节的研究没有发现这些环境利益表达积极分子遭受社会隔离，毕竟，现在的农村还是一个"半熟人社会""无主体熟人社会"或者是"弱熟人社会"，这些环境利益表达积极分子不像污名研究中的麻风病人、艾滋病人、精神病人等那样会遭遇社会排斥和隔离。虽然他们有着沉重的心理负荷，但他们中没有一个人因为自我贬损、自尊下降、效能降低、个人情绪低落和安于社会控制与命运安排的心理而导致的自我污名，因为他们坚信自己"虽然可能是有那么一点点问题"，但"总体上是被误解和偏见的""总有一天大家会明白的"。这种现象的出现说明了未来的污名研究还需要社会心理学的深度介入和跟进。此外，我国社会转型中发展战略的转变、农村民间环保组织、媒体机构、外部草根行动者、农村环境利益表达积极分子自身、其他农民以及农民工在何种程度上以及如何为农村环境利益表达积极分子的去污名化提供可能，也需要社会学、政治学、传播学的交叉研究。笔者提出以下思路供后来的研究者作为参考：一是地方政府在农村环境利益表达上要"有所应"，即要积极或有效地回应，而不是对其一味打压或包庇污染企业，这里强调地方政府的有所作为；二是农村民间环保组织、媒体机构和外部草根行动者在农村环境利益表达上要"有所为"，即积极介入农村环境利益表达，主动为揭除农村环境利益表达积极分子的污名标签做出努力；三是农村环境利益表达积极分子在去污名化的过程中要"有所动"，即主动与地方政府、其他农民、农民工进行沟通接触，积极参与而不是逃避或回避农村公共事务；四是其他农民和农民工要"有所察"，即通过深入观察或再观察去除单方认知、所谓的"事实判断"，重新"认识"农村环境利益表达积极分子。凡此种种，或许是消除农村环境利益表达积极分子污名化问题的一些方法。最后，污名现象关涉身体、心理、情感、认知、价值、结构、制度乃至社会习俗等多个层面,以及网络社会时代泛污名化现象的出现,也需要心理学、社会学、人类学、民俗学的跨学科合作,把污名研究向前深入推进。

第八章

农民在环境利益表达中的失败与沉默

在调研的65个村庄中,农民环境利益表达成功的村庄只有8个,57个村庄的农民环境利益表达是失败的。而且,在有些村庄,农民在利益表达失败以后出现了沉默现象。在这种沉默现象的背后,到底有着怎样的社会—心理机制在发挥作用?本章在学界相关研究成果的基础上,尝试对此做出一定的分析和解释。[①]

第一节 农民在环境利益表达中的失败与沉默

一 文献回顾

20世纪90年代以来,随着我国环境社会学、环境政治学、环境法学等学科的发展成熟和不断壮大,农民环境利益表达研究的文献逐渐丰赡起来。在现有的研究中,有少量的文献表明,农民环境利益表达出现了完全意义上的成功、总体上比较成功或有限成功的案例。[②] 然而,有相当

---

① 这部分的主体内容发表于《南京工业大学学报》(社会科学版)2016年第3期。
② 景军:《认知与自觉:一个西北乡村的环境抗争》,《中国农业大学学报》(社会科学版)2009年第4期;张金俊:《集体记忆与农民的环境抗争:以安徽汪村为例》,《安徽师范大学学报》(人文社会科学版)2018年第1期;童志锋:《变动的环境组织模式与发展的环境运动网络:对福建省P县一起环境抗争运动的分析》,《南京工业大学学报》(社会科学版)2014年第1期;陈涛:《国家介入背景下的底层环境抗争研究》,《河海大学学报》(哲学社会科学版)2015年第3期;陈绍军、白新珍:《从抗争到共建:环境抗争的演变逻辑》,《河海大学学报》(哲学社会科学版)2015年第3期;邓燕华:《中国农村的环保抗争:以华镇事件为例》,中国社会科学出版社2016年版,第201—202页。

多的研究文献表明，农民环境利益表达的结果往往是失败的。

陈占江、包智明在研究中发现，农民环境利益表达并没有能从根本上改善自己的生存状况。农民近年来接连不断地死于癌症这种恶性疾病，农田损失赔偿迟迟不能到位，地方政府的承诺依然没有兑现，地方黑恶势力与村庄精英不断从环境利益表达中牟取利益，这些都严重挫伤了农民继续进行环境利益表达的积极性。面对环境污染，是继续进行利益表达，还是选择静默或是逃离，农民社会内部已经发生了很大分歧，集体性环境利益表达行动也很难动员和组织起来。① 农民在环境利益表达初期的拦路、谩骂以及打闹等抗争行为是他们原始抵抗的表现，这种努力不能说是完全失败的。② 但是，也不能说是成功的，毕竟农民受到一定程度的伤害，他们的诉求也没有完全得到满足。农村环境污染问题难以得到有效解决，是与我国当前对地方政府的政绩考核机制、相关职能部门缺乏独立性以及比较滞后的法律制度等因素密切相关的。③ 导致农民更容易受到环境污染伤害的力量（包括资本以及权力等），恰恰也是决定着他们的环境利益表达难以成功的力量。笔者利用"诉苦型上访"分析框架研究农民的环境信访行为时，发现由于地方政府没有被动的或主动的有所作为，多数村庄的农民环境信访是不成功的。由于地方政府在农村环境污染中的"政治合理""机会主义""污染合理""不作为"与"不出事"等逻辑以及农民的"生存主义""风险最小""情理主义"与"面子主义"等逻辑，农民在很大程度上或者是完全意义上还是要依靠地方政府来解决农村的环境污染问题。司开玲的研究发现，农民由于受到知识与权力的影响和限制，对人与自然进行客观化知识手段的"审判性真理"影响和限制了他们对环境污染以及环境污染受害的证明。④ 由于农民自身的局限性以及农村环境污染缺乏建构的土壤，农民不能最终制止污染企

---

① 陈占江、包智明：《制度变迁、利益分化与农民环境抗争：以湖南省 X 市 Z 地区为个案》，《中央民族大学学报》（哲学社会科学版）2013 年第 4 期。

② 李晨璐、赵旭东：《群体性事件中的原始抵抗：以浙东海村环境抗争事件为例》，《社会》2012 年第 5 期。

③ 罗亚娟：《乡村工业污染中的环境抗争：东井村个案研究》，《学海》2010 年第 2 期。

④ 司开玲：《农民环境抗争中的"审判性真理"与证据展示：基于东村农民环境诉讼的人类学研究》，《开放时代》2011 年第 8 期。

业的肆意排污行为，或者通过利益表达让污染企业搬迁，他们的利益表达行动注定是很难成功的。笔者在关于广东省、安徽省和陕西省 65 个村庄农民环境利益表达现象的调查和研究中发现，有绝大多数的农民环境利益表达行动往往是失败的。陈涛从抗争困境论、政治机会结构论、文化与心理论、网络与策略论以及性别差异论等理论维度出发，也分析了一些文献中关于农民环境利益表达失败的研究。[①]

以上基于国家与农民关系、地方政府的行为逻辑、政经一体化机制、污染企业与农民关系、农民自身因素、农民与外部资源的联系等研究，重点关注的是对农民环境利益表达过程、特点、制约因素以及失败原因等的探讨，这对本节的研究有着重要的启发意义，在此基础上，笔者还想进一步探讨农民环境利益表达失败后出现的沉默现象，及其背后复杂的社会—心理机制问题，以期把以往的研究再向前推进一步。

二 农民在环境利益表达中的失败与沉默

本节从 65 个村庄中选择了 8 个村庄，其中广东省 2 个村庄，安徽省 3 个村庄，陕西省 3 个村庄。这些村庄都是在三个省份经济发展相对比较落后的地区（表 8—1）。

首先需要说明的是，就个案研究的典型性而言，本节选择的 8 个村庄都没有场面宏大的利益表达场景，农民的利益表达没有媒体机构的支持性报道，没有专业法律援助组织的帮助，没有民间环保组织的参与，也没有跨村庄、跨地区的联合行动。但是，这样的个案选择还是具有一定的典型性意义的，因为其还是能够集中体现研究的某一种类别。从学术研究的角度来看，"轰轰烈烈、波澜壮阔"的农民环境利益表达景象是一种研究典型，而"普普通通、平淡无奇"的农民环境利益表达景象则是另一种研究典型，或许，正是这样的农民环境利益表达景象，才更能反映出中国普通农民的生活常态与利益表达常态，毕竟，遭遇农村环境

[①] 陈涛：《中国的环境抗争：一项文献研究》，《河海大学学报》（哲学社会科学版）2014 年第 1 期。

污染的千千万万的中国农民就是这样来安排他们自己的日常生产与生活的。①

表 8—1　　　　　　　　农民环境利益表达概况

省份	村庄	污染企业类别	污染类型	环境利益表达时段（年）
广东	G 市 R 村	采石厂	粉尘污染，噪声污染	2002—2010
	L 市 X 村	化工厂	废水污染	2004—2011
安徽	N 县 L 村	化工厂	废水污染	2003—2009
	J 市 T 村	化工厂	铅污染，空气污染	2003—2009
	Y 县 W 村	砂石厂	粉尘污染，噪声污染	1995—2010
陕西	F 县 Y 村	采石厂	粉尘污染，噪声污染	2003—2011
	W 县 B 村	石油厂	废水污染，石油污染	1996—2010
	P 县 P 村	化工厂	废水污染，空气污染	2004—2010

在环境利益表达的原因上，8 个村庄的农民环境利益表达大致受到环境维权意识、健康风险担忧、经济利益需求、内心不满情绪、村庄脉络延续考虑以及地方性文化（社区规范）等的影响，但是各个村庄农民环境利益表达的原因又不尽相同，虽然有一定的区域差异，但不明显（表8—2）。

表 8—2　　　　　　　　环境利益表达原因

省份	村庄	环境利益表达原因
广东	G 市 R 村	环境维权意识（较弱），经济利益需求，健康风险担忧，内心不满情绪
	L 市 X 村	环境维权意识（较强），经济利益需求，健康风险担忧，内心不满情绪，村庄脉络延续考虑

---

① 张金俊：《农民的抗争与沉默：转型时期安徽两村农民环境维权研究》，博士学位论文，中国人民大学，2012 年。

续表

省份	村庄	环境利益表达原因
安徽	N县L村	环境维权意识（较强），经济利益需求，健康风险担忧，内心不满情绪，村庄脉络延续考虑
	J市T村	环境维权意识（较弱），经济利益需求，健康风险担忧，内心不满情绪，村庄脉络延续考虑
	Y县W村	环境维权意识（较弱），经济利益需求，健康风险担忧，内心不满情绪
陕西	F县Y村	环境维权意识（较弱），经济利益需求，健康风险担忧，内心不满情绪
	W县B村	环境维权意识（较强），经济利益需求，健康风险担忧，内心不满情绪，村庄脉络延续考虑
	P县P村	环境维权意识（较强），经济利益需求，健康风险担忧，内心不满情绪

从环境利益表达的发起者来看，有6个村庄的环境利益表达积极分子是男性的中年人或者是老年人。但是，有的村庄如安徽省J市T村、陕西省F县Y村由于是个体性环境利益表达行动，就没有所谓的环境利益表达积极分子（表8—3）。

表8—3　　　　　　　环境利益表达积极分子

省份	村庄	环境利益表达积极分子
广东	G市R村	老年人
	L市X村	老年人
安徽	N县L村	中年人
	J市T村	无
	Y县W村	老年人
陕西	F县Y村	无
	W县B村	中年人
	P县P村	老年人

从环境利益表达的主体来看，由于转型时期农村社会流动不断加剧和农村人口空心化现象，因此8个村庄的环境利益表达主体都是以老年人和妇女为主（表8—4）。

表8—4　　　　　　　　　环境利益表达主体

省份	村庄	环境利益表达主体
广东	G市R村	老年人，妇女
	L市X村	老年人，妇女
安徽	N县L村	老年人，妇女
	J市T村	老年人
	Y县W村	老年人，妇女
陕西	F县Y村	老年人
	W县B村	老年人，妇女
	P县P村	老年人，妇女

在环境利益表达的方式上，8个村庄的环境利益表达方式主要有自力救济、求助媒体和环境信访三种类型（表8—5）。

表8—5　　　　　　　　　环境利益表达方式

省份	村庄	环境利益表达方式
广东	G市R村	环保自力救济（集体与污染企业协商），求助媒体，环境信访（集体性的）
	L市X村	环保自力救济（集体与污染企业协商、暴力维权），环境信访（集体性的）
安徽	N县L村	环保自力救济（集体与污染企业协商、暴力维权），求助媒体，环境信访（集体性的）
	J市T村	环保自力救济（个体与污染企业协商），求助媒体，环境信访（个体性的）
	Y县W村	环保自力救济（集体与污染企业协商），环境信访（集体性的）

续表

省份	村庄	环境利益表达方式
陕西	F县Y村	环保自力救济（个体与污染企业协商），环境信访（个体性的）
	W县B村	环保自力救济（集体与污染企业协商），求助媒体，环境信访（集体性的）
	P县P村	环保自力救济（集体与污染企业协商），求助媒体，环境信访（集体性的）

从环境利益表达的结果来看，8个村庄的集体性或是个体性的与污染企业协商的环保自力救济行动基本上没有什么结果，参与利益表达行动的农民或被污染企业的暴力所吓退，或遭遇污染企业与地方政府的联合暴力，或被污染企业主的话语所劝退，或被地方政府官员的话语所"说服"。有的村庄参与利益表达行动的农民尽管获得了一点经济补偿或赔偿，但与遭遇的环境污染相比是非常微不足道的。农民的环境利益表达也没有得到媒体机构和地方政府的有效回应或是支持，有的农民在环境信访中还被地方政府官员"劝服"。从总体上来说，这些村庄的环境利益表达是失败的。（表8—6）

笔者在调研中发现，有些村庄的农民已经非常不情愿地再讲起他们所谓的环境利益表达经历了，他们说一年年下来，已经见过不少所谓的研究人员和大学生了，他们实在是太累了，真的不想再说了，不愿再提起了。8个村庄农民环境利益表达的失败固然令人担忧这些村庄的环境污染和农民的生存状态问题，但这好像还不是主要的方面，更让人忧虑的是他们在利益表达失败以后出现的沉默现象。用他们的话来说，"做了好多的努力，都没有办法成功"，他们在环境利益表达上已经"没有信心""失去信心了"，认为他们"闹来闹去"得已经没有什么意义了，不想再到污染企业去"闹"了，"没结果""也没意思"。2010年前后，这些村庄的环境利益表达行动逐渐销声匿迹，不仅集体性的环境利益表达行动没有再发生，就连零星的、分散的、孤立的个体性的环境利益表达行动也没有发生。

表 8—6　　　　　　　　　　　环境利益表达结果

省份	村庄	环保自力救济	求助媒体	环境信访	环境利益表达结果
广东	G 市 R 村	被"劝退"，基本上无效	无结果	无结果，被"劝服"	失败（仅得到一点经济补偿）
	L 市 X 村	被"劝退"，遭遇暴力，无效		无结果，被"劝服"	失败
安徽	N 县 L 村	被"劝退"，遭遇暴力，基本上无效	无结果	无结果，被"劝服"	失败（仅得到一点经济补偿）
	J 市 T 村	被"劝退"，无效	无结果	无结果，被"劝服"	失败
	Y 县 W 村	被"劝退"，基本上无效		无结果	失败（仅得到一点经济补偿）
陕西	F 县 Y 村	被"劝退"，无效		无结果，被"劝服"	失败
	W 县 B 村	被"劝退"，无效	无结果	无结果，被"劝服"	失败
	P 县 P 村	被"劝退"，基本上无效	无结果	无结果，被"劝服"	失败（仅得到一点经济补偿）

第二节　农民从环境利益表达失败到走向沉默的社会—心理机制

广东省、安徽省和陕西省这 8 个村庄具有偶发性、临时性、短暂性以及事件性等特点的环境利益表达失败后，农民出现了沉默现象。是什么样的社会—心理机制让他们失去了利益表达的信心最终走向了沉默？这是很值得思考、探索和研究的农村社会现象。我们知道，社会学的一个重要任务就是解释某一个或某些社会现象，有不少的社会学研究者常常运用社会机制来解释某一个或某些社会现象。社会机制比较重要的特点就是从结构的、制度的、整体的、群体行为等层面去发掘某一个或某些社会现象背后的真正事实,并建立某种或某些因果联系。有些研究者在研究社会现象时也会运用心理机制。心理机制主要是从个体或群体的心理层面去分析个体或群体的某种或某些心理或社会现象,并建立某种或某些因果联系。由于农民在环境利益表达失败后走向沉默这种社会现象的复杂性,笔者以为单纯地从社会机制或心理机制出发,很难得出令人满意或信服的分析和解释。由此本节试图融合一下社会机制和心理机制,从结构、制度、群体行为以及群体心理等层面,来分析和解释农民沉默这种社会现象的发生,因此使用了"社会—心理机制"而不是"社会心理机制"这样的表述。同时,我们还必须清楚的是,本节中8个村庄的农民从环境利益表达失败到走向沉默的社会—心理机制,可能只是从某几种因果机制入手去进行分析和解释,而不是试图构建一个宏大的逻辑体系、追寻所谓的具有普适性的因果关系规律。笔者发现,8个村庄的农民在利益表达失败后走向沉默的社会—心理机制主要有三种,分别是暴力性惩罚、劝服性规训以及模仿性屈从,它们在极大程度上导致了这些村庄的农民从利益表达失败走向沉默。

一 暴力性惩罚

暴力性惩罚是有些地方政府、污染企业对付农民到污染企业开展利益表达行动的一种比较常用的手段。地方政府在农民环境利益表达中动用的力量主要包括人民警察、武警战士和"治安联防队员",污染企业动用的力量有家族势力、地痞流氓或者地方黑恶势力等。暴力性惩罚强调的是对利益表达者,尤其是利益表达积极分子的身体暴力,让他们既有疼痛体验又产生惧怕心理,惩罚的主要目的是为了不让农民冲击污染企业或政府机关,保障企业的正常生产与政府机关的正常办公。在我国转型时期农村人口空心化、半熟人社会和社区规范弱化的背景下,地方政府、污染企业使用这样的手段对付那些前来进行利益表达的老年人和妇女,可以更好地起到所谓"杀一儆百、以儆效尤"的效果。地方政府或污染企业最微妙的压制公众利益表达行动的形式,就是将公众的这种利益表达行动定性为扰乱社会治安,强调公众行为是不合法的,从而孤立公众的利益表达行动,避免律师、民间组织、媒体机构等外界力量的支持和声援①，以方便他们行使对利益表达者的直接暴力性惩罚。在笔者调研的 8 个村庄中，很多青壮年劳动力长期在农村缺席，有的人甚至经年不归，留守的那些老年人和妇女是村庄里身体上和意志上的双重弱者，他们中的大部分人经不住地方政府、污染企业的暴力性惩罚或者两者联合起来的暴力性惩罚。

在广东省 L 市 X 村，农民的暴力性利益表达行动先后有三次，都是由妇女来完成的。妇女充当暴力性利益表达的先锋，既是一种策略——他们认为这样的话不会有非常激烈的肢体冲突发生，而且妇女们应该不会被打，更是一种我国转型时期农民社会的无奈举动。X 村农民第一次的暴力性利益表达行动让污染企业主猝不及防，但是到了第二次，尤其是第三次，污染企业主雇佣的几十个"保安人员"把领头的妇女和其他一些妇女、老年人打伤了，极大地震惊了所有参与暴力性利益表达行动的农民，农民受到了不同程度的"惊吓"，心生恐惧。在安徽省 N 县 L 村，污染企业雇佣黑恶势力对参与暴力性利益表达的农民进行殴打和威胁，当地镇政府在农民聚集在污染企业前人数比较多的时候，也会动用派出所警察和"治安联防队员"对付前来进行利益表达的农民，领头的农民在利益表达行动结束后还会受到一些黑恶分子三番五次地谩骂、威胁甚至殴打。在没有集体性暴力利益表达行动发生的村庄，如广东省 G 市 R 村、安徽省 Y 县 W 村、陕西省 W 县 B 村、P 县 P 村，农民只是基于相关环保法律法规或情理与污染企业主进行所谓的协商与谈判，但是，每一次在污染企业主的身边，都"簇拥"着一批污染企业雇佣的"保安人员"，这对参与利益表达行动的农民来说，无形中是一种潜在的"符号性威胁"，可以称之为"威胁性的暴力"。在发生个体性环境利益表达的安徽省 J 市 T 村和陕西省 F 县 Y 村，污染企业主比较强大的家族势力就是一种潜在的"符号性威胁"或"惩罚"的力量，这也从一个侧面说明了为什么没有集体性利益表达行动在这两个村庄发生。安徽省 J 市 T 村两个到当地镇政府秘密上访的农民，在回来后因为"其他原因"被严重殴打。有的农民就说，上面没有人（即没有很强的关系网络，没有家人或

---

① Jennifer Holdaway、王五一、叶敬中、张世秋主编：《环境与健康：跨学科视角》，社会科学文献出版社 2010 年版，第 224 页。

亲戚是做大官的），上访是没有用的，更别说到镇政府了，那不是农民该去的地方，不是明摆着回来要被打吗！陕西省 F 县 Y 村也有几个农民到当地镇政府去上访，在他们回来的路上，就遭到了污染企业家族人员的谩骂和人身威胁，如果"还嘴"，即刻就会被殴打一番。农民在一次次的暴力性惩罚或威胁性的暴力面前，逐渐不敢再进行利益表达或是彻底放弃了利益表达。

二 劝服性规训

与暴力性惩罚的身体暴力或威胁性的暴力手段不同，劝服性规训是一种比较温和的"和平性"手段，主要是污染企业主、地方政府官员通过"摆事实""讲道理"或者是"训斥"的"劝说"方式对付那些到污染企业进行利益表达、到政府部门上访或者冲击政府机关的农民，目的就是为了驯服这些"不听话""不安分守己"、想要通过利益表达的方式来实现诉求的农民，让他们循规蹈矩，做好老实本分的农民。用农民的话来说，毕竟污染企业、地方政府的"嘴巴大"，老百姓的"嘴巴小"，进行利益表达的农民有时候是"不得不服"。

在广东省 G 市 R 村、L 市 X 村、安徽省 N 县 L 村、Y 县 W 村、陕西省 W 县 B 村、P 县 P 村，有的农民曾经反复地去找污染企业主协商，但是每次想见面都很难，好不容易有机会见面了，污染企业主总是先"摆事实""讲道理"，然后再来个一番严厉"训斥"，农民总是很无奈，总是无功而返。污染企业主好像都是同一张面孔。安徽省 J 市 T 村和陕西省 F 县 Y 村的污染企业主总是依靠自己在当地农村的所谓"威望"和"蔚为壮观"的家族势力，通过"训斥"的方式"劝退"了一个又一个前来跟他们"讲理"的农民，而且是"屡试不爽"，以至于他们已经养成了以"训斥"这种方式来解决问题的习惯。不仅这些污染企业主有着近乎一致的行为模式，地方政府部门的行为模式好像也是高度一致的。广东省 G 市 R 村、L 市 X 村的农民曾经找过镇里的主要领导，镇里的领导说，广东省很多地方都很发达了，这里也需要发达起来，希望大家以大局为重，不要计较眼前的一点小小的环境污染。发展经济免不了会产生环境污染，不过都是暂时的，等经济发展起来了，再治理环境污染。农民很无语，也很无奈。在安徽省 N 县 L 村 2008 年的一次暴力性利益表达行动中，当地镇政府的一个领导出面"劝服"和"劝走"了前来进行利益表达的农民。他说镇上好不容易有这么一家企业，如果企业搬走了，镇里的财政收入就没有了来源，请农民一定要体谅镇里的苦衷，并说要让这家企业尽快添加环保设备保证达标排放。但是后来的事实证明，这一切只是口头承诺而已。在农民三次规模比较大的环境信访事件中，N县政府领导和镇里的领导采取了"讲道理"（即强调污染合理，说发展经济免不了要污染生态环境，不过这些都是暂时的，后来治理一下环境污染，生态环境就会好的）、"联合村干部一起劝说"等手段"劝走"了上访的农民。农民后来说，他们"这些话其实都是骗人的""骗了我们一次又一次""没办法再找他们上访了，也没办法再相信他们了"。安徽省J市T村农民在上访的过程中，镇里的领导运用了"摆事实"（说铅厂在政府的监督下早已经实现了环保式生产运营，环境污染基本上没有了，而且铅厂非常有力地带动了当地的经济发展，极大地提高了当地农民的收入水平，改善了当地农民的生活条件）、"讲道理"（说再到县政府上访已经没有什么意义了，如果铅厂真的搬到别的地方，T村的经济发展就会倒退几十年，大家又会处在忍饥挨饿的状态）的方式"说服"和"劝走"了上访的农民。安徽省Y县W村的农民曾经找过县环保局的领导上访，县环保局很快给出了答复，"经严格检测，砂石厂环保达标"，这种"摆事实"方式让农民很是无奈。面对陕西省F县Y村、W县B村、P县P村上访的农民，当地县政府和镇政府的领导几乎都是同一个口径，尤其是W县政府的一位领导为了让农民"信服"，"语出惊人"，他说石油是国家的经济命脉所在，农民这样上访影响很不好，会影响到国家经济发展的大局，会犯严重的错误，要上访的农民"三思而行"。农民在一次次的"训斥"和"劝服"面前终于被规训，渐渐停止了在农村环境污染上的利益表达行动。

三 模仿性屈从

在暴力性惩罚与劝服性规训这两种社会—心理机制的巨大外部压力下，广东省、安徽省和陕西省8个村庄的农民在农村环境污染面前开始有了模仿性屈从的表现。从某种意义上说，屈从是源于剥夺的，农民环境利益表达的权利被污染企业、地方政府剥夺了。在这些村庄中，如果农民发现别人都不再采取利益表达行动了，他们自己也不敢或不愿再行动起来，他们在"生存主义"逻辑与"风险最小"逻辑的支配下，"害怕""恐惧""怕出事""怕报复""后怕"等社会心理特征表现得特别明显。他们逐渐对通过采取环境利益表达的方式来改善农村环境污染状况已经不再抱有什么希望了，觉得他们的环境利益表达既然没有什么结果，再去进行利益表达，就已经没有什么意义了，因为还会是没有什么结果，他们已经普遍失去了继续进行环境利益表达的信心。

在广东省G市R村、L市X村农民的环境利益表达失败以后，农民发现几个环境利益表达积极分子每天基本上都是日出而作、日落而息，午饭后闲暇时去打打麻将或者是随便聊一些跟他们村环境污染无关的人和事，他们也都不再去触碰他们村环境污染的话题，更不再想着要去采取利益表达行动了。农民们在日复一日的农村环境污染面前，过着好像跟过去没有环境污染的时候一样的、非常平静的田园生活，有的农民在接受访谈的时候表现得相当迟钝和木讷。在安徽省N县L村和Y县W村，自从环境利益表达积极分子变得"老老实实"以后，其他农民也失去了继续进行利益表达的勇气，因为他们"一起失去了信心"，都不想再继续进行利益表达了。在安徽省J市T村，当个别与污染企业主理论或上访的农民被污染企业、地方政府暴力性惩罚和劝服性规训以后，农民相互之间的模仿性屈从表现得特别明显，他们说，在铅污染面前"已经没有任何出路了""只能过一天算一天了""看不到希望，也看不到出路"。在陕西省F县Y村、W县B村和P县P村，农民也都在模仿性屈从中失去了继续进行利益表达的信心。另外，还需要指出的是，笔者在调研的过程中，发现了这样一个现象，即农民之间的闲话在他们的模仿性屈从行为中扮演了比较重要的角色。如果有人因为暴力性惩罚、劝服性规训停止了利益表达行动，经过农民互相之间茶余饭后的闲话和口头传播，很快就会感染村里越来越多的农民甚至是附近村庄的一些农民，这些农民也会或先或后地表现出不再继续进行利益表达的模仿性屈从行为。用他们自己的话来说，在环境利益表达中"单打独斗的，肯定是不行的"，一起去"闹"也是不行的，找政府部门也是不行的，现在"已经没有任何办法了""就这么过下去吧"。

在学界关于农民环境利益表达研究成果的基础上，笔者先从广东省、安徽省和陕西省 8 个村庄农民环境利益表达的原因、利益表达积极分子、利益表达主体、方式以及结果出发,然后探讨了农民从环境利益表达失败到沉默的社会现象及其背后复杂的社会—心理机制,把以往的研究向前推进了一步,认为暴力性惩罚、劝服性规训以及模仿性屈从这三种社会—心理机制的合力作用在极大程度上导致了农民在环境利益表达失败后走向沉默。由于农民是我国政治、经济以及社会地位上的底层弱势群体,他们在权力和资源的分配上处于非常明显的弱势地位,暴力性惩罚、劝服性规训以及模仿性屈的社会—心理机制实际上根源于当前我国特定的社会结构、制度、在农村社会中各种既存的权力与利益的结构之网以及已经明显弱化了的农村社区规范等。

比照之前的研究,本节的研究虽说向前迈进了一步,但仍有一些问题需要我们进一步讨论。一是广东省、安徽省和陕西省 8 个村庄的农民在环境利益表达失败后,选择了以沉默的方式面对农村环境污染,不知道这究竟是这些农民的无知与不幸,还是我们国家与地方政府的沉重与悲哀?二是在我国转型时期,在社会结构与制度的压力下以及农村社会的异质化程度不断加深、农村社区规范不断弱化、人口空心化、农民日益原子化等背景下,这些沉默的农民是否还会醒来或被唤醒?他们如何醒来?又如何才能被唤醒?三是在转型时期,我国经济社会发展战略转变,尤其是绿色发展理念和环境保护与治理,已经由概念转变升华为国家决策之时,为什么解决农村的环境污染问题总是需要农民去进行利益表达?四是由于农民从环境利益表达失败到沉默这种现象涉及地方政府的行为逻辑、城乡二元社会结构、农村社会结构、各种正式和非正式的制度、农民的社会心理、农村环境污染中的利益相关者等诸多层面,需要社会学、心理学、政治学、传播学以及经济学等的跨学科合作,把相关研究向前深入推进。

第三节 农民单向度人格的生成与效应

如前所述,农民在环境利益表达中能够取得成功的案例非常少见,而利益表达失败的案例却非常多见。前面一节阐释了农民环境利益表达失败后的沉默现象及其背后的社会—心理机制,本节的研究则是对前一节研究的进一步深化,即在学界相关研究成果和前一节研究案例的基础上,探讨农民在环境利益表达失败、失败后的沉默、沉默后的主体认同、交往实践中的强化等一系列社会过程中生成的单向度人格,并分析农民这种单向度人格所产生的波纹效应,把以往的研究再向前推进一步。

一 农民单向度人格的生成过程

在广东省、安徽省和陕西省的这 8 个村庄,农民在环境利益表达失败以后出现了沉默现象,而且,值得我们进一步关注和研究的是,农民在对自身的主体认同中,负面的认知成分越来越多,在日常交往实践中又不断强化对自身的负面认知,最终生成了单向度的人格,并呈现出一种波纹式的影响效应。

"单向度"一词是赫伯特·马尔库塞(Herbert Marcuse)在描述发达资本主义工业社会时所使用的一个特定用语。发达资本主义以前的社会是个双向度的社会,私人生活和公共生活是有差别的,个人可以合理、批判地考虑自己的需求,而发达资本主义工业社会在科学、艺术、哲学、日常思维、政治体制、经济和工艺等方面基本上都是单向度的,人们内心的批判性、超越性思想受到抑制。[①] 赫伯特·马尔库塞认为,发达资本主义工业社会已经蜕变成一个新型的极权社会,它非常成功地压制了反对派和反对意见,以及人们内心的否定性、批判性和超越性向度,这样的社会成了一个肯定的单向度的社会,人们则变成了失去反抗性、否定性、批判性和超越能力的单向度的人。[②] 笔者在这里想要说明的是,本节中的"单向度人格"一词是在赫伯特·马尔库塞提出的"单向度"一词的基础上建构和发展出来的,用来指称农民在农村环境污染中的无奈、无力、忍耐与无反抗心理这一人格向度。本节无意去涉及任何的意识形态评判,在本节中,农民的单向度人格是指一个或若干个村庄中多数农民,在农村环境污染中所共同具有的某种整体的、比较稳定的社会心理

[①] 马自力:《马尔库塞的"单向度"理论及其现实意义》,《社会科学辑刊》2001 年第 6 期。

[②] [美] 赫伯特·马尔库塞:《单向度的人:发达工业社会意识形态研究》,刘继译,上海译文出版社 2008 年版。

特征。农民单向度人格的生成有一个具体的社会过程,其产生的影响也像波纹一样一圈一圈地缓缓向外推及。

这8个村庄农民单向度人格的生成过程可以分为四个阶段,即环境利益表达失败、失败后的沉默、沉默后的主体认同以及交往实践中的强化等阶段。

(一)第一个阶段:环境利益表达失败

这8个村庄的农民在农村环境污染面前,都曾经非常努力地开展了一系列环境利益表达行动,包括协商、谈判、暴力、求助媒体、进行环境信访等,有些农民反污染的利益表达行动断断续续地持续了十几年。然而,无论是他们的环保自力救济、向媒体求助,还是环境信访,都没有取得成功。他们环境利益表达的失败有多种影响因素。外部影响因素主要包括三个方面,一是当地政府部门在"机会主义""污染合理""不作为""不出事"等行为逻辑支配下,保护污染企业,轻视农民诉求。这些地方政府部门基于单向度的经济增长渴求、自身政绩的诉求甚或利益的追求等,往往很少顾及农村环境污染的代价,使得这些农民成为农村环境污染中最直接的受害者。在地方政府的这些行为逻辑下,农民的环境利益表达通常难以成功。地方政府的暴力性惩罚与劝服性规训,一次次的利益表达失败,都在影响和销蚀这些农民继续进行环境利益表达的信心。这些地方政府作为地方环境保护的主导力量,其合法性正在不断受到这些村庄农民的质疑。二是污染企业的暴力主义取向。有一项研究指出,污染企业常常通过暴力来阻止反污染的利益表达行动,他们以当地警察为后盾,用暴力驱散进行抗议或封锁的农民,甚至在农民的抗议或封锁结束以后,他们纯粹出于报复而实施暴力行为。[1] 在笔者研究的这8个村庄中,在村庄内落户的或者村庄附近的污染企业,有的污染企业主雇佣一批"保安人员"(很多人都是当地的"地痞")来保护企业正常的生产运营,有的污染企业主家族势力在当地农村比较强大,还有的污染企业主勾结地方黑恶势力。这些农民在利益表达前、利益表达过程中或利益表达行动结束后,随时都会遭遇各种威胁和危险,尤其是在利

---

[1] Jennifer Holdaway、王五一、叶敬中、张世秋主编:《环境与健康:跨学科视角》,社会科学文献出版社2010年版,第233页。

益表达行动结束后,他们"害怕""恐惧""怕出事""怕报复""后怕"等心理特征表现比较明显,不敢或不愿再继续进行利益表达了。三是这些农民的环境利益表达行动缺乏媒体机构的关注和民间环保组织的参与,也缺乏外部草根行动者的声援和支持。

从内部影响因素来看,一是这些农民在"生存主义"逻辑支配下,有着维持最基本的生存问题的考虑和顾虑。生存的压力既让他们选择了进行环境利益表达,同时又使得他们在地方政府和污染企业的巨大压力下逐渐放弃了要继续进行环境利益表达。二是农村青壮年劳动力在农村社会长期缺席所导致的人口空心化现象的影响。在这8个村庄中,老年人和妇女是环境利益表达的主体,他们在环境利益表达行动中一次也没有成功过。三是转型时期农村社会的异质化程度正在不断加深,农民日益分层和分化,这在一定程度上影响了这些农民进行集体性环境利益表达动员以及成功的几率。四是现代农村社区规范的逐渐弱化,使得农民的原子化、孤立化程度也在不断加深,这些村庄的集体性环境利益表达行动已经很难动员和组织起来。

这些农民在环境利益表达失败以后——笔者借用他们自己的话——"做了好多的努力都没有办法成功",他们在环境利益表达上已经"失去信心了",再去进行所谓的环境利益表达,已经没有什么意义了,大家都不想再继续开展利益表达了。这是他们单向度人格生成的第一个阶段,即起点阶段。

(二)第二个阶段:利益表达失败后的沉默

这些农民在环境利益表达失败以后,开始逐渐选择了以沉默的方式面对农村的环境污染。如前所述,暴力性惩罚、劝服性规训、模仿性屈从这三种社会—心理机制的合力作用,在极大程度上导致了他们在环境利益表达失败后走向沉默。这些农民在沉默的氛围中,负面的想法越来越多。在农村环境污染面前,他们"已经没有任何办法了""政府不作为,农民没办法",只好"就这么过下去吧""只能过一天算一天了""只能过一天赚一天了",他们在农村环境污染面前也变得越来越沉默。当笔者试图多了解一些具体细节时,有些农民摇摇头、叹叹气、摆摆手,表示不愿意再交流下去,不想再接受访谈了。这里值得注意的是,农民之间的沉默是会相互感染的。前面所述的模仿性屈从这种社会—心理机制既是这些农民从利益表达失败到沉默的一大诱因，又在极大程度上导致更多的农民选择了沉默。这是这些农民单向度人格生成的第二个阶段，即加速阶段。

（三）第三个阶段：沉默后的主体认同

这些农民在沉默之后，他们在对自身的主体认同中，负面的认知成分越来越多。他们越来越感到在地方政府和污染企业面前，他们自身的力量实在"太微小""太单薄"，他们实在"太无力""太无用"，认为他们的环境利益表达是永远不可能取得成功的，"要想成功，做梦吧"。在笔者的访谈中，这些农民的无力感、无用感表现得特别明显。

在广东省 G 市 R 村，有些农民说："咱上面没有关系，没有人给咱撑腰，光靠自己是没有用的，毕竟势单力薄嘛。"（R010）"去一次（失）败一次，怪就怪咱自己没本事，没有用啦，再说，咱农民能有什么本事呢，这么大的事（指的是环境污染），还不是要靠政府。"（R023）"咱农民（在环境利益表达中）就是没用的人啦，人家（指的是污染企业主）给的一点钱不就是打发要饭的吗？"（R003）安徽省 J 市 T 村的有些农民说："人家（指地方政府官员和污染企业主）的嘴巴大，咱的嘴巴小，你说得再多又有什么用处呢，还不是讲不过人家。"（T025）"咱上面又没人，光靠咱小老百姓能解决啥问题？没钱没本事的，说来说去还不是大家都没什么用，要认识个当大官的就好了。"（T016）陕西省 W 县 B 村的有些农民说："他们搞石油（开采）的怎么说也是个大佬吧，咱的本事能比得过人家吗？咱啥都不算呐！"（B012）"我们知道别的地方（在开采时）漏油了，农民好歹能拿到一点补偿（款），你看看咱这个地方，人家（指污染企业主）横得很，一毛钱都没有。人家就是不给（补偿款），你还敢去要吗？再说了，就是你去了，你能要得到吗？还不是咱自己没钱没本事，办不成个事。"（B006）

可以看出，这些农民在不断审视自身的过程中，通过与地方政府和污染企业的对比，发现他们自己实在"太无力""太无用"，他们对自身在环境利益表达中的负面性认知色彩越来越浓，即越来越否定自己。需要注意的是，这些农民否定自己基本上还是个体性的，这是他们单向度人格生成的第三个阶段，即催化阶段。

（四）第四个阶段：交往实践中的强化

这些农民在主体认同后的村庄日常交往实践中，又不断地强化对自身在环境利益表达中的负面认知。他们这个时候的否定自己既受到自身否定自己的影响，更受到群体性否定自己这种氛围的影响。至此，这些农民在反污染上的信心基本上已经被腐蚀和消耗殆尽，他们可能再也不会去进行所谓的环境利益表达了，他们在农村环境污染中的单向度人格生成了。笔者在访谈中了解到，在这些村庄中，农民在农业生产劳动、建新房、红白喜事等劳作和人情往来中，闲聊之余免不了相互之间一次次地表达着自己在曾经的环境利益表达中的无用感和无奈感，大家纷纷表示再也不会去行动了，好像已经忘却了农村环境污染的存在和对他们所造成的严重影响。

在广东省 L 市 X 村，有些农民说："大家聊天的时候，一提到这个事（即环境利益表达），没有不摇头、不唉声叹气的，我们怎么这么没有用呢。"（X009）"你看，几个比较积极的人（即环境利益表达积极分子）现在都天天打麻将了，他们都不提这事（即环境利益表达）了，我们更是没有能力，没有办法啦。"（X027）安徽省 N 县 L 村的有些农民说："我们关系好的一些人经常在一块聊一聊，说一千道一万，还是咱农民没用，斗也斗不过人家（指地方政府和污染企业），说也说不过人家，再去（进行环境利益表达）不也是没有啥结果嘛。"（L021）"我们还有其他的事要忙，这种事（即环境利益表达）现在好像谁都不想管、不想问了。"（L004）安徽省 J 市 T 村有的农民说："在我们这（个地方），再要谈环境维权，真的是一件很奢侈的事，大家都忙别的去了，没有谁再去搞什么环境维权了。"（T025）在陕西省 P 县 P 村，有些农民说："我们都越来越觉得自己真的没有用，现在谈什么环境维权呢，对咱们来说是非常奢侈的，谁还会去呢。"（P037）"各家有各家的事，再说大家都没有能耐，赢不了的，谁还顾得上这事（即环境利益表达）呢。"（P012）

这些农民从环境利益表达失败（起点阶段）、失败后的沉默（加速阶段）、沉默后的主体认同（催化阶段）到日常交往实践中的强化（终点阶段），他们的单向度人格在这一系列的社会过程中生成了。农民的这种单向度人格是在不发达状态下，地方政府多种污染保护主义逻辑、污染企业各种暴力主义、农民生存主义与风险最小逻辑的多重挤压以及农村人口空心化、半熟人社会以及社区规范弱化的状态下所演生的。这些具有单向度人格的农民逐渐表现出对地方政府单向度的发展主义所造成的农村环境污染的无奈性与忍耐性，失去了对污染企业的反抗性与环境利益表达的能动性。这样的一群农民没有了利益表达的意愿，没有了利益表达的能力，也没有了利益表达的机会。他们单向度人格的生成既是他们的悲哀与不幸，也是遭遇农村环境污染却常年保持沉默的众多中国农民的悲哀与不幸。值得注意的是，在这些村庄中，有些农民在环境污染面前表达了无声的抗议，他们一旦筹够了能在镇上或县城买一套房子的钱，就会紧锁家中大门从村中搬走，把耕地留给别的农民耕种，甚至不惜抛荒，而且常年不愿意回到村里。有些本来打算一直留在本地的农民，因为不愿意面对环境污染的状况，就索性常年在外地务工，甚至过春节也不愿意回来和家人一起过年。

二 农民单向度人格的波纹效应

"波纹效应"这个词以及这种效应在物理学、统计学、教育学、心理学等学科中有着较为广泛地运用。在社会学中，费孝通曾运用"波纹"一词来分析中国农村的社会结构。费老说过："我们的社会结构本身和西洋的格局不相同的，我们的格局不是一捆一捆扎清楚的柴，而是好像把一块石头丢在水面上所发生的一圈圈推出去的波纹。每个人都是他社会影响所推出去的圈子的中心。被圈子的波纹所推及的就发生联系。"[①] 本节借用费老的波纹一词，但不是用来分析农村的社会结构，而是分析农民单向度人格所产生的消极的社会影响，因为这种影响不是急剧的，而是缓缓的，就像"把一块石头丢在水面上所发生的一圈圈推出去的波纹"一样，"被圈子的波纹所推及的"村庄的农民或多或少地受到一定程度的影响。根据笔者的调研，这8个村庄各自作为圈子中心，农民的单向度人格所产生的影响缓缓地向周围村庄的农民推及，在推及的过程中，波纹有大有小，在时间上也有快有慢。

从整体上来说，这些农民的单向度人格的影响是以各自村庄为中心，缓缓地向周围村庄的农民推及的。这种推及主要有两种渠道：一是信息

---

① 费孝通：《乡土中国》，生活·读书·新知三联书店1985年版，第23页。

传播，二是社会交往。在信息传播过程中，农民茶余饭后的"闲话"发挥了比较重要的作用。周围村庄的农民通过这些"闲话"了解到某个村庄的环境利益表达行动以及农民利益表达行动后的心理状态，这些农民就会受到一定程度的影响，认为在农村进行环境利益表达是无效的、无用的，是不可能取得成功的。在社会交往中，周围村庄的农民可以更多地了解到某个村庄的环境利益表达，以及这个村庄的农民在环境污染上彻底放弃利益表达的心理，他们也认为现在或者以后即使有环境污染存在，也不适合或不会选择去进行所谓的环境利益表达，因为"大家都没有办法成功"，既然是徒劳的，为什么还要去进行"没有任何意义"的环境利益表达呢！这对农村环境污染问题的解决和农村环境保护来说是一个比较危险的信号。

在这些农民单向度人格的推及过程中，波纹的大小主要有两个影响因素：一是他们周围的村庄是否遭受了比较严重的环境污染，二是周围村庄的农民是否参与过环境利益表达行动。如果周围的村庄遭受了比较严重的环境污染且农民有利益表达行动发生，波纹就会相应地大一些，用农民的话来说，就是"大家都有同样的经历"。由于广东省 G 市 R 村、L 市 X 村、安徽省 N 县 L 村、J 市 T 村、陕西省 F 县 Y 村、W 县 B 村、P 县 P 村这七个村庄周围的一些村庄，基本上都被污染波及或者村里本来就有比较严重的环境污染问题存在，这些村庄的农民受到的影响就相应地大一些。他们说，参与环境利益表达的人其实都比较"傻"，都是"傻子""胳膊毕竟拧不过大腿"，还去"做无用功"。如果周围的村庄没有遭受环境污染或者环境污染比较轻微，农民基本上是没有利益表达行动的，波纹也就相应地小一些，因为这些村庄的农民并没有亲身体验过环境利益表达。由于安徽省 Y 县 W 村周围的村庄基本上没有环境污染，在我们的走访中，一些农民漫不经心或者淡淡地说，"还是不要做（即采取环境利益表达行动）的好""别人不都败了嘛，还干什么要去做这种没有意义的事呢！"

波纹推及的时间快慢主要取决于这 8 个村庄农民的社会关系网络范围的大小。社会关系网络范围大一些的，波纹推及的速度就稍微快一些。在广东省 L 市 X 村、安徽省 N 县 L 村以及陕西省 W 县 B 村和 P 县 P 村，农民社会关系网络的范围大一些，周围村庄的农民受到的影响在时间上也就早一些。在广东省 L 市 X 村周围的几个村庄，有些农民说："我们和他们村的人交往算是比较多的，大家早就知道他们的事（即环境利益表达事件）。""没办法的事，我们以后也可能会是他们（现在）这个样子。"在广东省 G 市 R 村、安徽省 J 市 T 村、Y 县 W 村以及陕西省 F 县 Y 村，农民社会关系网络的范围小一些，周围村庄的农民受到的影响在时间上也就稍微晚一些。在安徽省 J 市 T 村周围的几个村庄，有些农民说："我们和他们村的人来往少，最先听说他们的事，还是赶集的时候碰到了一个熟人，听他说起的。""咱们老百姓都没啥本事，以后（在环境污染中）还不是都一样。""你还想怎么样呢？"

三 结语与讨论

本节在学界相关研究成果的基础上，分析了广东省、安徽省和陕西省 8 个村庄的农民单向度人格生成的社会过程，即环境利益表达失败、失败后的沉默、沉默后的主体认同以及交往实践中的强化四个阶段，它们分别是这些农民单向度人格生成的起点阶段、加速阶段、催化阶段与终点阶段，并从波纹的范围、大小、时间上研究了这些农民单向度人格的波纹效应。这些农民单向度人格的生成实际上是社会结构、正式制度的外部力量与非正式制度、农民内部的心理作用合力影响的一种结果，其波纹效应也是 8 个村庄周围的一些村庄的农民在当前或今后面对环境污染不采取行动的一种心理投射。这些农民的单向度人格是需要转变的。

在以往研究的基础上，虽然本节的研究从某种意义上说又向前迈进了一步，但仍有几个重要的问题需要做进一步地讨论。一是农民的单向度人格这一命题在遭遇环境污染的农村社会是否具有某种普遍性？笔者以为，由于本节只是针对调研的广东省、安徽省和陕西省的 8 个村庄的农民，有一定的局限性，因此，农民的单向度人格这一命题目前并不具有所谓的普遍性，但是，这一命题也许有一定的适用范围或解释力。事实上，根据笔者的实地调查和具体研判，发现在 57 个环境利益表达失败的村庄，大致有 19 个村庄的农民具备单向度人格的特征。二是单向度人格作为一种农民面对环境污染的社会心理特征，它与农民其他人格之间有何逻辑上的关联？如何去证实和研究它们之间的逻辑关联？三是在我国农村经济社会发展战略转变和农村环境保护与治理的新形势下，我们如何从学理和实践的双重面向转变农民的单向度人格？或许，推进农村环境污染走向社会治理各行动主体的合作治理是一种实践路径，同时，也非常值得我们开展一些学理性的研究。

第九章

农民在环境利益表达中的成功与意蕴

如前所述,有相当多的研究文献表明,农民环境利益表达的结果往往是失败的。前面几章也研究了农民环境利益表达失败的一些案例。在现有的研究成果中,只有少量的文献表明,农民环境利益表达取得了成功。景军在关于西北一个村庄农民环境利益表达的研究中发现,宗族的身份认同、生育文化、民间信仰以及风水观念等地方性文化因素保障了农民环境利益表达的成功。[1] 笔者发现,农民集体记忆中的"苦""韧""怨""恨"等核心元素、地方政府的有所作为以及媒体的介入等因素保障了农民环境利益表达的成功。[2] 童志锋的研究表明,农民在环境利益表达中能够坚持二十年并获得集团诉讼的成功,与媒体机构的支持性报道、专业环保法律援助(帮助)组织的支持以及环境 NGO 网络的支持等外部因素密不可分。[3] 在我国大型海洋污染事件中,国家的积极介入是农民环境利益表达取得成功的关键与核心。[4] 陈绍军、白新珍在研究中也发现了农民在环境污染中从个体性利益表达到集体性利益表达,最终以社企共

---

[1] 景军:《认知与自觉:一个西北乡村的环境抗争》,《中国农业大学学报》(社会科学版) 2009 年第 4 期。

[2] 张金俊:《集体记忆与农民的环境抗争:以安徽汪村为例》,《安徽师范大学学报》(人文社会科学版) 2018 年第 1 期。

[3] 童志锋:《变动的环境组织模式与发展的环境运动网络:对福建省 P 县一起环境抗争运动的分析》,《南京工业大学学报》(社会科学版) 2014 年第 1 期。

[4] 陈涛:《国家介入背景下的底层环境抗争研究》,《河海大学学报》(哲学社会科学版) 2015 年第 3 期。

建的方式达到了一种彼此共赢的状态。[①] 邓燕华以华镇事件为例，探讨了农民集体性环境利益表达成功的机制。但是，逐利的资本在污染了一方后，又流向了另一片干净的土地。[②]

在笔者调研的65个村庄中，只有8个村庄的农民环境利益表达取得了成功，其中广东省2个村庄，安徽省4个村庄，陕西省2个村庄。结合这8个村庄的调研资料，笔者把这里所说的"成功"分为三种类型：第一种类型的成功是完全意义上的成功，即污染企业搬迁，或者污染企业被地方政府关停，如前面所述的集体记忆与安徽省W村农民的环境利益表达研究，污染企业最终搬迁了，农民的环境利益表达最终成功了；第二种类型的成功是总体上比较成功，包括污染企业添加环保设备减轻污染程度，农民每年均能获得一定程度的经济补偿，地方政府为改进环境污染状况有所作为如责令污染企业停业整顿，政府出资改善农村环境污染状况等，包括广东省S县P村、安徽省T县W村、W县C村，以及陕西省Y县B村、F县F村5个村庄；第三种类型的成功可以称为有限的成功，包括污染企业在地方政府的整改要求下添加了一些环保设备，或者污染企业虽没有添加环保设备但已经在适度控制排污行为，农民获得了一点经济补偿，地方政府为改进环境污染状况有了一些作为等，包括广东省Z县L村、安徽省F县W村2个村庄。在本章，笔者将主要结合农民环境利益表达总体上比较成功的3个个案（广东省S县P村、安徽省T县W村和陕西省Y县B村），探讨农民环境利益表达成功的表现、影响因素及其意蕴。

第一节 农民环境利益表达的历程与特点

一 环境污染及其影响

（一）广东省S县P村

P村是一个行政村，位于广东省S县西北部，下辖十几个村民小组。

[①] 陈绍军、白新珍：《从抗争到共建：环境抗争的演变逻辑》，《河海大学学报》（哲学社会科学版）2015年第3期。

[②] 邓燕华：《中国农村的环保抗争：以华镇事件为例》，中国社会科学出版社2016年版，第201—202页。

全村1200多人，以农业生产为主，经济比较落后。20世纪80年代开始，尤其是20世纪90年代以后，P村有70%左右的青壮年劳动力外出到广州、深圳、上海等地务工。村里除了留守的一些老年人、妇女和儿童以外，还有30%左右的青壮年劳动力，他们中有的人在村里或附近的乡镇企业上班（包括下述的几个江西人承包的塑料厂），有的人经常到镇上或县城打一些短工，挣些钱补贴家用。1995年以前，P村附近有一家生产规模比较小的塑料厂。1996年，这家塑料厂被几个江西人承包，生产规模不断扩大。塑料厂生产规模的扩大导致P村遭到严重的废水污染和废气污染。1998年，P村几个农民联合在村里也开办了一个塑料厂，虽然生产规模较小，但是也有一定程度的废水污染和废气污染。P村两家塑料厂的环境污染不仅严重影响了村民的日常生活和身体健康，还严重影响到农作物的种植和收成。

（二）安徽省T县W村

W村属于行政村，位于安徽省T县东南部，有十几个村民小组。全村1300多人，以农业生产为主，经济上也比较落后。20世纪90年代以后，受到"民工潮"的影响，W村有三分之二左右的男性青壮年劳动力外出到上海、南京、无锡、杭州、合肥、芜湖等地务工。村里除了留守的一些老年人、妇女和儿童以外，还有三分之一左右的男性青壮年劳动力，他们中有的人在村里或附近的水泥厂、采石厂上班，有的人选择了到附近的镇上或县城打一些临时短工。1998年，有一家规模比较大的水泥厂在W村附近落户，生产运营后很快造成了W村比较严重的空气污染、噪声污染和地下水污染。2000年，本村几个农民合伙在村庄的山上开办了一家采石厂，此后很快造成了W村比较严重的粉尘污染和噪声污染。此外，在W村附近2公里左右，还有大大小小的几家采石厂，日夜不停地施工，除了有一定程度的粉尘污染和噪声污染以外，在货车运输货物的交通过程中，日夜飞扬的尘土也严重影响到W村的空气质量，让W村农民时时感到窒息。W村的环境污染不仅严重影响了村民的日常生活，还严重影响到农作物的种植和收成以及村民的身体健康。

（三）陕西省Y县B村

B村也是一个行政村，位于陕西省Y县西南部，辖有十几个村民小组，全村1000多人。与前述两个村庄一样，B村也是以农业生产为主，经济上比较落后。20世纪90年代以后，B村有三分之二左右的青壮年劳动力外出到上海、广州、深圳、江浙、西安等地务工。村里除了留守的一些老年人、妇女和儿童以外，还有三分之一左右的青壮年劳动力，他们中有的人在村里（包括下述的水泥厂的一条生产线）或附近的石料厂上班，有的人到镇上或县城打一些短工。1999年，有一家大型水泥厂的一条生产线落户到B村，2002年通过竣工验收后开始生产运营，很快造成了B村比较严重的空气污染和噪声污染。2003年，B村几个农民联合开办了一家石料厂，给B村造成了一定程度的粉尘污染和空气污染。与前述两个个案一样，B村的环境污染严重影响了村民的日常生活、农作物的种植和收成以及村民的身体健康。

二 农民环境利益表达的历程与特点

（一）三个村庄农民环境利益表达的历程

1. 广东省S县P村

从1997年3月到2000年6月，P村的农民环境利益表达行动断断续续地进行了三年多的时间，他们利益表达的结果是"总体上比较成功"。P村农民的环境利益表达行动可以分为三个阶段。

第一个阶段：协商→暴力（1997年3月—1998年5月）。1997年3月的一天下午，P村的6个农民（包括3个老年人和3个男性青壮年人，后来成为环境利益表达积极分子。为了研究的方便，编号分别为P01、P02、P03、P04、P05、P06）在一起商讨如何开展环境利益表达的事情。经过商议，大家最后一致同意过几天到几个江西人承包的塑料厂去讨个说法。讨个什么说法呢？多少人一起去比较合适呢？他们决定去3个人（P01、P02、P06，即2个老年人，1个男性青壮年人）。几天以后，这3个人来到了塑料厂，提出了两点要求：一是塑料厂尽快添加环保设备，二是给受污染损害的村民适当的赔偿。污染企业主当时就断然拒绝了这样的要求，说是本地人欺负外乡人，他们要向政府报告，让政府出面"管一管"。第一次的协商就这样不了了之。这3个人回去后把经过讲给另外3个人听，他们都很气愤，商量着再多去一些人到塑料厂进行协商。多少人去合适呢？他们认为二三十个人就可以了。人太少了不起作用，太多了怕把问题搞得太大，不好收场。商量好之后，他们分头到自己所在的村民小组进行动员和劝说。几天以后，包括这6个人在内的P村二十多个农民一起来到了塑料厂。污染企业主一看见这阵仗，以为要来暴力闹事，赶紧答应了这些农民的要求。不过，这只是污染企业主拖延性的口头承诺而言。随后的几个月，塑料厂既没有添加环保设备，也没有给P村农民任何的赔偿。1997年10月的一天，包括这6个人在内的P村二十多个农民又一次来到了塑料厂，质问污染企业主为什么不讲信用，他们要求必须在年底兑现赔偿，而且标准不能太低。污染企业主又答应了这些农民的要求，不过仍然没有在年底兑现，也没有添加环保设备。时间很快就到了1998年5月，P村这些农民眼见协商没有什么效果，就决定采取一次暴力性的利益表达行动。1998年5月的一天上午，P村四十多个农民一起到了塑料厂，先是砸坏了塑料厂的大门。在他们正在砸塑料厂的机器设备时，P村所属的镇政府主要领导来到现场，进行调解，平息事态。

第二个阶段：找镇政府（1998年6月—1999年10月）。针对塑料厂的暴力行动结束后，P村农民的环境利益表达还是没有什么结果，他们觉得采取暴力方式也不是什么好的解决问题的办法。既然镇政府出面保护塑料厂，那就找镇政府解决塑料厂的污染和村民的赔偿问题。1998年6月的一天上午，P村的这6个环境利益表达积极分子就来到了镇政府，请镇领导出面协调和解决问题。当时接待他们的是一位副镇长，这位副镇长答应得很是爽快，让这6个人回去等消息。他们回去后，等了一年多，还是迟迟没有什么消息传来。转眼间就到了1999年10月，还是没有什么消息。他们觉得镇里的领导一直在敷衍他们，拖延办事，包庇塑料厂，就决定动员一百多个人一起到镇政府去闹，尽管他们认为这种方法并不好。1999年10月的一天上午，一百多个村民准备一起到镇政府去闹。由于村干部事先通风报信，镇政府派了几个干部先一步赶到了P村，和村干部一起做农民的工作，把这次集体性的利益表达行动消解在村里，但镇政府还是没解决P村农民的诉求问题。

第三个阶段：找县政府（1999年10月—2000年6月）。找镇政府还是没有结果时，P村的这6个环境利益表达积极分子在一起商议，找一下县政府试试看。但是，他们又觉得塑料厂污染这样的事对县政府来说是非常小的事，县政府应该不会管。这6个人讨论和争论了好长时间，最后还是决定去一下试试看。由于P村离县城不太远，2000年6月的一天上午，他们6个人一起来到了县城，派出2个代表（P02，P05，因为他们口才比较好）去县政府。经过一番折腾，终于见到了县政府的领导。后来，在县政府的介入下，镇政府出面与塑料厂多次协调。塑料厂终于添加了环保设备，也书面承诺给P村农民一定程度的赔偿，每年年底以现金形式发放。至于塑料厂被损坏的机器设备的维修或购买费用，60%由镇政府承担，30%由塑料厂自己承担，剩下的10%由P村村民承担。P村村民同意承担这10%的费用。

2. 安徽省T县W村

从1998年到2008年长达10年多的时间，W村农民在环境污染面前，基本上没有采取利益表达行动。2009年以来，W村有些农民的身体健康状况开始出现一些问题，如持续的失眠、头疼、恶心、胸闷，经常感到呼吸不畅等。此外，他们的农作物基本上没有什么收成了。2009年6月到2010年3月，W村的农民环境利益表达行动持续了10个月左右的时间，他们利益表达的结果是"总体上比较成功"。W村农民的环境利益表达行动也可以分为三个阶段。

第一个阶段：协商→暴力→协商（2009年6月—2009年10月）。2009年6月初的一天下午，W村的5个农民（包括2个老年人和3个男性青壮年人，后来成为环境利益表达积极分子。为了研究的方便，编号分别为W01，W02，W03，W04，W05）聚在一起讨论水泥厂的污染问题及其对身体健康的危害问题。讨论持续了整整一个下午，没有任何结果。由于急于想了解水泥厂的污染及其危害问题，因此第二天上午，他们5人一起到水泥厂去咨询了解。相关部门的一个负责人当时非常轻率地说，水泥厂污染其实并不严重，对身体健康基本上没有什么危害，不用担心。抱着将信将疑的态度，他们5人就一起回去了，并把咨询结果告知了村里的另外十几个农民。很显然，这些人对咨询结果都不满意。几天以后，还是这5人，一起又去了水泥厂。这次，水泥厂的另外一个相关部门的负责人不仅讲话比较轻率，而且态度也非常不好。W村农民还是没有了解到水泥厂的污染及其危害问题。后来，他们很快联系到了一家环评机构，终于了解了水泥厂所产生的环境污染和危害。2009年6月底的一天上午，这5个人动员了村里的十几个人，一起到水泥厂找主要领导协商。

他们的要求有两个：一是给全村人污染补偿，而且标准不能低，每人每年2000元；二是水泥厂添加环保设备，减轻污染程度。由于这家水泥厂是当地政府重点扶持的企业，其主要领导只是答应了第二条要求。由于协商结果不理想，W村的这些农民就一起回去了。愤怒的、不满的情绪在W村逐渐蔓延开来。在上述5个人的奔走、动员和劝说下，2009年8月的一天清晨，W村包括老年人、男性青壮年人、妇女在内的几十个人一起，聚集在水泥厂与外界进行交通运输的唯一道路上，堵住这条道路，让货车无法运输货物。水泥厂主要领导急忙打电话给地方政府领导求救。对水泥厂的暴力性利益表达无效后，W村农民选择了继续与水泥厂协商。从2009年8月到2009年10月，先后协商了多次，还是提出以前的两个条件。经历了上次暴力事件的水泥厂主要领导认为，反正水泥厂有地方政府撑腰，不担心农民闹来闹去的，随便他们闹。W村农民多次与水泥厂的协商仍是没有任何结果。后来，他们将矛头指向了县政府。

第二个阶段：冲击县政府机关（2009年11月）。在W01、W02、W03、W04和W05私下一对一的动员和劝说下，2009年11月的一天上午，W村包括老年人、男性青壮年人、妇女在内的几十个人一起到县政府门口去闹。虽然县政府的主要领导先是"讲理"和"劝说"，后是"承诺"和尽快"兑现"。但是，W村农民并不相信这些口头上的说法，就是聚集在县政府门口，一整个上午都不走，等待书面的红头文件承诺。后来，暴力冲击了县政府机关。W村农民认为地方政府已经不能帮助他们解决环境污染问题了，他们想到了省环保部门。

第三个阶段：到省环保部门上访（2009年12月）。由于对地方政府没有什么信心了，2009年11月末的一天晚上，W01、W02、W04和其他一些村民私下商量着绕过县政府和市政府，第二天直接到省环保部门去上访。之所以私下商量，是因为他们担心上访的消息会走漏出去，因为W村还有一些人在水泥厂打工，所以他们担心泄密事件发生。可是，上访的消息还是被走漏出去了，他们担心遭到拦截，这次的上访只好作罢。但是，上访的事情还是要继续下去。2009年12月的一天，W01、W02和W04秘密乘坐火车绕道南京到省环保部门上访。后来，在省环保部门的介入和协调下，T县政府开始着手解决W村的环境污染和农民诉求问题，到2010年3月，W村农民的诉求总体上有了一些比较好的结果，而且，

T县政府还有一系列后续做法是W村农民没有想到的。W村农民也逐渐地对地方政府产生了一定程度的信任感。

3. 陕西省Y县B村

从2003年11月到2005年5月，B村的农民环境利益表达行动断断续续地进行了一年多的时间，他们利益表达的结果也是"总体上比较成功"。B村农民的环境利益表达行动也可以分为三个阶段。

第一个阶段：协商→协商（2003年11月—2004年8月）。2003年11月，B村5个村民（包括3个老年人和2个男性青壮年人，后来成为环境利益表达积极分子。为了研究的方便，编号分别为B01，B02，B03，B04，B05）在一起多次商量如何向水泥厂讨要说法以及讨个什么样的说法的问题。他们的想法是，先是他们5个人一起到生产线去试试看，提出改进或添加环保设备以及污染补偿的问题。第二天，这5个人就去了生产线，不过没有见到生产线的负责人。他们决定折回，过几天再去。几天以后，他们见到了生产线的负责人。负责人说，关于这些人提出的一些要求，第一点他能答应并向领导汇报，但是第二点要求他做不了主，需要向领导请示，让这些人回去等消息。哪知几个月过去了，还是没有消息。2004年3月的一天下午，他们5个人约好一起又去了生产线。负责人说过年前后这段时间比较忙，还没有向领导汇报呢。这5个人就让生产线的负责人给出一个明确的答复时间。负责人说至少需要一个月的时间，因为这种事情比较复杂。两个月以后，这5个人还是没有等到消息。后来，他们动员和劝说了二十多个村民，想以稍微有点威慑、施压的方式进行协商，但是对生产线的负责人没有起到作用。这5个人回去之后又在一起商量了好几次，最后决定找水泥厂的负责人试试看。哪知这样的协商方式也还是没有任何结果。他们对水泥厂不负责任的做法非常不满和生气。后来决定找镇政府出面解决问题。

第二个阶段：找镇政府（2004年8月—2005年2月）。2004年8月的一天上午，B村的这5个环境利益表达积极分子来到了镇政府，想请镇领导出面协调和解决问题。接待他们的是镇长。镇长说这种事情比较复杂，也比较麻烦，他试试看，就让这5个人回去等消息。他们回去后，等了一个多月，没有等到什么消息。2004年10月的一天上午，他们又一次到了镇政府。镇长不在，接待他们的是一位副镇长。这位副镇长说，这事他做不了主，要向领导汇报请示，让这 5 个人回去等消息。这 5 人当时是面面相觑，知道又可能是没有什么结果。果然，又是一个多月过去了，还是没有什么消息。后来，他们动员了二十多个村民一起到镇政府，但结果还是一样的，回去之后等来等去就是没有任何消息。他们想着是不是要去县政府试试看。

第三个阶段：找县政府（2005 年 2 月—2005 年 5 月）。同广东省 S 县 P 村农民的做法相似，当 B 村农民找镇政府还是没有任何结果时，他们商量好要到县政府去试试看。但是，他们也有顾虑，一则能不能见到县政府的领导，二则县政府的领导能不能帮助他们解决问题。这种顾虑让他们纠结了好长时间，商量来商量去。虽然有顾虑，但这 5 个人还是决定试试看。2005 年 5 月的一天下午，他们 5 个人一起到了县城，派出 3 个代表（B01，B03，B04）去县政府。经过一番手续，这 3 个代表见到了一位副县长，这位副县长答应帮他们协调和解决问题。后来，在县政府的督促下，镇政府出面与水泥厂多次协调。协调解决不了的问题，由县政府出面进行协调。最终的结果是该生产线改进了环保设备，水泥厂也同意给 B 村农民一定程度的补偿。而且，镇政府此后还有一些主动的有所作为。

（二）三个村庄农民环境利益表达的特点

1. 环境利益表达对象选择上的策略性。广东省 S 县 P 村农民利益表达的对象主要是几个江西人承包的塑料厂；安徽省 T 县 W 村农民利益表达的对象主要是水泥厂，后来也包括了地方政府；陕西省 Y 县 B 村农民利益表达的对象主要是水泥厂（包括坐落于 B 村的一条生产线），这就是这些农民在利益表达对象选择上的策略性表现。这三个村庄同时都遭受至少两家企业的环境污染危害，像广东省 S 县 P 村遭受两家塑料厂的环境污染危害，安徽省 T 县 W 村遭受的环境污染不止来源于水泥厂这一家污染企业，还有其他几家采石厂，陕西省 Y 县 B 村遭受水泥厂生产线和石料厂的环境污染。这些农民为什么分别选择了几个江西人承包的塑料厂、水泥厂、水泥厂及其一条生产线呢？很重要的原因就在于其他几个企业的开办者或是本村农民或是附近村庄的农民。在"面子主义"与"情理主义"的行为逻辑下，他们没有把这些企业作为利益表达对象，似乎合情合理。但是，除了这个原因以外，还有一个比较重要的原因是，这些参与利益表达行动的农民，有些人就在本村农民或是附近村庄的农民开办的企业上班，这些企业是他们非常重要的生存经济来源。

2. 环境利益表达积极分子的关键作用。在广东省 S 县 P 村、安徽省 T 县 W 村、陕西省 Y 县 B 村的农民环境利益表达中，P 村的 P01、P02、P03、P04、P05 和 P06，W 村的 W01、W02、W03、W04 和 W05，B 村的 B01、B02、B03、B04 和 B05，他们从抗争起始就发挥了关键作用，在利益表达过程中更是发挥了重要的关键作用，甚至包括肢体的冲突、受伤的身体体验甚或刑罚。这些环境利益表达积极分子接受访谈的时候，述说过私下一对一劝说和动员的艰难，有些农民经过多次劝说和动员，后来"鼓起勇气"说要参加，不过后来真正要行动的时候，有些人还是选择了放弃，而且，还有些农民，不论怎么劝说和动员，始终"不动心""不敢去"。尤其像在安徽省 T 县 W 村农民对水泥厂"协商→暴力→协商"的利益表达无效以后，他们把利益表达的矛头指向了地方政府，这对普通农民来说是一种极大的风险。由此可见，在农村集体性的环境利益表达中，环境利益表达积极分子是利益表达行动得以发生和延续的关键力量所在。

3. 环境利益表达主体的多样性。如前所述，在转型时期的农村社会变迁中，农村人口空心化现象比较普遍。在农村的环境利益表达行动中，老年人和妇女往往成为环境利益表达的主体力量。在广东省 S 县 P 村、安徽省 T 县 W 村和陕西省 Y 县 B 村，人口空心化现象虽然也存在，但是不够典型。P 村有 70% 左右的青壮年劳动力外出务工，但是还有 30% 左右的青壮年劳动力留在村里；W 村有三分之二左右的男性青壮年劳动力外出务工，但是也有三分之一左右的男性青壮年劳动力留在村中；B 村有三分之二左右的青壮年劳动力外出务工，但是还有三分之一左右的青壮年劳动力留在村中。在这 3 个村庄的农民环境利益表达行动中，主体力量包括了老年人、男性青壮年人和妇女，利益表达的主体呈现出多样性的特点。男性青壮年人的参与有时候是环境利益表达取得成功的重要力量。前面关于集体记忆与安徽省 W 村农民环境利益表达的研究，以及环境利益表达积极分子污名化的研究也有这种发现。

4. 农民在农村环境利益表达行动中的分化。在这 3 个村庄中，这种分化包括三种类型。第一种类型是参与环境利益表达行动或者是想参与环境利益表达行动的农民，大约占到53%的比重。第二种类型是不在本村农民或是附近村庄的农民开办的企业上班，但是也不参与环境利益表达行动的农民，比重大约是38%。第三种类型是在本村农民或是附近村庄的农民开办的企业打工，基本上不参与或通风报信的农民，大约是9%的比重。我们重点展示第三种类型的农民。这3个村庄各有一些在本村农民或是附近村庄的农民开办的企业上班的农民，对他们而言，这些企业是他们非常重要的生存经济来源。如果其他农民的环境利益表达成功了，他们就会失去这一非常重要的生存经济载体。所以，他们在其他农民的环境利益表达中，要么不参与，要么去通风报信。这些在前述的研究中，笔者也有发现和说明。比如，P村的P01、P02、P03、P04、P05和P06都曾说过，在他们准备到镇政府去闹的时候，有个别村民把消息透露给村干部，然后村干部再向镇政府提前报告。W村的W01、W02、W03、W04和W05也说，在他们针对水泥厂的环境利益表达中，有几个在水泥厂上班的农民事先通风报信，尤其在那次暴力性利益表达行动前。当有些在水泥厂上班的农民获悉别的农民要去上访的消息，他们也会向水泥厂相关负责人报告。B村的B01、B02、B03、B04和B05也认为在水泥厂生产线上班的村民中有个别"告密者"。农民在农村环境利益表达行动中的分化现象还是很值得关注和研究的，不过，我们很难获得那些所谓的"告密者"的访谈资料。

5. 在学术研究中，非常值得一提的是，W村的环境利益表达行动是农民自力救济研究中"协商→暴力→协商"方式的很好展现。在关于农民自力救济现象的研究中，笔者主要总结了"从协商到协商""从协商到暴力"和"从沉默到协商"这三种类型，而且，笔者还在设问是否可能还会有其他螺旋式的样式。这3个村庄除了"从协商到暴力"（P村）、"从协商到协商"（B村）的类型，还有"协商→暴力→协商"（W村）的类型。所以，W村农民的自力救济现象是这种设问的结果之一。在访谈中，笔者了解到，W村农民本来不想把事情闹得很大，只想通过协商或暴力性的利益表达方式解决他们的困惑、问题和诉求，即使在暴力性利益表达无效以后，他们还是想着协商、再协商，但是，水泥厂的领导始终在敷衍和拖延他们，他们实在没有办法，只好选择其他的一些方式来进行利益表达。

第二节 农民环境利益表达的成功及其影响因素

这3个村庄农民环境利益表达的成功是上述三种成功类型中"总体上比较成功"的类型。这种"总体上比较成功"具体表现在污染企业添加或改进了环保设备，受到污染危害的农民每年均能获得一定程度的经济补偿，甚至是地方政府超出农民意料之外的有所作为这三个主要的方面。影响因素主要包括农民社会的内部因素和地方政府、污染企业的外部因素。

一 农民环境利益表达的成功

（一）污染企业添加或改进了环保设备

如果环保设施跟不上，不能达标排放，塑料厂就始终存在严重的废水污染和废气污染。广东省S县P村农民环境利益表达的结果之一是塑料厂终于添加了环保设备。P村农民说，2000年6月以后，塑料厂的废水污染和废气污染情况比之过去确实好了许多。众所周知，水泥厂属于"污染大户"，无论是矿山的开采和运输环节，还是破碎和入窑环节，抑或是粉磨入库和包装装车环节，如果没有相应的环保设备，在这一系列环节中都会产生严重的环境污染。安徽省T县W村农民环境利益表达的结果之一是在县政府的协调下，水泥厂很快添加了一批环保设备。W村农民说，自2010年6月以后，水泥厂所造成的粉尘污染和噪声污染情况已经比过去好多了。笔者在W村调研的时候，发现与其他地方的一些水泥厂所造成的环境污染情况相比，W村的情况确实是好很多。在陕西省Y县B村，农民环境利益表达的结果之一也是水泥厂的生产线改进了环保设备，B村的粉尘污染和噪声污染程度有所减轻。

（二）农民获得了一定程度的经济补偿/赔偿

这3个村庄的农民在环境利益表达行动中均提出了污染补偿/赔偿的问题。广东省S县P村农民提出了每人每年1000元的赔偿标准。经过镇政府与塑料厂多次协商，塑料厂答应给予每人每年600元的赔偿标准，这个标准在当时也不算低。污染企业主后来觉得经济压力比较大，想降低一下赔偿标准，但是镇政府不同意。安徽省 T 县 W 村农民在环境利益表达行动中提出了水泥厂要给全村人污染补偿，而且标准不能低，按每人每年 2000 元的标准。经过 T 县政府与水泥厂的多次协商，水泥厂同意给予污染补偿费，但不是按每人每年 2000 元的标准，而是分类进行补偿，以户为单位。对位于水泥厂 100 米以内的村民小组，按每户每年 2400 元的标准进行补偿；对 100 米以外 300 米以内的村民小组，按每户每年 2000 元的标准进行补偿；对 300 米以外的村民小组，按每户每年 1600 元的标准进行补偿。每年年底时，补偿费用以现金形式发放到户。W 村村民接受了这种补偿标准，答应以后不再到水泥厂或政府机关去闹事。在镇政府和县政府与水泥厂的多次协商下，陕西省 Y 县 B 村农民最后得到的补偿标准是每人每年 300 元，这个标准在当时也不算很低。

(三) 地方政府的有所作为

在广东省 S 县 P 村，农民针对塑料厂的环境利益表达行动中，镇政府一开始的做法是保护塑料厂，动用派出所民警和"治安联防队员"强行驱散 P 村农民，随后在 P 村农民集体上访中又存在敷衍和拖延行为，最后在县政府的介入下，出面与塑料厂多次协调。后来，塑料厂终于添加了相应的环保设备，也书面承诺给 P 村农民一定程度的赔偿。这是镇政府被动的有所作为。当塑料厂准备降低赔偿标准时，镇政府不同意，担心又会引发 P 村农民的利益表达事件，这是镇政府主动的有所作为。S 县政府的介入看起来应该是主动的有所作为，实际上，S 县政府也是在压力型体制下被动的有所作为，即响应广东省政府的要求治理乡镇企业。

在安徽省 T 县 W 村，农民一开始针对水泥厂的环境利益表达行动中，T 县政府的做法是保护水泥厂，通过人民警察和武警战士暴力驱散 W 村农民。在 W 村农民到县政府闹事的行动中，T 县政府"劝说"不成，又一次动用了人民警察和武警战士。后来，在省环保部门的介入和协调下，T 县政府开始有所作为。T 县政府的有所作为主要表现为被动的有所作为和主动的有所作为。被动的有所作为，即 T 县政府在压力型体制下，妥善处理好 W 村农民的环境利益表达事件。水泥厂添加环保设备、农民获得了一定程度的经济补偿是 T 县政府被动的有所作为的积极结果。T 县政府主动的有所作为主要表现在三个方面。第一，对水泥厂与外界交通运输的唯一道路进行定期清洁与维护。这条道路因为是 W 村与外界交通运输的唯一道路，所以除了水泥厂以外，几家采石厂的交通运输也必须经过这条道路。因为往来车辆较多，W 村经常灰尘漫天，村民苦不堪言。T 县政府出资，一方面让清洁工定期清扫道路及其附近的灰尘；另一方面在 W 村附近建了一个临时洒水点，安排洒水车每天清扫道路 4 次到 6 次。第二，要求货车盖布运输。T 县政府通过相关乡镇政府干部和村干部与货车司机逐一协商，要求货车在运输时盖布，减少运输过程中的粉尘污染。对于不盖布的货车，会做出一定的处罚。第三，T 县政府派出工作人员到 W 村驻点，其主要任务就是监督水泥厂的环保落实情况和给 W 村扶贫。

在陕西省 Y 县 B 村，农民针对水泥厂的生产线甚至水泥厂的环境利益表达行动中，镇政府一开始也是采取敷衍和拖延的处理方式，后来在县政府的介入下，先是有了被动的有所作为，即在压力型体制下，多次与水泥厂的这条生产线以及水泥厂协调，妥善处理 B 村农民环境利益表达事件，满足 B 村农民的利益表达诉求。后来，该生产线改进和添加了相应的环保设备，B 村农民获得了一定程度的经济补偿。镇政府主动的有所作为，主要表现在安排洒水车每天清扫该生产线在货物运输时必经的 B 村附近的一条道路，以及在道路两旁再种植一些大叶类的绿化树木两个方面。Y 县政府的有所作为其实也是在压力型体制下被动的有所作为，即陕西省在 2000 年以后加大了对污染比较严重的小型乡镇企业采取限期治理或关、停、并、转等措施。

二　农民环境利益表达成功的影响因素

（一）内部影响因素

从内部影响因素来看，上述 3 个村庄农民环境利益表达的有些特点，也是他们的环境利益表达总体上比较成功的原因，如环境利益表达主体的多样性、环境利益表达积极分子的关键作用等。此外，他们在环境利益表达行动中的坚韧性，熟人社会与半熟人社会的联合等，也促使这 3 个村庄的农民环境利益表达总体上比较成功。

1. 环境利益表达主体的多样性。在农村环境利益表达行动中，老年人和妇女往往是身体上和精神意志上的双重弱者，如果以他们作为利益表达的主体力量，那么利益表达行动往往会失败。在笔者调研的 65 个村庄，这种利益表达行动失败的案例比较多见。如果在利益表达中再加入部分青壮年劳动力元素，一则人数更多，二则力量强大一些，三则还能在一定程度上对污染企业和地方政府施加更大一些的影响或压力。事实表明，青壮年劳动力的参与是这 3 个村庄农民环境利益表达得以总体上比较成功的一支重要力量。因为这种混合型的主体力量一方面代表了更多村民的想法和诉求，另一方面可以在一定程度上保证集体性环境利益表达行动不容易很快陷入消退。

2. 环境利益表达积极分子的关键作用。笔者对 65 个村庄的调研发现，在农村环境利益表达中，个体性的农民利益表达行动，失败的案例占绝大多数。在集体性的农民环境利益表达行动中，那些没有出现环境利益表达积极分子的村庄，失败的案例也非常多见。如前所述，在 3 个村庄的农民环境利益表达中，P 村的 P01、P02、P03、P04、P05 和 P06，W 村的 W01、W02、W03、W04 和 W05，以及 B 村的 B01、B02、B03、B04 和 B05 这些环境利益表达积极分子，在整个利益表达过程中发挥了重要的关键作用，无论是私下的动员、一对一的劝说，还是身体的冲突与受伤的经历，抑或是刑罚的体验。

3. 农民在利益表达中的坚韧性。从这 3 个村庄农民环境利益表达的历史来看，新中国成立后到改革开放前，这 3 个村庄或其附近均有污染型的国有企业或集体企业。在那个阶段，这 3 个村庄就发生过规模比较大的集体性利益表达行动，不过都没有取得成功，有的农民还被判了刑。20 世纪 80 年代以后，这些国有企业或集体企业搬迁别处，可是新的污染型企业又来了。从这 3 个村庄的环境利益表达起始，无论是针对塑料厂、水泥厂、水泥厂的一条生产线及水泥厂，还是地方政府（W 村的利益表达对象），他们的利益表达行动就一直在继续着或断断续续地进行着，体现出某种程度上的坚韧性。P 村和 B 村的农民说，如果县政府还不介入的话，他们还会想其他的办法，即到更上一级的政府部门去上访。如果到安徽省环保部门的上访没有结果，W 村农民还是会继续开展利益表达行动，不达到目的就不会轻易停止利益表达行动。

4. 熟人社会与半熟人社会的联合。在转型时期的农村社会变迁中，农村半熟人社会现象比较普遍。在某个行政村的同一个自然村或村民小组，熟人社会现象比较普遍，不过，社区规范同样在不断弱化。P01、

P02、P03、P04、P05 和 P06 这 6 个环境利益表达积极分子分别来自 P 村 4 个不同的村民小组。W01、W02、W03、W04 和 W05 分属 W 村 3 个不同的村民小组，B01、B02、B03、B04 和 B05 分别来自 B 村 3 个不同的村民小组。在他们的动员和私下一对一的劝说下，首先是他们所属的村民小组的部分农民（53%左右）愿意参与进来；其次，他们又私下促成了村庄内这几个村民小组部分农民之间的联合；第三，除了这几个村民小组以外，还有另外的村民小组的部分农民参与进来，而且，在另外的村民小组，又有农民极有可能会成为环境利益表达积极分子，这就是笔者所说的熟人社会与半熟人社会的联合。这种联合极大地促进了这 3 个村庄的农民环境利益表达在总体上比较成功。

（二）外部影响因素

从外部影响因素来看，这 3 个村庄农民环境利益表达在总体上比较成功主要与地方政府的有所作为和污染企业一定程度上的妥协有关。P 村农民在准备到镇政府去闹之前，联系了一家媒体机构，不过，该媒体机构没有派记者过来。W 村农民准备到县政府去闹之前，也曾与一家媒体机构联系想请其派记者一同前往，他们想通过媒体机构把水泥厂污染和地方政府不作为现象曝光出来，但是，这家媒体机构后来并没有派记者过来。

1. 地方政府的有所作为。如前所述，在地方政府被动的有所作为下，塑料厂、水泥厂、水泥厂的该条生产线添加或改进了环保设备，农民获得了一定程度的经济补偿/赔偿。在 T 县政府主动的有所作为下，W 村唯一的交通运输道路有人进行定期清洁与维护，货车在运输过程中盖布，工作人员长期在 W 村驻点。B 村所属的镇政府安排洒水车每天清扫道路，在道路两旁再种植一些大叶类的绿化树木。在地方政府的有所作为下，这 3 个村庄的农民对地方政府也产生了一定程度的信任感。地方政府的有所作为主要基于以下几点考虑：一是在压力型体制下维护农村社会安全与稳定的需要。如果不作为，这 3 个村庄的集体性环境利益表达行动有可能还会持续下去，影响农村社会的安全与稳定。二是尽量妥善处理好农村经济发展与环境保护之间的关系。这在 T 县政府以及 B 村所属的镇政府主动的有所作为下表现得特别明显。三是树立地方政府在农民心目中的良好形象。事实证明，地方政府的有所作为，尤其是主动的有所作为大大改变了农民对地方政府的负面认知和评价，农民对地方政府的信任感在逐渐累积。

2. 污染企业一定程度上的妥协。上述三家污染企业在农民自力救济的利益表达行动中，认为有地方政府撑腰，始终在敷衍、拖延或回避农民的利益表达行动和提出的一些要求。在地方政府与这些污染企业的多次协商与协调中，污染企业有了一定程度上的妥协，添加或改进了相应的环保设备，对农民进行污染补偿/赔偿，农民基本上还比较满意。此外，在地方政府的建议下，水泥厂及其生产线还安排专门的工人负责定期清扫货车运输过程中被粉尘覆盖的道路，尽量减少对附近一些村庄的粉尘污染。

第三节 农民环境利益表达成功的意蕴

笔者认为，这3个村庄农民环境利益表达成功的意蕴可以从社会影响和学术研究价值两个方面来进行讨论。社会影响主要包括村庄环境污染程度的减轻、农民环境意识的提高、熟人社会与半熟人社会的联系开始增多、对周围的村庄产生了一些影响和辐射作用、在一定程度上影响了地方政府在农村经济发展与环境保护上的决策安排等。在学术研究价值上，我们可以从理论关照、研究议题及其拓展等方面展开。

一 农民环境利益表达成功的社会影响

（一）村庄的环境污染程度有所减轻

在广东省S县P村，2000年6月以后，随着塑料厂环保设备的添加，塑料厂造成的空气污染和废水污染较之以前有所减轻，污染范围有所缩小。但是，P村几个村民联合开办的塑料厂似乎有扩大生产规模的迹象，P村农民在思考和讨论解决问题的办法。在安徽省T县W村，2010年3月以后，随着水泥厂环保设备的添加，水泥厂造成的空气污染和噪声污染程度有所减轻，污染的范围也有所缩小了。虽然T县政府的有所作为和水泥厂对道路的日常清扫洒水工作，一方面使得这条道路的灰尘情况比过去好了很多；另一方面W村的空气污染情况也有所好转。但是，由于这条道路的货物运输量实在太大，运输又非常频繁，日夜不停，尘土飞扬的状况还是在一定程度上存在的，W村一些农民也在思考如何减少尘土飞扬的办法。在陕西省Y县B村，2005年5月以后，水泥厂的生产线改进和添加了环保设备，镇政府安排洒水车每天清扫道路，在道路两旁陆续种植了一些大叶类的绿化树木，B村的环境污染程度也有所减轻。

（二）农民的环境意识水平有所提高

在广东省S县P村，随着农民环境利益表达行动的展开，农民对环境污染危害有了一定的认识，他们的环境意识水平有所提高。针对P村几个村民联合开办的塑料厂有扩大生产规模的迹象，他们已经在积极地思考和讨论解决问题的办法。1998年到2008年的十多年时间内，尽管安徽省T县W村的环境污染比较严重，但是村民的环境意识水平相对较低，还没有意识到环境污染的危害程度。2009年6月W村的几个村民针对水泥厂污染及其危害问题的讨论、咨询就是一个非常明显的例证。在他们开展环境利益表达的过程中，随着水泥厂和地方政府掩盖或回避环境污染问题，W村农民就感觉到环境污染的危害性是存在的，要不然怎么会这么掩盖或回避环境污染问题呢？环境利益表达行动结束后的一段时间内，随着W村环境污染情况的减轻，村民已经意识到良好的生态环境对他们和村庄的重要性，他们也在积极配合地方政府治理和保护村庄的生态环境。在陕西省Y县B村，农民在环境利益表达行动开展的过程中，他们的环境意识水平也有所提高，而且也在积极配合地方政府治理与保护村庄的生态环境。

（三）熟人社会与半熟人社会的联系有所增多

熟人社会与半熟人社会的联合极大地促进了这3个村庄农民环境利益表达的成功。在利益表达过程中，参与行动的几个村民小组的农民之间的熟悉程度有所增加。利益表达行动结束以后，这些村民小组的农民之间的联系开始有所增多，因为他们已经意识到加强联系的重要性，以后如果大家各自的村民小组或家庭有什么事，大家互相之间都可以伸手援助。所以，在村庄社会生活中的一些大事上，比如建新房、红白喜事、子女升学等，他们基本上都改变了过去不怎么往来的做法，积极地进行人情上的往来。笔者以为，这种现象的出现非常值得进行学术研究，并展开与以往关于熟人社会和半熟人社会研究的学术对话。

（四）对周围的村庄有所影响和辐射

这几家污染企业所产生的环境污染不仅限于其附近的某一个村庄，邻近的一些村庄其实也受到一定程度的环境污染，但是，像安徽省T县W村农民十多年时间里没有采取利益表达行动一样，邻近村庄的农民在环境污染面前保持着沉默。在P村、W村农民环境利益表达的过程中，邻近村庄的农民在感受到行动力量的同时，两次暴力性利益表达行动又让他们心有所惧。3个村庄的农民利益表达取得总体上比较成功以后，作为间接的受益者，邻近村庄的农民感觉到他们村庄的生态环境比之以前确实是好了一些，他们意识到好的生态环境的重要性，环境意识水平有所提高。此外，他们也表示，以后如果遇到环境污染比较严重的情况，他们也有可能会起来开展利益表达行动。

（五）对地方政府的决策安排有所影响

平衡经济发展与环境保护之间的关系始终是转型时期地方政府面临的一大难题。实践证明，有相当多的地方政府，尤其是经济发展缓慢区域的地方政府，采取了优先发展经济的决策安排。在这种情况下，环境污染现象的出现和蔓延是不可避免的。这3个村庄所属的地方政府的做法也曾是如此。后来，地方政府的决策安排尤其是积极的有所作为，也在一定程度上受到农民环境利益表达的影响。除了在农民环境利益表达发生的村庄采取了积极的做法以外，这些地方政府要求辖区内所有的污染严重型企业都必须添加或改进环保设备，定期接受环境影响评估，环保不合格的，整改好之后再进行生产运营。对已经造成严重污染后果的，还需要对受害者进行一定程度的经济补偿/赔偿。但是，有的污染企业在没有环境利益表达行动发生的情况下还是会选择各种策略逃避责任。

二 农民环境利益表达成功的学术研究价值

如前所述，在目前国内学界关于农民环境利益表达的研究成果中，仅有有限的几项关于农民环境利益表达成功的研究，众多的研究成果展现给我们的是农民环境利益表达的失败、失败还是失败。3个村庄农民的环境利益表达为我们增添了农民环境利益表达成功的案例，具有重要的学术研究价值。我们可以从理论关照、研究议题与拓展等方面展开学术研究。

(一) 理论关照

研究这3个村庄农民环境利益表达的成功,可以尝试运用社会学的一些理论视角。由于笔者暂时还没有比较出哪种理论视角更适合一些,因此在本章的研究中并没有展示相关理论视角的运用。不过,笔者一直在思考和尝试解决这一问题。现在提出几点想法,供后来的研究者思考、参考或者批判。比如,从底层研究视角出发来研究这3个村庄农民环境利益表达成功的现象,展开与以往关于农民环境利益表达失败的相关研究的学术对话。又如,从生活环境主义的视角出发,研究农民的主体性、农民与环境的共生、农民生活者的智慧以及农民的共同利益及其与环境利益表达成功的关系。再如,从社会治理的视角出发,研究在农村环境治理与保护中,农民是如何从利益表达走向与地方政府、污染企业等社会行动主体的合作治理的,其发生的机理是什么,等等。

(二) 研究议题与拓展

在研究议题上,除了本章的一些常规议题,如3个村庄农民环境利益表达的历程与特点、利益表达成功的表现、原因以及社会影响以外,这几个村庄农民环境利益表达成功的现象可以使我们拓展出更多的社会学研究议题。比如,农民环境利益表达的成功与区域环境政策变革的关系研究,自媒体与农民环境利益表达成功的关系研究,农民环境利益表达成功的案例比较研究,城乡居民环境利益表达成功的案例比较研究,草根动员与农民环境利益表达成功的关系研究,关系网络、策略选择与农民环境利益表达成功的关系研究,等等。

第十章

乡村振兴背景下农民环境利益表达与生态宜居乡村建设

如果说前面几章的研究是笔者在关注新中国成立以来农民环境利益表达的历史，那么这一章则是关注农民环境利益表达的当下和未来。在乡村振兴的背景下，有些农民把他们的环境利益表达赋予了新的内涵或者说是新的利益诉求，即他们的环境利益表达与生态宜居乡村建设有紧密关联，或者说，他们的环境利益表达最核心的目的就是推动生态宜居乡村建设。这种说法看来似乎有点牵强，但既然农民都把他们的环境利益表达与生态宜居乡村建设紧密关联起来，我们作为社会学研究工作者，理应给予更多的关注和研究关照。

在前文的研究中，有8个村庄的农民从环境利益表达失败走向了沉默，有19个村庄的农民又在沉默中逐渐变成单向度人格的农民，还有8个村庄的农民取得了环境利益表达完全意义上的成功、总体上比较成功或有限成功。笔者在调研中发现，有21个村庄的农民还在继续进行着他们的环境利益表达，并把他们的这种行动与生态宜居乡村建设紧密关联起来。在本章，笔者将主要结合3个个案（广东省、安徽省和陕西省各1个），研究乡村振兴背景下农民环境利益表达与生态宜居乡村建设的相关问题。

第一节 农民眼中的生态宜居乡村建设

一 生态宜居乡村建设的提出

党的十九大报告中提出实施乡村振兴战略，这是新时期党和国家针对农民、农村与农业发展所采取的一个非常重大的战略决策。2018年1月2日，中央"1号文件"对实施乡村振兴战略进行了全面部署。乡村振兴是我国以往乡村发展、新农村建设以及美丽乡村建设的一种荣耀升级版。在乡村振兴战略中，生态宜居乡村建设是重要内容和关键所在。推动生态宜居型乡村建设的战略布局，反映出党和国家治理自新中国成立以来的农村生态环境问题、推动农村环境保护和提高农民生存质量与幸福指数的决心、态度、行动、能力和信心。同时，"生态宜居"这种提法代替新农村建设中的"村容整洁"提法，这是我国乡村建设理念的升华和一种质的提升，表明党和国家把生态文明建设切实摆在了乡村建设极其重要的战略位置。[1] 笔者以为，生态宜居乡村建设的本质和核心就是以农民为本，生态宜居乡村建设就是我国广大农民最重要的发展或出路之一。

二 农民眼中的生态宜居乡村建设

顾名思义，"生态宜居"，就是乡村既要"生态"，又要"宜居"。从最基本的方面理解，生态宜居乡村建设蕴含了农民与生态、农民与人居环境之间和谐共生的关系。在党的十九大报告提出的乡村振兴战略中，生态宜居乡村建设作为一项重要任务被摆在总要求的第二位，显示出极其重要的战略地位。结合广东省、安徽省以及陕西省21个村庄的农民环境利益表达调研资料（其中，广东省6个村庄，安徽省9个村庄，陕西省6个村庄），笔者认为，农民眼中的生态宜居乡村建设主要体现在以下几个方面。

首先，生态宜居乡村建设反映了农民对国家进一步治理好农村环境污染问题的心声。我国农村当下的生态环境问题表现为环境污染问题和生态破坏问题两个方面。就调研的这21个村庄而言，由于污染企业驻村或就在附近生产作业，它们均存在不同程度的环境污染问题，有些村庄的环境污染从20世纪80年代开始一直持续至今。在21个村庄中，有16个村庄发生过农民抵制环境污染的集体性环境利益表达事件，5个村庄发生过农民抵制环境污染的个体性环境利益表达事件，而且，这些利益表

---

[1] 张晓山：《实施乡村振兴战略的几个抓手》，《人民论坛》2017年第11期。

达行动间断了几年以后现在还在继续着。值得注意的是，2012年以来，这些村庄所属的县一级政府和乡镇一级政府在绿色发展理念的引领下，纷纷采取了治理农村环境污染和保护农村生态环境的一系列行动并取得了一定的成效，但是还没有达到农民所希望和要求的那样。在调研过程中，笔者发现这些村庄的农民特别渴望有一个生态宜居的生存环境。由于"互联网+"时代的到来，这些村庄的农民获得信息的渠道以及与外部世界的联系变得广泛起来。当问及十九大报告中的"乡村振兴战略""生态宜居"等内容时，有不少的农民纷纷表示"了解一点"或"知道一点"，他们特别渴望的是，国家在推进生态宜居乡村建设时，能真正治理好他们村庄的环境污染问题。他们以前对县一级政府和乡镇一级政府基本上比较失望，现在则抱有比较大的期望，因为在他们的眼中，"这就是国家"，今后会有所作为的。如前所述，我们目前不能忽略的一个基本事实是，在很多农村地区，地方政府的有所作为在极大程度上或完全意义上影响着农民环境利益表达的结果和农村环境污染问题的解决。

其次，生态宜居乡村建设体现出农民对城乡生态环境等值的期盼。所谓城乡生态环境等值，意思是说无论在乡村还是在城市，人们享受到的生态环境质量应该相差不大、基本上差不多。长期以来，在我国的城乡二元社会结构下，城乡发展呈现出不平衡、不均衡的态势，农村各方面的发展都很不充分，远远落后于城市。农村的生态环境保护问题长期被忽视或不重视，环保政策、机构、人员以及基础设施等都存在供给不足的问题，甚至我国城市和农村的生态环境保护是二元化的。在这21个村庄中，有8个村庄的生态环境问题在过去完全可以用"触目惊心"四个字来形容，严重影响到农民的正常生产、日常生活和生存质量。2012年以来，在当地政府生态环境治理的推动下，这8个村庄的生态环境已经有了很大改观。可是，在农民的心目中，这样的生态环境与城市的比起来，还是"差得很远"。在调研过程中，笔者发现，尽管农民认为城市存在交通拥堵、居住空间狭小、陌生人社会、不信任等问题，但是他们普遍感觉到城市的生态环境质量更好、更宜居，他们希望他们村庄的生态环境与城市的相比应该基本上差不多。有的农民认为城乡之间应该实现"（生态）环境融合"，国家应该在政策、资金、人员、设施等方面给予城乡环境保护基本上同等的"待遇"。可以看出，在乡村振兴背景下，城乡生态环境一元化成了这些农民一种非常重要的基本价值诉求,他们期盼城乡生态环境等值,这也是国家推动生态宜居乡村建设的重要价值和战略意义所在。

最后,生态宜居乡村建设是农民对国家在农村大有所为的期待。在当下的中国,国家与农民的关系问题既是一个可以拿来不断进行学术探讨和学术追问的理论问题,又是一个非常现实的实践问题。从笔者对21个村庄的调研资料来看,在生态宜居乡村建设问题上,农民对国家在农村大有所为的期待可以从四个环环相扣的层面来进行阐述。第一,农民希望国家也能认真地"听听(他们的)呼声",他们既要"生态",又要"宜居",拒绝环境污染,不要脏乱差,这是他们在"强国家—弱农民"的格局中,想要表达或掌握一定程度上属于他们话语权的一种愿景。第二,农民希望国家多"关心关心(他们)",在环保政策、资金、人员、设施等方面给予农村更多的投入并尽快实现城乡一元化,彻底转变重城市轻农村的做法。第三,当他们遭遇与生态宜居乡村建设有悖或相去甚远的"事件"时,他们有可能会行动起来(即开展利益表达行动)表达自己的利益诉求,这个时候,国家要"(为他们)打气撑腰",而不是采取不当行动来限制他们的利益表达行动。第四,他们希望国家真心实意地帮助他们"解决问题",而不是进行不当干预或敷衍、拖延他们。

第二节　农民环境利益表达与生态宜居乡村建设

一　农民环境利益表达的新诉求

在前文的研究中,笔者分析了广东省、安徽省和陕西省65个村庄农民环境利益表达的一般性原因,包括环境维权意识、健康权益、经济利益、不满情绪、村庄脉络以及地方性文化的影响等。在笔者对这21村庄进行调研期间,发现农民在环境利益表达上又有了新的诉求,即把他们的利益表达行动与生态宜居乡村建设紧密关联起来。一方面,这些农民迫切地希望国家采取实际行动进一步治理好他们村庄的环境污染问题,他们眼中的国家即地方政府。另一方面,他们特别期待国家在农村大有所为,尤其是当下的生态宜居乡村建设。不过,他们也意识到,尽管

2012年以来，地方政府在治理农村环境污染和推动农村环境保护的投入和力度加大，但毕竟，环境污染在他们村庄还是存在的，而且有的村庄的环境污染好像还是和过去一样严重。所以，他们虽然在过去的环境利益表达中失败了，但不代表今后的环境利益表达就没有任何成功的可能，他们还是会继续开展利益表达行动，直至他们村庄生态宜居目标的初步实现。而要想增加利益表达成功的可能性和把握，就必须要讲究一些策略，联合更多的人包括村干部一起行动，有时还需要寻求外部援助或建立联盟。

二 农民环境利益表达与生态宜居乡村建设

（一）广东省T县C村

在广东省T县C村，村庄附近的一家陶瓷厂自2002年生产运营后，产生的空气污染和废水污染让C村农民深受其害、苦不堪言。2003年到2004年，C村农民多次与陶瓷厂负责人协商，基本上都没有什么效果。2004年5月的一天上午，C村几十个农民一起，暴力冲击了陶瓷厂，砸坏了很多机器设备和陶瓷成品。镇政府进行了干预。镇政府的做法在短时间内抑制了C村农民的利益表达行动，但是他们不满的情绪越来越浓，越来越扩散。2004年6月的一天上午，C村几十个农民一起暴力冲击了镇政府，不久以后，C村农民又开始与陶瓷厂负责人协商，要求陶瓷厂添加环保设备并对C村农民进行赔偿。但是，多次的协商依然没有什么结果，他们又一次暴力冲击了陶瓷厂，砸坏很多机器设备和陶瓷成品。从2003到2009年间，C村农民多次采取"协商""暴力""协商""暴力"的似乎是循环往复的方式进行利益表达，但是始终没有什么效果。其间，C村农民还多次到县政府去集体上访，但是陶瓷厂依然正常经营运转。从2010年到2016年，C村农民停止了环境利益表达行动。笔者在2016年调研的时候，认为C村农民的环境利益表达是失败的。但是，这只是阶段性的失败，从2017年5月开始，C村农民又展开了环境利益表达行动。

在笔者2017年12月到C村实地调研的时候，村民正在集体与陶瓷厂负责人协商，但还是没有结果。值得注意的是，在这次的协商中，村民联合了村干部一起到陶瓷厂，还把他们的利益表达与生态宜居乡村建设紧密关联起来。C村农民的逻辑是，在当下乡村振兴的背景下，村干部有责任有义务配合镇政府推动生态宜居乡村建设。这么一个"臭名昭著"的污染企业，居然生产经营了那么多年，造成了那么严重的环境污染，村干部是有责任的，正是村干部的不作为或保护陶瓷厂，才导致现今局面的出现，所以村干部必须和他们一起去陶瓷厂，为了生态宜居的C村，争取协调解决陶瓷厂所造成的环境污染问题。目前，C村农民的环境利益表达还在进行中，受访的村民认为，他们现在利益表达的主要目的就是为了生态宜居，他们既要生态，又要宜居，这看似有点牵强，但毕竟是C村农民自己发出的声音。

（二）安徽省J县P村

在安徽省J县P村，自2004年村里的一家小型造纸厂被几个外乡人承包之后，生产规模开始逐步扩大。从2006年开始，造纸厂的废水污染给P村农民造成了非常严重的影响。2007年到2009年，P村农民与造纸厂负责人协商多次，要求添加环保设备，给予污染赔偿，但是始终没有什么结果。2010年8月的一天下午，P村几十个农民准备一起暴力冲击造纸厂。但是，由于村干部事先给镇政府通风报信，镇政府安排了工作人员到P村做工作。P村农民这次的集体性暴力行动被消解在村里。此后，P村农民又与造纸厂负责人进行了多次协商，但是始终没有一个让P村农民满意或基本上能够接受的结果。与安徽省N县L村附近的一家造纸厂的做法相似，该造纸厂负责人也是建了一个很大很大的池子，说是完全可以装得下造纸废水，造纸厂有污水处理设施。但实际上，据P村农民晚上观察，造纸厂仍然在夜里直接把废水排放到他们村的河里。下大雨的时候，造纸厂也是偷偷地排放废水。2011年6月的一天上午，在几个环境利益表达积极分子的动员下，P村几十个农民采取了一点策略，以各自分散的方式聚集到造纸厂大门口。他们先是砸坏了造纸厂的大门，随后又砸坏了一些机器设备。2012年到2015年，P村农民没有再采取过任何方式的环境利益表达行动。笔者的判断是P村的环境利益表达失败了。同样，这也是阶段性的失败。从2016年8月开始，P村农民又开始了他们的环境利益表达。

从2017年下半年开始，P村农民的环境利益表达也有了新的诉求，即把他们的利益表达与生态宜居乡村建设也紧密关联起来。他们的做法同广东省T县C村一样，把村干部也联合进来，想一起给造纸厂负责人施加压力。不过,村干部的做法比较被动和消极,在 P 村农民与造纸厂负责人协商的过程中,几个村干部基本上很少讲话或一言不发。笔者在调研期间了解到,很多参与行动的农民除了希望地方政府和村干部能有所作为,推进生态宜居乡村建设,他们自己也在朝着这个目标努力。他们的利益表达行动,现在主要的目的就是赶走造纸厂,让他们村能够生态宜居。目前,P 村农民的环境利益表达还在进行当中。P 村农民虽然经历了多次利益表达失败,但他们对现在的利益表达行动还是有一个相对比较乐观的预期,因为他们认为现在的形势有利于他们的环境利益表达。

(三) 陕西省 F 县 G 村

陕西省 F 县 G 村附近有一家石油厂,是附近村庄的几个农民联合开办的。与之前几个案例中的石油厂一样,该石油厂自 1999 年投入生产运营后,石油泄漏现象时有发生,有时一年也是多达十几次。尽管每次漏油之后,石油厂对附近村庄的农民都有一点补偿,但是这个补偿标准很低,基本上是象征性的。由于石油厂的几个负责人在当地都有一些家族势力,G 村农民一开始都处在沉默状态。后来,石油污染越来越严重。2003 年 6 月的一天下午,G 村几个环境利益表达积极分子动员和劝说了村里的几十个农民一起,找石油厂负责人协商,提出添加环保设备、提高污染补偿标准等要求,但是协商没有结果。从 2003 年到 2005 年,G 村农民与石油厂负责人协商十余次,始终没有什么结果。2006 年 8 月的一天下午,在几个环境利益表达积极分子的动员和劝说下,G 村几十个农民准备一起暴力冲击石油厂,但是走到半路,很多农民因为害怕遭到报复,心有所惧,打了退堂鼓,这次的暴力性利益表达行动未遂。后来,G 村农民又与石油厂负责人多次协商,一直到 2009 年,始终没有什么结果。其间,G 村农民曾求助过媒体,到镇政府集体上访,但是都没有什么效果。从 2010 年到 2015 年,G 村农民停止了环境利益表达行动。笔者当时也认为他们的环境利益表达是失败的,不过,这又是一个阶段性的失败案例。从 2016 年 4 月开始,G 村农民的环境利益表达行动又开始了。

也是从 2017 年下半年开始,G 村农民的环境利益表达有了新的诉求,即他们认为现在利益表达的主要目的与生态宜居乡村建设有关。G 村农民本来也想联合村干部,但是没有成功。笔者在调研期间了解到,和其他很多村庄农民的想法一样,G 村很多参与行动的农民也希望地方政府能出面解决他们村的石油污染问题。在他们看来，这家石油厂就是一个"土作坊"，在当地民愤极大，但为什么一直还在生产运营呢！除了对地方政府抱有希望以外，他们觉得自己也要行动起来。在2017年11月到12月期间，G村农民又与石油厂负责人协商了几次，石油厂负责人好像"有点松口"。G村农民认为这与国家的乡村振兴战略有关，当谈起十九大报告的乡村振兴战略时，这些农民显得特别兴奋，他们觉得自己一直以来的环境利益表达虽然没有成功过，但现在国家对农村这么重视，还提出生态宜居，他们的环境利益表达应该有成功的那一天，而这一天来临的时间应该很快了。

（四）农民环境利益表达与生态宜居乡村建设

从以上3个个案的展示可以看出，十九大以后，随着乡村振兴战略的提出和全面部署，农民在环境利益表达上又有了新的诉求，即他们认为自己的环境利益表达主要是为了推动生态宜居乡村建设。为了实现环境利益表达的这一主要目的，这些农民的一个新策略就是联合村干部一起进行利益表达。广东省T县C村、安徽省J县P村的农民成功联合了村干部，但是目前，村干部发挥的作用非常有限，表现得非常消极和被动。陕西省F县G村的农民本来也想联合村干部一起行动，但是没有成功。还有，这些农民想联合更多的人参加利益表达行动，其目的就是为了利益表达的成功。根据笔者的调研，他们想联合的这些更多的人主要是本村农民以及附近村庄的农民。此外，他们还想利用乡村振兴战略下的农村新形势，尝试再求助媒体，也想通过专家学者的建议等，彻底解决他们村庄的环境污染问题。笔者以为，十九大以后，农民在环境利益表达上的新诉求、新想法、新策略以及寻找新的援助对象或联盟等现象，需要我们社会学研究者的分析、研究和关照。

第三节 推动农民环境利益表达与生态宜居乡村建设的社会学研究

一 社会学分析视角

自党的十九大报告提出实施乡村振兴战略，把生态宜居乡村建设作为一项重要任务以来，学术界目前关于生态宜居乡村建设的研究文献还比较匮乏，关于农民环境利益表达与生态宜居乡村建设的研究文献更是匮乏。农民环境利益表达与生态宜居乡村建设问题涉及多个学科，如社会学、政治学、经济学、管理学、传播学、伦理学等，本节尝试着从社会学的视角做出一些基本的分析。从社会学出发研究农民环境利益表达与生态宜居乡村建设问题，大致可以有这么几个基本的分析视角。

（一）社会转型的视角

运用社会转型视角来分析农民环境利益表达与生态宜居乡村建设问题，可以从以下两个大的方面入手：首先，现代国家对农村社会的整合力度是空前的，影响力也是空前的，这非常有利于从国家和地方层面推动生态宜居乡村建设并尽快达成基本目标。在笔者对 21 个村庄的调研中，农民基本上都认为我们党和国家的影响力和动员力非常强大，所谓"国家发动，生态宜居"。国家的积极介入可以在完全意义上保障农民环境利益表达的成功，而他们利益表达的成功又有利于生态宜居乡村建设目标的尽快实现。另外，我们也应该看到，在社会转型背景下，城乡二元社会结构分化明显，环保资源和要素不断流入城市，城市有可能变得更生态、更宜居，而乡村的生态环境和人居环境有可能变得更恶化、更不宜居，这是农民最不希望看到的局面，所以他们一再强调城乡之间应该实现"（生态）环境融合"，而不是国家和农村的资源和要素单向度地流进各个城市。

（二）社会过程的视角

从社会过程的视角出发分析农民环境利益表达与生态宜居乡村建设问题，我们首先应该看到，无论是农民环境利益表达目标的实现、农村生态环境保护还是人居环境建设，生态宜居乡村建设都有着一个具体的社会过程，需要循序渐进，需要一个长期的建设过程。在调研过程中，农民普遍认为生态宜居乡村建设目标的实现有一个过程，他们环境利益表达目标的实现也有一个过程，有时，这个过程可能还会有点漫长，"不能急，要慢慢来"。其次，运用社会过程的视角，我们还需要注意到不同的人群之间在农民环境利益表达与生态宜居乡村建设过程中的冲突和对立问题。在我们的调研中，受访的绝大多数农民认为他们肯定是生态宜居乡村建设的最直接受益者，然而，那些污染企业主及其雇佣的"保安人员"以及在污染企业常年打工的一些农民却可能因此在经济收入等方面受损,他们之间有可能会发生冲突和对立。最后,从社会过程的角度看,由于我国的东部、中部、西部乡村地理区域广阔且经济社会发展类型多样,以农民环境利益表达推动生态宜居乡村建设的方式方法、时间进程、路径模式等应该有所不同,应充分体现东部、中部、西部农村地区各自的乡土风格特色。

(三)环境公正的视角

从环境公正的视角来分析农民环境利益表达与生态宜居乡村建设问题,我们首先应该注意到城市居民和农村居民之间的环境公正问题。在城市生态环境整体上有所改善的同时,环境污染向农村地区转移和扩散,处在弱势地位和境遇的农民不仅在很大程度上要为比较强势的城市民意埋单,而且还要行动起来与污染企业抗争。城市居民和农村居民如何相对比较公平均等地分担环境风险和责任问题,这是笔者在调研过程中有一些农民不断重复的话题,他们一再强调城乡之间要实现生态环境上的公平公正。其次,从环境公正的视角出发分析农民环境利益表达与生态宜居乡村建设问题,我们需要注意到东部、中部和西部地区在获取环境资源利益与承担环境保护责任上的不协调问题,广大的中部地区和西部地区事实上已经形成了某种程度上的生态环境恶化与贫困的相互循环。[①] 此外,被东部地区淘汰的一些污染严重型企业,有时会以所谓"重新包装""改头换面"的形式被"承接"到中西部经济比较落后的农村地区,一定程度上制约和影响着这些农村的生态宜居建设进程,这需要农民和地方政府共同推动农村环境污染的治理,加快农村地区的生态宜居建设进程。最后,在环境公正视角下,我们还需要注意农民环境利益表达与生态宜居乡村建设过程中的代际环境公正问题。如果当代人过分地、肆意地攫取资源,杀鸡取卵,就会极大地削弱后代人满足他们需要的能力和条件。[②] 在调研过程中,有很多农民都表示在生态宜居乡村建设这一重大问题上,他们既要进行环境利益表达,又要爱惜生态,慎用资源,"不能那么自私",要为子孙后代"积福"和"祈福"。

[①] 洪大用:《当代中国环境公平问题的三种表现》,《江苏社会科学》2001年第3期。
[②] 同上。

(四) 社会治理的视角

从社会治理的视角出发,在农民环境利益表达与生态宜居乡村建设的推进过程中,有一个多元化的行动者系统,各个行动者在这个过程中所扮演的角色、发挥的作用以及合力效应非常关键和重要。我们在这里提及四种类型的非常关键和重要的行动者。首先是国家,它是农民环境利益表达与生态宜居乡村建设的强有力的推动者,可以从自身和地方两个层面进行有深度、广度和效度的推进,并不断解决建设过程中出现的这样那样的问题,包括农民环境利益表达成功的保障问题。其次是农民,他们是生态宜居乡村建设的生力军和主力军,必须重视和发挥他们的作用和力量,激活他们的活力和潜力,决不能让他们在生态宜居乡村建设的过程中集体失语。环境利益表达是他们推动生态宜居乡村建设的重要参与形式。第三是三农工作者和农村社会工作者。在农民环境利益表达与生态宜居乡村建设的进程中,除了培养造就一支懂农业、爱农村、爱农民的三农工作队伍,还需要重视现代社会工作在农村社会治理和环境治理中的力量和作用,培养造就一支农村社会工作队伍,协助农民理性地开展环境利益表达,推进生态宜居乡村建设。第四是城市居民,要保障他们有积极参与农民环境利益表达与生态宜居乡村建设的机会和渠道,实现城乡之间人力资本的良性合作与互动。此外,我们还需要注意的是,国家、社会、市场、农民之间要形成良性的合作与互动。

二 社会学研究议程

党的十九大,尤其是中央"1号文件"出台以后,生态宜居乡村建设实践已经在全国各个地方陆续展开,相信学术界从各个学科探讨生态宜居乡村建设问题的学术大幕也正在缓缓拉开。本节基于社会学的视角和21个村庄的农民环境利益表达资料,主要想从方法论、研究方法以及研究议题等方面,对农民环境利益表达与生态宜居乡村建设问题进行社会学方面的学术探讨。

(一) 方法论

在农民环境利益表达与生态宜居乡村建设研究的方法论上,我们可以借鉴洪大用提出的整体的、历史的、辩证的以及实践的视角。[①] 所谓整

---

① 洪大用:《环境社会学的研究与反思》,《思想战线》2014年第4期。

体的视角,就是要求我们社会学研究者要有社会系统的概念,把农民环境利益表达与生态宜居乡村建设问题放到整个区域、国家乃至全球的范围内,以发现其背后的各种复杂的社会因素和国际因素。在广东省、安徽省和陕西省 21 个村庄的农民环境利益表达与生态宜居建设进程中,我们应该能够发现国家性的乡村生态文明建设的印迹,这就是整体性视角的体现。历史的视角一方面要求我们要研究农民环境利益表达与生态宜居乡村建设问题的前世今生,研究范围可以延伸至民国时期的乡村建设运动、新中国成立以来的爱国卫生运动、乡村发展、新农村建设以及美丽乡村建设等;另一方面,我们需要结合自身的历史文化传统发展出具有自身特色的农民环境利益表达与生态宜居乡村建设政策和路径。辩证的视角则要求我们不仅要看到农民环境利益表达推进生态宜居乡村建设的社会过程和机制,也要注意到不同的人群之间在这个建设过程中的冲突和对立;不仅要注重农民、农村社区、城市居民、城市社区、区域和国家等层面的国内因素分析,也要注重国家之外的全球性因素的分析。实践的视角要求我们的研究要理论联系实际,不仅更多地去推动基于本土实践的社会学理论创新,也要积极参与到全国各地农民环境利益表达与生态宜居乡村建设的实践中去。

(二) 研究方法

农民环境利益表达与生态宜居乡村建设问题是一个非常值得多学科关注的理论问题和实践问题,而方法训练和方法意识是引导我们走向规范、系统研究的重要路径。[①] 笔者的学术训练来自社会学,想从社会学出发主要谈谈两种最为基本但是在农民环境利益表达与生态宜居乡村建设研究起始阶段非常实用的研究方法。其一是个案研究法。在本章提及的 21 个村庄中,我们可以从中选择一个个的村庄逐步展开农民环境利益表达与生态宜居乡村建设问题的个案研究。为了让我们的研究结论有适当的外推性,我们还可以从 21 个村庄中选择若干具有典型性的个案展开研究。其二是比较研究法。这种研究法是我们开展农民环境利益表达与生态宜居乡村建设研究的另外一种比较重要的研究方法。我们可以运用比较研究法研究同一区域如安徽省南部的几个村庄或不同区域,如广东省

---

① 陆益龙:《定性社会研究方法》,商务印书馆 2011 年版,第 1 页。

第十章　乡村振兴背景下农民环境利益表达与生态宜居乡村建设　/　193

的几个村庄和安徽省的几个村庄之间，在农民环境利益表达与生态宜居乡村建设上的做法、经验以及模式等，从中发现带有一定规律性的某些特征。此外，我们还可以尝试定量研究法以及定性与定量相结合的混合研究法，借鉴其他学科的一些研究方法，如规范分析的方法以及历史分析的方法等。

（三）研究议题

关于农民环境利益表达与生态宜居乡村建设问题，笔者以为当下亟须展开研究的应该主要包括以下学术议题：一是生态宜居乡村的科学内涵问题。简单地说，生态宜居乡村是"生态乡村"和"宜居乡村"的统一结合体，"生态"是根本基础，"宜居"是基本目标，其本质和核心是以农民为本。厘清生态宜居乡村的科学内涵，不仅需要社会学，也需要其他学科的共同努力，从跨学科的知识、视野和实践进行全方位、科学性与综合性的解读。二是生态宜居乡村建设评价的指标体系问题。评价乡村的生态宜居水平和程度，需要同时考虑客观指标体系和主观指标体系，其中，客观指标体系主要依据客观的数据对乡村生态宜居建设现状进行评价，而主观指标体系则要求农民对乡村生态宜居水平和程度进行主观评价，这涉及农民的参与、满意度和主观幸福感等问题。三是生态宜居乡村建设的政策设计、社会过程和实施路径问题。如前所述，实践的视角要求我们研究者的学术研究要理论联系实际，积极参与到全国各地生态宜居乡村建设的实践中去，这就需要我们发挥学术研究的咨政功能，为我国各地的生态宜居乡村建设建议建言。四是我国同一区域或不同区域的农民环境利益表达与生态宜居乡村建设的比较研究问题，有时还包括生态宜居乡村和生态宜居城市的比较，以及国内外生态宜居乡村建设的比较研究问题，如与美国、德国、日本、韩国的比较等。五是乡村的农耕文化与农民环境利益表达问题。农民环境利益表达与生态宜居乡村建设研究既不能忽视对乡村传统的文化内涵和底蕴的研究，也要积极关注社会转型期乡村原子化背景下现代乡村文化的构建等问题，在某种意义上，乡村生态宜居也内在的包含了乡村文化上的宜居。六是农民环境利益表达与生态宜居乡村建设的理论研究问题。我们在开展研究时，应该始终秉持社会学的理论自觉意识，积极地展开理论方面的研究。

(四) 余论

在农民环境利益表达与生态宜居乡村建设问题的研究上,社会学这门学科固然在分析视角、方法论、研究方法以及研究议题等方面有着诸多的明显优势所在,但是,我们在研究中也要尽量规避一些潜在的风险。比如,在关于农民环境利益表达与生态宜居乡村建设问题的实地调研中,我们需要对调研得来的资料进行甄别,避免自己的研究进入"伪研究"误区,保障我们研究的科学性。我们在研究中还要避免单纯的经验观察和事实描述,如前所述,这不是纯粹的社会学研究。此外,我们还需要注重研究成果的质量问题,避免在农民环境利益表达与生态宜居乡村建设研究上的学术大跃进,不能只有"学术研究"而没有"知识积累"。笔者还想说的是,在农民环境利益表达与生态宜居乡村建设问题的研究上,我们其实有很多的优势资源可以利用。比如,我们可以更好地发挥社会学的一个重要分支学科——环境社会学的优势。另外,我们需要切实开展跨学科的研究,不要让"跨学科研究"永远只是一句"学术口号"。

第十一章

研究发现、创新与不足、对策建议及研究展望

第一节 研究发现及创新与不足

本书基于广东省、安徽省和陕西省65个村庄的农民环境利益表达调研资料，在学界相关研究成果的基础上，通过研究农民环境利益表达的原因与方式、历程与特点、农村社会变迁及地方性文化与农民环境利益表达、地方政府与农民环境利益表达、农民在环境利益表达中的失败与沉默、成功与意蕴以及乡村振兴背景下农民环境利益表达与生态宜居乡村建设等一系列核心问题，有一些重要的研究发现，有几点研究创新，也存在一定的研究局限。

一 研究发现

第一，在关于农民环境利益表达原因与方式的研究中，发现环境维权意识的影响、健康权益的诉求、经济利益的追求、不满情绪的累积爆发、村庄延续的考量以及地方性文化的影响是三省65个村庄农民环境利益表达的一般的、共性的一些原因。农民环境利益表达的原因在地域上差异很小，相似性很强。集体性的环境利益表达追求的目标较为多元，个体性的环境利益表达追求的目标更为纯粹。此外，十九大以后，一些村庄的农民认为他们进行环境利益表达，除了这些一般性的原因以外，主要目的是想推动他们村庄的生态宜居建设。农民环境利益表达的方式主要有自力救济、求助媒体与环境信访三种。农民在环境利益表达中运

用比较多的是自力救济与环境信访，运用较少的是求助媒体，没有采取司法诉讼的方式进行利益表达。

第二，在关于农民环境利益表达历程与特点的研究中，主要基于三省 65 个村庄的实地调研资料，把农民环境利益表达的历程分为三个阶段。第一个阶段是新中国成立后到改革开放前，特点主要有利益表达的对象是国有或集体企业，农民的环境维权意识非常淡薄，利益表达行动比较零星化，以个体性的利益表达行动为主，农民的环境利益表达行动常常被贴上政治化的标签等。第二个阶段是改革开放初到 20 世纪 90 年代中后期，特点主要包括利益表达的对象主要是乡镇企业，农民的环境维权意识有所增强，利益表达行动逐渐增多，仍以个体性的利益表达行动为主以及开始求助媒体和进行环境信访等。第三个阶段是 2000 年以来，农民环境利益表达的特点表现为利益表达的对象仍主要是乡镇企业，农民的环境维权意识有某种程度的分化，利益表达行动又有所增多，集体性的利益表达行动逐渐增多以及农民的环境利益表达有时与征地拆迁问题纠结在一起等。此外，还对农民环境利益表达的趋势进行了研判，认为今后农民环境利益表达的数量不仅不会呈现持续增多的情况，有可能还会出现下降的趋势。

第三，在关于农村社会变迁与农民环境利益表达的研究中，发现农民在生存经济的困局下，他们的环境利益表达行动一直受到"生存主义"观念和逻辑的支配。为了基本的生存问题，他们开展了利益表达行动。在农村青壮年劳动力主体大量缺席、以老年人和妇女作为利益表达主体的情况下，农民的环境利益表达行动常常陷于失败的境地。此外，在农村普遍存在的半熟人社会的情况下，农民的环境利益表达缺乏行政村内外一定的联合和呼应，他们的利益表达行动在地方政府和污染企业的压力下往往难以成功。

第四，在地方性文化与农民环境利益表达的研究中，发现新中国成立以来，尤其是改革开放以来农村社区规范的逐渐弱化，使得广大的农民日益分散化、孤立化、原子化，动员他们参与村庄公共事务，尤其是集体性环境利益表达行动变得非常艰难，这在极大程度上影响了农民集体性环境利益表达行动的发生及其成功几率。在集体记忆与农民环境利益表达的关系上，发现农民集体记忆中的"苦""韧""怨"和"恨"等核心元素直接引发了他们的利益表达行动，以青年农民为主体进行利益表达以及他们在利益表达中的坚韧性等保障了他们利益表达的成功。

第五，在地方政府与农民环境利益表达的研究中，发现改革开放以前地方政府主要遵循的是"政治合理"的逻辑。改革开放以后，地方政府基本遵循着"机会主义""污染合理""不作为"以及"不出事"等逻辑。当然，地方政府的态度也是会发生转变的，有些地方政府也会在压力型体制下，或根据农民环境利益表达以及相关形势的变化，开始遵循"有所作为"的逻辑。在环境利益表达积极分子污名化问题的研究上，发现有些村庄的环境利益表达积极分子会被地方政府和村庄的其他农民似乎以一种提前商量好了的"共谋"方式予以污名化并在附近的村庄和集市以及这些村庄农民工的流动所在地产生一定的放大效应。

第六，关于农民在环境利益表达中的失败与沉默的研究发现，农民环境利益表达的失败受到农民社会内部与外部因素的影响。农民社会内部的因素主要包括生存主义逻辑对农民的支配、农村人口空心化、转型时期农村社会的异质化程度不断加深以及农村社区规范的弱化。外部的影响因素主要包括地方政府的污染保护主义、污染企业的暴力主义以及缺乏媒体的关注和民间环保组织的参与。暴力性惩罚、劝服性规训以及模仿性屈从这三种社会—心理机制在极大程度上导致了农民在利益表达失败后走向沉默。而且，有些村庄的农民还在沉默的社会过程中生成了单向度的人格并在邻近的村庄产生一定的波纹效应。

第七，关于农民在环境利益表达中的成功与意蕴的研究发现，三省三个村庄农民环境利益表达的成功是一种"总体上比较成功"的类型，其成功主要表现在污染企业添加或改进了环保设备、农民每年均能获得一定程度的经济补偿以及地方政府超出农民意料之外的有所作为这三个主要的方面。这三个村庄农民利益表达成功的影响因素，从农民社会内部来看，主要包括利益表达主体的多样性、环境利益表达积极分子的关键作用、农民在利益表达行动中的坚韧性以及熟人社会与半熟人社会的联合；外部因素主要是地方政府的有所作为和污染企业在一定程度上的妥协。这三个村庄农民环境利益表达成功的社会影响主要是村庄环境污染程度有所减轻、农民环境意识有所提高、熟人社会与半熟人社会的联系开始增多、对周围的村庄产生了影响和辐射作用，以及一定程度上影响了地方政府在农村经济发展与环境保护上的决策安排等,学术研究价值主要表现在,对这三个村庄农民环境利益表达成功这种现象进行社会学理论关照以及研究议题的探索与拓展等方面。

第八,关于乡村振兴背景下农民环境利益表达与生态宜居乡村建设的研究发现,当下的生态宜居乡村建设反映了农民对国家进一步治理好农村环境污染问题的心声,体现出农民对城乡生态环境等值的期盼,以及他们对国家在农村大有所为的期待。十九大以后,农民在环境利益表达上除了一般性的原因以外,又有了新的诉求,他们把自己的利益表达与生态宜居乡村建设紧密关联起来。新时期农民环境利益表达的主要目的就是为了他们村庄的生态宜居建设,他们在环境利益表达上的新诉求、新想法、新策略以及寻找新的援助对象或联盟等一系列现象,需要社会学的研究和关照。可以从社会转型、社会过程、环境公正、社会治理等视角分析农民环境利益表达与生态宜居乡村建设问题,社会学研究议程可以从方法论、研究方法以及研究议程等方面展开。我们在研究中也要尽量规避一些潜在的风险,避免单纯的经验观察和事实描述,注重研究成果的质量,发挥环境社会学学科的优势,切实开展跨学科的合作研究等。

二 创新与不足

(一) 研究创新

首先,研究范式的拓展与尝试。笔者始终坚持认为,在环境社会学研究领域,农民环境利益表达现象是一个非常重要的学术研究议题,尽管有的研究者基于这个议题的敏感性已经在规避而另寻他径。无论是初始涉入这一议题的研究,还是进一步深化和拓展研究,研究范式的运用与推陈出新是一个非常关键,也是不容回避的问题。在以往的研究中,如前所述,宏观的研究范式如社会转型、结构—制度分析、政治机会结构、国家与社会关系以及权力—利益的结构之网等,微观的研究范式如生态文化自觉、草根动员、集体认同、依情理抗争、底层研究、诉苦型上访以及混合型抗争等,已经被研究者运用并展开相应的经验研究与一定的理论思考。在本书中,笔者又为农民环境利益表达的社会学研究发展出集体记忆这一研究范式,并准备开展农民个体性环境利益表达记忆微光的社会学研究。此外,在环境利益表达积极分子污名化及其放大效应的研究中,笔者非常有益地尝试了社会转型范式的运用,并打算在后续的研究中尝试或发展出新的研究范式。

其次,理论概念的丰富与发展。在博士学位论文提出的"单向度人格的农民"这一理论概念的基础上,又结合若干研究案例进一步丰富和发展了这一理论概念。具体表现在两个方面:一是分析了农民单向度人格的生成过程,即环境利益表达失败、失败后的沉默、沉默后的主体认同以及交往实践中的强化等阶段;二是从波纹的范围、大小以及时间上研究了农民单向度人格的波纹效应问题。在 57 个环境利益表达失败的村庄,大致有 19 个村庄的农民具备单向度人格的特征,因此,这一命题还是有一定的适用范围或解释力的。在后续的研究中,笔者会结合更多的研究案例及学界研究成果,进一步补充和完善这一理论概念。

最后,研究内容的补充与创新。本书在学界以往研究的基础上,补充了诸多研究内容,主要包括农民环境利益表达的一般性原因及其比较,农民自力救济的基本方式及其背后的行为逻辑比较,农民求助媒体的基本特点与社会心理过程,新中国成立以来农民环境利益表达的历程与特点,新中国成立以来农民环境利益表达与国家的农村环境治理的学术研究思考,地方性文化如集体记忆对农民环境利益表达的积极影响和作用,地方政府的"政治合理""机会主义""污染合理""不作为""不出事"以及"有所作为"等行为逻辑及其比较,环境利益表达积极分子的污名化及放大效应,农民单向度人格生成的社会过程与波纹效应,农民在环境利益表达中的成功、社会影响及其学术研究价值,以及乡村振兴背景下农民环境利益表达与生态宜居乡村建设的社会学分析视角、方法论和研究议程等。

(二)不足之处

本书也存在一些研究上的局限。首先,在研究方法上,虽然本书运用了个案研究法、比较研究法和文献研究法且常常是两种或三种研究方法的结合运用。但是,本书的一个缺憾是缺乏定量研究。笔者本想尝试一下农民的年龄、性别、分层、社会关系网络等与他们环境利益表达关系的定量研究,但是,从 65 个村庄农民环境利益表达情况的调研资料来看,这样的研究设想暂时还不能如愿。或许,下一步在访谈资料的基础上，再结合问卷调查，能够实现开展定量研究的部分设想。

其次，在研究内容上，本书有的地方的研究还不够深入，如关于农民环境利益表达的一般性原因的比较、农民环境利益表达的历程与特点及其差异性的比较、地方政府在农民环境利益表达上的行为逻辑比较研究等。此外，有的内容还没有展现或较好地展现出来，比如，关于农民在环境污染中利益不表达现象的研究。本想尝试一下这方面的比较研究，但是暂时还未能如愿。还有，农民与地方政府合作治理农村环境污染问题的研究，农民环境利益表达与地方环境政策的变革问题研究，农民环境利益表达与国家的农村环境政策体系设计问题研究等，均需要继续开展研究。

最后，在研究案例的选择上，三省的65个村庄绝大多数都是当地经济发展上比较落后的村庄。虽然笔者一直认为调研这种经济发展状况大致相同的村庄，可以对三省的农民环境利益表达现象作更好的比较和研究，但是缺乏了经济发展状况与农民环境利益表达关系的比较研究，这是在下一步的调查和研究中需要重视和加强的。

第二节　对策建议

在本书调研的65个村庄中，农民环境利益表达成功的村庄只有8个，而利益表达失败的村庄有57个，有些村庄的农民在利益表达失败以后开始沉默，有些村庄的农民又在沉默之后逐渐变成单向度人格的农民。如何才能让这些农民从沉默中走出来？又如何对一些农民单向度的人格进行解构？利益表达失败后又在继续进行利益表达的农民如何才能利益表达成功？本书主要从地方政府、污染企业、农民三个最主要的层面给出相关的对策建议。

一　地方政府应有所作为

地方政府在极大程度上或完全意义上影响着农民环境利益表达的结果。如果地方政府仍采取优先发展经济不顾农村生态环境代价的决策安排，在农民环境利益表达中遵循"机会主义""污染合理""不作为"以及"不出事"等行为逻辑，农民的环境利益表达势必难以成功，农村的环境污染问题势必难以解决或有所缓解。如果地方政府采取"有所作为"的行动逻辑，不仅可以在极大程度上或完全意义上保障农民环境利益表达的成功，而且还可以缓解农村的环境污染程度或消除农村环境污染的源头。

在这 65 个个案中，有 57 个是利益表达失败的个案。在农民环境利益表达的过程中，虽然他们在自力救济无效的情况下，选择了到镇政府、县政府去集体上访或个体上访，希望政府能出面解决危害他们的环境污染问题。但是，地方政府好像是"同一张面孔""机会主义""污染合理""不作为"以及"不出事"等行为逻辑轮番使用，上访的农民很失望，政府在他们心目中的良好形象也荡然无存。在农民利益表达成功的 8 个个案中，地方政府基本上都采取了"有所作为"的行为逻辑，即使是在压力型体制下被动的有所作为，也帮助农民缓解了环境污染问题或是消除了农村环境污染的源头，农民对地方政府的信任感在慢慢累积。

2012 年以来，笔者调研的很多村庄所属的县一级政府和乡镇一级政府在绿色发展理念的引领下，纷纷采取了治理农村环境污染和保护农村生态环境的一系列行动，并取得了一定的成效。虽然没有达到农民希望和要求的那样，但是农民对地方政府的信任感也在慢慢积累。在 21 个继续开展环境利益表达行动的村庄，农民把自己的利益表达与生态宜居乡村建设紧密关联起来，他们相信在绿色发展理念引领下的地方政府会进一步有所作为，他们的环境利益表达终将会有成功的一天，他们村庄的环境污染问题终会得到解决，他们的生态宜居理想也将会慢慢实现。

地方政府的有所作为，表现在对待农民环境利益表达这一问题上，有三点比较重要和关键：一是在农民上访中，认真倾听农民的诉求，帮助农民协调或解决危害他们的环境污染问题；二是即使暂时满足不了农民的诉求，也不要在农民利益表达行动中进行不当干预，尤其是暴力干预；三是做出农民期待的主动的有所作为，与农民一起以合作治理的方式解决的农村环境污染问题。

二 污染企业应去除暴力

在这 65 个村庄农民的环境利益表达行动中，有相当一部分污染企业有暴力主义倾向。有些污染企业主在当地有比较强的家族势力，有些污染企业主雇佣一批"保安人员"保护污染企业正常的生产运营，还有一些污染企业主勾连地方黑恶势力，寻求它们的保护。这些污染企业在当地的影响都不好，民愤极大，但是它们一直在进行着正常的生产运营。污染企业的暴力主义倾向对农民的"惩罚"和威慑作用是非常明显的。农民在利益表达前、利益表达过程中或利益表达行动结束后，随时都有可能遭遇各种威胁和危险。所以，污染企业在对待农民环境利益表达行动上应去除暴力主义倾向。

一般来说，农民在选择自力救济方式进行环境利益表达时，都会首先选择与污染企业主协商或谈判，不论是个体性的还是集体性的。如果在这个阶段能一起好好协商或谈判，环境污染问题是有缓解的办法的，比如添加或改进环保设备。农民提出的污染损失补偿/赔偿一般不会要求太高，如果污染企业主能有所妥协，给予一定的补偿/赔偿，农民可能就不会再继续开展环境利益表达行动了。可是，污染企业主往往都不会很爽快地答应这样的要求，即使答应也是拖了好久、打了很大的折扣的。有些污染企业主不想与农民这样不停地协商或谈判下去，就开始想着动用污染暴力或直接动用污染暴力。如果农民采取暴力方式冲击污染企业，双方之间的冲突就会很激烈。农民使用暴力，一般情况下都是迫不得已的暴力使用。

针对污染企业的暴力主义倾向，笔者是想着污染企业应去除暴力，与农民一起以和平的方式协商解决环境污染问题，这只是一个方面。另一方面，国家和地方要对与污染企业有紧密勾连的黑恶势力和宗族势力进行规制和打击，消除农民尤其是参与环境利益表达行动的农民对他们的害怕、恐惧和后怕心理，为这些农民在心理上减负，树立国家和地方政府在农民心目中的良好形象。

三 农民应理性地进行环境利益表达

在笔者调研的广东省、安徽省和陕西省的一些农村地区，有些农民在多次与污染企业主协商或谈判无果的情况下，采取暴力性的利益表达方式冲击污染企业，砸坏污染企业的大门、机器设备、产品成品等，甚或冲击地方政府机关。这样做的结果不仅不能解决环境污染问题，反而会让事态扩大，甚至引出对少数农民，尤其是环境利益表达积极分子的刑罚。污染企业或地方政府通常也会采取暴力的方式进行干预，或者在有的地方，污染企业联合地方政府一起使用暴力手段对付参与利益表达行动的农民。尽管农民认为他们使用的暴力是"不得已的暴力"，但这种利益表达方式毕竟是不理性的，"不得已的暴力"也要尽量避免使用。

因此，农民应理性地进行环境利益表达，即采取协商、谈判、求助媒体、环境信访等和平的方式进行利益表达。在这 65 个村庄中，自力救济是农民首先选择的利益表达方式，因为他们知道村干部通常与污染企业关联紧密。当发现自力救济没有结果时，他们会选择向媒体求助或者进行环境信访。而当向媒体求助或者环境信访也没有结果时，他们有可能又回到自力救济行动上，这是他们环境利益表达行动的一个大致的社会过程。但是，农民在采取自力救济方式时，有些农民会使用暴力的方式，这是不理性的一种利益表达方式。

65 个村庄中有 57 个村庄的农民环境利益表达失败了。在这 57 个村庄中，还有 21 个村庄的农民环境利益表达还在继续进行着。笔者在 2017 年 11 月至 2018 年 12 月调研期间，访谈过数以百计的农民，他们纷纷表示不会再采取暴力的方式进行利益表达了，因为他们现在对地方政府有了信任感，期待地方政府的有所作为，这看起来是他们已经以理性的方式在对待环境利益表达了。如果他们发现地方政府不作为，或者对他们的环境利益表达行动进行不当干预，那他们还会不会采取暴力性的方式进行利益表达呢？结果的出现只有等时间到了某一个节点才会知道。不过，在当下乡村振兴背景下，生态宜居乡村建设正在全国各地陆续展开，地方政府理应会有所作为，农民的环境利益表达也理应会在一个理性的范围内进行。

在新的形势下，除了地方政府、污染企业、农民这三个最主要的层面以外，民间环保组织、外部草根行动者、城市居民、媒体机构的积极介入也很重要。有些村庄的农民在环境利益表达行动中，已经开始运用一些有助于他们利益表达成功的策略，比如联合更多的人（包括本村更多村民、村干部以及附近村庄的农民等），也开始寻求外部援助或与外部建立某种形式的联盟，这些都会对他们环境利益表达的成功有所帮助。

第三节　研究展望

在未来研究的展望上，笔者主要想从研究范式的反思与拓展以及研究议题的持续与延伸两个方面展开论述。

一　研究范式的反思与拓展

在学界以往关于农民环境利益表达的社会学研究中，出现了为数不少的研究范式，如前文述及的社会转型、结构—制度分析、政治机会结构、环境公正、社会过程、国家与社会关系、权力—利益的结构之网、生态文化自觉、草根动员、集体认同、依情理抗争、底层研究、诉苦型上访以及混合型抗争等。笔者在梳理相关文献时，发现有的研究者既有研究范式的运用，又有很好的理论反思，这是笔者需要学习的地方。同时也发现，有的研究者在运用某个研究范式时缺乏相应的或有一定深度的理论反思，这一工作是很重要的，恰恰有的时候被忽略了。

笔者在开展农民环境利益表达研究时，比较注重相应的理论反思，虽然不一定有深度，但是一直在努力。比如，在关于污名问题的研究中，查阅了很多文献，然后开始反思以往"结构—权力"的社会学分析视角在关于污名问题上的解释局限性，后来创造性运用了社会转型范式来研究环境利益表达积极分子的污名化及其放大效应问题。又如，关于生态文化自觉研究范式，笔者发现在有的农村地区，农民确实有一定程度的生态文化自觉意识，但是，他们在农村环境污染面前，始终保持着沉默。所以，农民从意识到行动，中间有一个中介机制的问题，这也是笔者下一步要继续探索和研究的问题。还有，关于气与社会行动的问题。如果具体到气与农民环境利益表达行动的发生，那么，气积聚到何种程度才会释放出来？是追求期待的常识性的正义平衡感觉，争一口气，忍无可忍，气场出现，还是民风彪悍？这些问题的解决，一方面需要梳理相关文献；另一方面，需要发现一些研究案例，进行个案研究或比较研究。另外，或许值得一提的是，笔者在开展研究的过程中，又为农民环境利益表达的社会学研究发展出集体记忆这一研究范式，发现农民集体记忆中的"苦""韧""怨"和"恨"等核心元素直接引发了他们的环境利益表达行动，中间其实没有所谓的临界点。在后续的研究中，笔者打算与不回避农民环境利益表达议题的学界同仁一道，继续努力，争取探索和发展出新的研究范式或创造性运用一些研究范式。

二 研究议题的持续与延伸

首先，关于农民环境利益表达的一些常规性议题，还需要延续下去进行研究，比如，农民环境利益表达的原因、方式、逻辑、历程、特点及其比较，农村社会变迁、地方性文化与农民环境利益表达，地方政府与农民环境利益表达，国家与农民环境利益表达，农民环境利益表达的关系与网络，农民环境利益表达失败的影响因素与效应，农民环境利益表达成功的影响因素与意蕴，农民环境利益表达与生态宜居乡村建设，等等。延续下去的目的是要把相关研究做得更扎实、更深入一些，适当扩大这一研究议题在社会学界的影响力。

另外，关于农民环境利益表达研究的议题延伸。农民环境利益表达研究的议题应该朝哪些方面去适当延伸或大胆延伸呢？这是笔者经常在思考的一个问题。现在提出十个方面的想法，以供后来的研究者思考或者批判。

一是农民环境利益表达与不表达现象的比较研究。这是笔者在本书中本想完成的，但是暂时还没有实现。研究这一议题，接下来首先要研究农民在环境污染中的利益不表达现象。尽管有相关研究指出农民在农村环境污染危害面前保持集体沉默或者说他们是沉默的大多数。但是，仅就笔者调研的122个村庄而言，有65个村庄的农民采取了环境利益表达行动，这个比例是在一半以上。是相关研究者观点的大胆还是自己调研的局限，这个好像不太容易定论。如果需要定论的话，那很有可能是笔者自己调研的局限性使然。如果要研究农民在环境污染中的利益不表达现象，就需要有一定数量的村庄或大量村庄的调研资料，这对主要做定性研究的社会学研究者而言，是一件非常不容易的事情。当收集好调研资料之后，就需要根据这些资料，研究农民在环境污染中没有开展利益表达行动的表现、原因以及影响等，接着才能进行比较研究。

二是关于农民在环境利益表达中的求助媒体行为研究。尽管本书基于农民集体性和个体性环境利益表达中求助媒体行为的几个个案，分析了农民向媒体求助的基本特点，如发生时间往往是在他们自力救济行动无效以后、往往通过某种社会关系网络与媒体进行联结、结果往往是无效的，以及农民向媒体求助的社会心理过程，但总感觉这种分析还不够清晰和透彻，甚或有些肤浅，好像还缺了什么重要元素。目前，学界关于这一议题的研究成果比较有限。笔者接下来需要把相关研究再向前推进一步。

三是农民环境利益表达的历程与特点研究。从总体研究出发，由于学界相关研究成果和资料比较有限，尤其是新中国成立后到改革开放前的农民环境利益表达研究成果和资料比较匮乏，笔者主要依据广东省、安徽省和陕西省65个村庄农民环境利益表达调研资料，研究了农民环境利益表达的历程与特点，说是所谓的"全貌式"描述和研究，实则比较浅显甚或是比较肤浅，这部分内容也是本书相对比较薄弱的地方。下一步，笔者准备在历史文献爬梳方面做功课，进一步丰富农民环境利益表达历程与特点的研究，甚至包括1949年以前农民环境利益表达历程与特点的研究。

四是环境利益表达积极分子的污名化与非污名化问题比较研究。在调研的一些农村地区，虽然笔者发现有些环境利益表达积极分子被地方政府和其他农民一起似乎以一种"共谋"的方式予以污名化，但是，在同一个村庄，有的环境利益表达积极分子并没有被污名化。为何在同一个村庄参与同样的环境利益表达行动，有的环境利益表达积极分子被污名，而有的没有被污名，这需要深入研究下去。

五是关于农民从环境利益表达失败到走向沉默的社会—心理机制研究。在本书中，笔者认为暴力性惩罚、劝服性规训以及模仿性屈从这三种社会—心理机制的合力作用在极大程度上导致了广东省、安徽省和陕西省8个村庄的农民在环境利益表达失败后走向沉默。这里有一个问题，就是影响农民从环境利益表达失败到走向沉默的社会—心理机制，除了这三种以外，应该还有其他的某个或某些社会—心理机制，这是需要笔者下一步继续探索和研究的。此外，如何结合具体案例，更好地比较农民从环境利益表达失败到走向沉默的社会机制、心理机制以及社会—心理机制，这也是下一步的重要研究工作。

六是关于农民在环境污染中的单向度人格与农民其他人格的比较研

究。农民的单向度人格是在不发达状态下地方政府多种污染保护主义逻辑、污染企业各种暴力主义、农民生存主义与风险最小逻辑的多重挤压，以及农村人口空心化、半熟人社会以及社区规范弱化的状态下所演生的。农民这种人格的主要特征是无奈、忍耐、无反抗、缺乏主体能动性，它与农民其他人格之间有何内容、形式与逻辑上的关联？如何去证实和研究它们之间的逻辑关联？这是笔者下一步开展相关研究需要重点突破的一个问题。

七是农民环境利益表达中熟人社会与半熟人社会联合的问题研究。在我国农村半熟人社会比较普遍、社区规范逐渐弱化的情势下，一个自然村或村民小组这个熟人社会的内部动员都很艰难，缘何会在广东省、安徽省和陕西3个村庄出现了熟人社会与半熟人社会联合起来共同进行环境利益表达的现象？是分布在几个自然村或村民小组的环境利益表达积极分子的动员和劝说起到了关键作用？还是共同的利益取向使然？抑或是不满情绪的积聚释放还是民风彪悍使然？这是需要进一步调查和研究的问题。笔者准备有机会再赴这些村庄进行实地调研，深入细致地研究好这一问题。

八是农民与地方政府合作治理农村环境污染问题的研究。在我国农村环境污染中，由于诸多的地方政府存在"机会主义""污染合理""不作为"以及"不出事"等行为逻辑，农民的环境利益表达行动常常受到地方政府的压制，而地方政府的压制又在极大程度上或完全意义上导致了农民环境利益表达的失败。这些农民或在失败中走向沉默，或开始更越级的上访行为。在关于农民环境利益表达成功的研究中，有2个村庄的农民积极配合地方政府主动的有所有为，共同治理他们村庄的环境污染问题。这种农民与地方政府合作治理农村环境污染问题的现象很值得进一步的研究，而且，在社会治理的视角和形势下，这种合作治理有可能会吸引更多的社会行动主体参与进来，非常有利于农村环境治理与保护。

九是农民环境利益表达与地方环境政策的变革问题研究。如前文所述，平衡经济发展与环境保护之间的关系始终是转型时期地方政府面临的一大难题。实践证明，有相当多的地方政府尤其是经济发展缓慢区域的地方政府，采取了优先发展经济的决策安排。在本书中，广东省、安徽省和陕西省 3 个村庄的农民环境利益表达在一定程度上影响了地方政府的决策安排，尤其是地方政府积极的有所作为。接下来的研究可能会包括以下一些议题，如，农民环境利益表达是如何影响到地方环境政策的调整的？地方政府根据形势的变化对地方环境政策做了哪些方面的调整？调整后的实施效果如何？对其他一些农村的环境利益表达有何影响？如何评价地方环境政策的调整？等等。

十是农民环境利益表达与国家的农村环境政策体系设计问题研究。在本书的农民环境利益表达历程与特点部分，笔者也讨论了一下农民环境利益表达与国家对农村的环境治理问题。笔者也曾就我国农村环境政策体系的演进与发展走向专门撰文发表[1]，认为我国农村环境政策体系的变革或演进也在某种程度上受到农民环境利益表达现象的影响。接下来需要深入研究的是，在迈向复合型环境治理的中国新时代[2]，我们如何以相关环境政策文本为依据，研究新中国成立以来各个阶段的农民环境利益表达是如何影响到国家的农村环境政策体系设计的。这是一项比较艰难的工作，尤其是第一个阶段"新中国成立后到改革开放前的农民环境利益表达"是如何影响到国家的农村环境政策体系设计的。这需要大量细致的文献爬梳工作。

---

[1] 张金俊：《我国农村环境政策体系的演进与发展走向：基于农村环境治理体系现代化的视角》，《河南社会科学》2018 年第 6 期。

[2] 洪大用、范叶超等：《迈向绿色社会：当代中国环境治理实践与影响》，中国人民大学出版社 2020 年版，第 317 页。

参考文献

一 中文著作

Jennifer Holdaway、王五一、叶敬中、张世秋主编：《环境与健康：跨学科视角》，社会科学文献出版社 2010 年版。

［美］艾尔·巴比：《社会研究方法》，邱泽奇译，华夏出版社 2005 年版。

［美］艾尔东·莫里斯、卡洛尔·麦克拉吉·缪勒主编：《社会运动理论的前沿领域》，刘能译，北京大学出版社 2002 年版。

［美］道格拉斯·C. 诺斯：《制度、制度变迁与经济绩效》，杭行译，格致出版社、上海三联书店、上海人民出版社 2008 年版。

［英］安东尼·吉登斯：《社会的构成：结构化理论大纲》，李康、李猛译，生活·读书·新知三联书店 1998 年版。

邓燕华：《中国农村的环保抗争：以华镇事件为例》，中国社会科学出版社 2016 年版。

［日］饭岛伸子：《环境社会学》，包智明译，社会科学文献出版社 1999 年版。

费孝通：《乡土中国》，生活·读书·新知三联书店 1985 年版。

风笑天：《社会学研究方法》，中国人民大学出版社 2001 年版。

郭于华：《倾听底层：我们如何讲述苦难》，广西师范大学出版社 2011 年版。

［美］赫伯特·马尔库塞：《单向度的人：发达工业社会意识形态研究》，刘继译，上海译文出版社 2008 年版。

洪大用、范叶超等：《迈向绿色社会：当代中国环境治理实践与影响》，中国人民大学出版社 2020 年版。

洪大用：《社会变迁与环境问题：当代中国环境问题的社会学阐释》，首都师范大学出版社2001年版。

李秋学：《中国信访史论》，中国社会科学出版社2009年版。

李小云、左停、靳乐山、[英] 约翰·泰勒主编：《环境与贫困：中国实践与国际经验》，社会科学文献出版社2005年版。

陆益龙：《定性社会研究方法》，商务印书馆2011年版。

吕忠梅：《理想与现实：中国环境侵权纠纷现状及救济机制建构》，法律出版社2011年版。

[法] 莫里斯·哈布瓦赫：《论集体记忆》，毕然、郭金华译，上海人民出版社2002年版。

田成有：《乡土社会中的民间法》，法律出版社2005年版。

王晓毅：《转型时期的农村社会冲突》，广东教育出版社2009年版。

谢世忠：《认同的污名：台湾原住民的族群变迁》，自立晚报社1987年版。

杨念群主编：《空间·记忆·社会转型："新社会史"研究论文精选集》，上海人民出版社2001年版。

应星：《大河移民上访的故事：从"讨个说法"到"摆平理顺"》，生活·读书·新知三联书店2001年版。

曾昭度主编、孙向明编：《环境纠纷案件实例》，武汉大学出版社1989年版。

张宏艳、刘平养：《农村环境保护和发展的激励机制研究》，经济管理出版社2011年版。

张静：《基层政权：乡村制度诸问题》，浙江人民出版社2000年版。

赵永康编：《环境纠纷案例》，中国环境科学出版社1989年版。

郑杭生主编：《中国人民大学社会发展报告》（1994—1995），中国人民大学出版社1996年版。

周学志、汤文奎等编著：《中国农村环境保护》，中国环境科学出版社1996年版。

朱洪法主编：《环境保护辞典》，金盾出版社2009年版。

二 中文论文

蔡守秋：《用仲裁方式解决环境纠纷的探讨》，《环境管理》1983年第1期。

常硕峰、伍麟：《风险的社会放大：特征、危害及规避措施》，《学术交流》2013年第12期。

陈阿江：《环境社会学研究中的科学精神与中国传统》，《江苏社会科学》2014年第5期。

陈阿江：《水域污染的社会学解释：东村个案研究》，《南京师大学报》（社会科学版）2000年第1期。

陈绍军、白新珍：《从抗争到共建：环境抗争的演变逻辑》，《河海大学学报》（哲学社会科学版）2015年第3期。

陈涛、李素霞：《"造势"与"控势"：环境抗争中农村精英的辩证法》，《西北农林科技大学学报》（社会科学版）2015年第4期。

陈涛、王兰平：《环境抗争中的怨恨心理研究》，《中国地质大学学报》（社会科学版）2015年第2期。

陈涛、谢家彪：《混合型抗争：当前农民环境抗争的一个解释框架》，《社会学研究》2016年第3期。

陈涛：《从"生态自发"到"生态利益自觉"：农村精英的生态实践及其社会效应》，《社会科学辑刊》2012年第2期。

陈涛：《国家介入背景下的底层环境抗争研究》，《河海大学学报》（哲学社会科学版）2015年第3期。

陈涛：《信法不信访：路易岛渔民环境抗争的行为逻辑》，《广西民族大学学报》（哲学社会科学版）2015年第4期。

陈涛：《中国的环境抗争：一项文献研究》，《河海大学学报》（哲学社会科学版）2014年第1期。

陈占江、包智明：《农民环境抗争的历史演变与策略转换：基于宏观结构与微观行动的关联性考察》，《中央民族大学学报》（哲学社会科学版）2014年第3期。

陈占江、包智明：《制度变迁、利益分化与农民环境抗争：以湖南省X市Z地区为个案》，《中央民族大学学报》（哲学社会科学版）2013年第

4 期。

程平源：《青天·村霸·能人：农民上访与抗争中的三个关键词》，《青年研究》2012 年第 2 期。

崔万田、周晔馨：《正式制度与非正式制度的关系探析》，《教学与研究》2006 年第 8 期。

董海军：《"作为武器的弱者身份"：农民维权抗争的底层政治》，《社会》2008 年第 4 期。

董海军：《以势博弈：基层社会维权行为的新解释框架》，《社会》2010 年第 5 期。

董敬畏：《"底线型上访"：转型期涉法涉诉访的一种分析进路》，《中共杭州市委党校学报》2011 年第 6 期。

冯仕政：《沉默的大多数：差序格局与环境抗争》，《中国人民大学学报》2007 年第 1 期。

高恩新：《社会关系网络与集体维权行动：以 Z 省 H 镇的环境维权行动为例》，《中共浙江省委党校学报》2010 年第 1 期。

苟天来、左停：《从熟人社会到弱熟人社会：来自皖西山区村落人际交往关系的社会网络分析》，《社会》2009 年第 1 期。

管健：《身份污名的建构与社会表征：以天津 N 辖域的农民工为例》，《青年研究》2006 年第 3 期。

管健：《污名的概念发展与多维度模型建构》，《南开学报》（哲学社会科学版）2007 年第 5 期。

郭金华：《污名研究：概念、理论和模型的演进》，《学海》2015 年第 2 期。

郭景萍：《社会记忆：一种社会再生产的情感力量》，《学习与实践》2006 年第 10 期。

郭于华：《心灵的集体化：陕北骥村农业合作化的女性记忆》，《中国社会科学》2003 年第 4 期。

郭于华：《作为历史见证的"受苦人"的讲述》，《社会学研究》2008 年第 1 期。

贺青梅：《生活社会化：小农的经济压力与行为逻辑》，《华中师范大学学报》（人文社会科学版）2009 年第 1 期。

贺雪峰:《论半熟人社会:理解村委会选举的一个视角》,《政治学研究》2000 年第 3 期。

洪大用:《当代中国环境公平问题的三种表现》,《江苏社会科学》2001 年第 3 期。

洪大用:《环境社会学的研究与反思》,《思想战线》2014 年第 4 期。

洪大用:《理论自觉与中国环境社会学的发展》,《吉林大学社会科学学报》2010 年第 3 期。

洪大用:《西方环境社会学研究》,《社会学研究》1999 年第 2 期。

洪大用:《中国社会转型中的环境问题及其对策研究:环境社会学的一种视角》,博士学位论文,中国人民大学,1999 年。

景军:《认知与自觉:一个西北乡村的环境抗争》,《中国农业大学学报》(社会科学版)2009 年第 4 期。

景军:《社会记忆理论与中国问题研究》,《中国社会科学季刊》(香港),1995 年第 12 期。

李炳炎:《信访制度存废浅探》,《长江论坛》2010 年第 6 期。

李晨璐、赵旭东:《群体性事件中的原始抵抗:以浙东海村环境抗争事件为例》,《社会》2012 年第 5 期。

李建新、丁立军:《"污名化"的流动人口问题》,《社会科学》2009 年第 9 期。

李兴军:《集体记忆研究文献综述》,《上海教育科学》2009 年第 4 期。

李挚萍:《社会转型中农民环境权益的保护:以广东农村为例》,《中山大学学报》(社会科学版)2007 年第 4 期。

刘能:《艾滋病、污名和社会歧视:中国乡村社区中两类人群的一个定量分析》,《社会学研究》2005 年第 6 期。

刘亚秋:《"青春无悔":一个社会记忆的建构过程》,《社会学研究》2003 年第 2 期。

刘亚秋:《从集体记忆到个体记忆:对社会记忆研究的一个反思》,《社会》2010 年第 5 期。

刘颖、时勘:《艾滋病污名的形成机制、负面影响与干预》,《心理科学进展》2010 年第 1 期。

卢晖临、李雪:《如何走出个案:从个案研究到扩展个案研究》,《中国社会科学》2007年第1期。

罗亚娟：《乡村工业污染中的环境抗争：东井村个案研究》，《学海》2010年第2期。

罗亚娟：《依情理抗争：农民抗争行为的乡土性——基于苏北若干村庄农民环境抗争的经验研究》，《南京农业大学学报》（社会科学版）2013年第2期。

马戎：《必须重视环境社会学：谈社会学在环境科学中的应用》，《北京大学学报》（哲学社会科学版）1998年第4期。

马自力：《马尔库塞的"单向度"理论及其现实意义》，《社会科学辑刊》2001年第6期。

苗大雷、王舒厅：《"绿茶婊"背后的泛污名化现象及其社会心理透视》，《当代青年研究》2015年第1期。

纳日碧力戈：《作为操演的民间口述和作为行动的社会记忆》，《广西民族学院学报》（哲学社会科学版）2003年第3期。

钱力成、张翮翾：《社会记忆研究：西方脉络、中国图景与方法实践》，《社会学研究》2015年第6期。

钱水苗：《论环保自力救济》，《浙江大学学报》（人文社会科学版）2001年第5期。

曲格平：《中国环境保护事业发展历程提要》，《环境保护》1988年第3期。

饶静、叶敬忠、谭思：《"要挟型上访"：底层政治逻辑下的农民上访分析框架》，《中国农村观察》2011年第3期。

邵明：《民事纠纷及其解决机制论略》，《法学家》2002年第5期。

申端锋：《非抗争政治：理解农民上访的一个替代框架》，《探索与争鸣》2013年第9期。

司开玲：《农民环境抗争中的"审判性真理"与证据展示：基于东村农民环境诉讼的人类学研究》，《开放时代》2011年第8期。

宋林飞：《"民工潮"的形成、趋势与对策》，《中国社会科学》1995年第4期。

孙文中：《底层视角下的农民环境维权》，《华南农业大学学报》（社会科学版）2014年第4期。

田先红:《从维权到谋利:农民上访行为逻辑变迁的一个解释框架》,《开放时代》2010年第6期。

童志锋:《变动的环境组织模式与发展的环境运动网络:对福建省P县一起环境抗争运动的分析》,《南京工业大学学报》(社会科学版)2014年第1期。

童志锋:《历程与特点:社会转型期下的环境抗争研究》,《甘肃理论学刊》2008年第6期。

童志锋:《农民集体行动的困境与逻辑:以90年代中期以来的环境抗争为例》,博士学位论文,中国人民大学,2008年。

童志锋:《认同建构与农民集体行动:以环境抗争事件为例》,《中共杭州市委党校学报》2011年第1期。

童志锋:《政治机会结构变迁与农村集体行动的生成:基于环境抗争的研究》,《理论月刊》2013年第3期。

万本太:《落实"行动计划"着力解决农村5大环境问题》,《环境保护》2007年第1期。

王汉生、刘亚秋:《社会记忆及其建构:一项关于知青集体记忆的研究》,《社会》2006年第3期。

王宁:《代表性还是典型性?——个案的属性与个案研究方法的逻辑基础》,《社会学研究》2002年第5期。

王思斌:《多元嵌套结构下的情理行动:中国人社会行动模式研究》,《学海》2009年第1期。

王子彦:《日本的环境社会学研究》,《北京科技大学学报》(社会科学版)1999年第4期。

文军、罗峰:《公共知识分子的污名化:一个消费社会学的解释视角》,《学术月刊》2014年第4期。

吴重庆:《从熟人社会到"无主体熟人社会"》,《读书》2011年第1期。

吴鹏森:《"民工潮"形成原因的社会结构分析》,《中国农村经济》1997年第6期。

吴毅:《权力—利益的结构之网与农民群体性利益的表达困境:对一起石场纠纷案例的分析》,《社会学研究》2007年第5期。

吴莹:《群体污名意识的建构过程:农民工子女"被歧视感"的质性研

究》,《青年研究》2011年第4期。

夏正林:《我国信访制度的历史流变、困境与出路》,《南京工业大学学报》(社会科学版)2012年第3期。

谢立中:《结构—制度分析,还是过程—事件分析?——从多元话语分析的视角看》,《中国农业大学学报》(社会科学版)2007年第4期。

谢岳、党东升:《草根动员:国家治理模式的新探索》,《社会学研究》2015年第3期。

行红芳:《熟人社会的污名与污名控制策略:以艾滋病为例》,《青年研究》2007年第2期。

徐勇:《"政党下乡":现代国家对乡土的整合》,《学术月刊》2007年第8期。

徐勇:《"行政下乡":动员、任务与命令——现代国家向乡土社会渗透的行政机制》,《华中师范大学学报》(人文社会科学版)2007年第5期。

杨晓明:《知青后代记忆中的"上山下乡":代际互动过程中的传递与建构》,《青年研究》2008年第11期。

杨心宇、王伯新:《中国农村市民社会发展的路径选择》,《求是学刊》2005年第5期。

尹利民:《"表演型上访":作为弱者的上访人的"武器"》,《南昌大学学报》(人文社会科学版)2012年第1期。

应星:《"气场"与群体性事件的发生机制:两个个案的比较》,《社会学研究》2009年第6期。

应星:《草根动员与农民群体利益的表达机制:四个个案的比较研究》,《社会学研究》2007年第2期。

于建嵘:《"信访综合症"背后的潜规则》,《人民论坛》2010年第15期。

于建嵘:《当前农民维权活动的一个解释框架》,《社会学研究》2004年第2期。

翟学伟:《个人地位:一个概念及其分析框架》,《中国社会科学》1999年第4期。

翟学伟:《人情、面子与权力的再生产:情理社会中的社会交换方式》,《社会学研究》2004年第5期。

张金俊、王文娟:《国内农民环境抗争的社会学研究与反思》,《中国矿业大学学报》（社会科学版）2017年第2期。

张金俊、王文娟：《青年草根行动者污名化的生成机制与放大效应：以农村环境抗争为例》，《中国青年研究》2017年第3期。

张金俊：《"诉苦型上访"：农民环境信访的一种分析框架》，《南京工业大学学报》（社会科学版）2014年第1期。

张金俊：《国内农民环境维权研究的结构与文化路径》，《河海大学学报》（哲学社会科学版）2013年第3期。

张金俊：《集体记忆与农民的环境抗争：以安徽汪村为例》，《安徽师范大学学报》（人文社会科学版）2018年第1期。

张金俊：《农民从环境抗争到集体沉默的"社会—心理"机制研究》，《南京工业大学学报》（社会科学版）2016年第3期。

张金俊：《农民的抗争与沉默：转型时期安徽两村农民环境维权研究》，博士学位论文，中国人民大学，2012年。

张金俊：《农民环保自力救济的基本方式与行动逻辑：三个个案的比较研究》，《学习与实践》2017年第2期。

张金俊：《我国农村环境政策体系的演进与发展走向：基于农村环境治理体系现代化的视角》，《河南社会科学》2018年第6期。

张金俊：《转型期国家与农民关系的一项社会学考察：以安徽两村"环境维权事件"为例》，《西南民族大学学报》（人文社会科学版）2012年第9期。

张金俊：《转型期农民环境维权原因探析：以安徽两村为例》，《南京工业大学学报》（社会科学版）2012年第3期。

张晓山：《实施乡村振兴战略的几个抓手》，《人民论坛》2017年第11期。

张玉林：《环境抗争的中国经验》，《学海》2010年第2期。

张玉林：《政经一体化开发机制与中国农村的环境冲突》，《探索与争鸣》2006年第5期。

张玉林：《中国的环境运动》，《绿叶》2009年第11期。

赵德雷：《内化的污名与低劣之位：建筑装饰业农民工底层地位的"合法性"》，《青年研究》2014年第2期。

郑杭生：《改革开放三十年：社会发展理论和社会转型理论》，《中国社会科学》2009 年第 2 期。
郑杭生：《关于加强社会学理论研究的几点思考》，《河北学刊》2006 年第 5 期。
郑少华：《环保自力救济：台湾民众参与环保运动的途径》，《宁夏社会科学》1994 年第 4 期。
钟伟军：《地方政府在社会管理中的"不出事"逻辑：一个分析框架》，《浙江社会科学》2011 年第 9 期。
周祝平：《中国农村人口空心化及其挑战》，《人口研究》2008 年第 2 期。
朱海忠：《政治机会结构与农民环境抗争：苏北 N 村铅中毒事件的个案研究》，《中国农业大学学报》（社会科学版）2013 年第 1 期。
朱元鸿：《他说的，可不就是你！评高夫曼〈污名〉》，《台湾社会学刊》2006 年第 37 期。